Knaur
MensSana

2758792

Über den Autor:

Malcolm Southwood arbeitet seit über 20 Jahren als professioneller Heiler. 1995 gründete er das SOUTHWOOD INSTITUTE um in Workshops und Seminaren sein Wissen und seine Heilmethoden an Ärzte, Therapeuten, Heilpraktiker und andere im Gesundheitsbereich tätigen Menschen weiterzugeben. Dabei legt er stets Wert auf eine enge Zusammenarbeit mit der Schulmedizin. Viele seiner Patienten werden von Ärzten an ihn überwiesen. Er ist eines der bekanntesten Mitglieder der »National Federation of Spiritual Healers«, hält Vorträge und Seminare in den USA, Deutschland und anderen europäischen Ländern. Malcolm lehrt u. a. in Krankenhäusern und bietet im SOUTHWOOD INSTITUTE Ausbildungen in seiner speziellen Heilmethodik an.

Malcolm S. Southwood

Mein Weg als Heiler
Die Prinzipien geistigen Heilens

Aus dem Englischen von
Barbara Karitnig und Therese Geratz

Knaur
MensSana

Die englische Originalausgabe erschien 1994 unter dem Titel
»The Healing Experience« bei Judy Piatkus Ltd., London

Besuchen Sie uns im Internet:
www.droemer-weltbild.de

Dieser Titel ist bereits unter der Bandnummer 76112 erschienen.
Neuausgabe 2001
© 1994 Malcolm S. Southwood
© 1996 der deutschsprachigen Ausgabe
Droemersche Verlagsanstalt Th. Knaur Nachf., München
Umschlaggestaltung: ZERO Werbeagentur, München
Satz: Ventura Publisher im Verlag
Druck und Bindung: Ebner Ulm
Printed in Germany
ISBN 3-426-87145-9

2 4 5 3 1

Inhalt

Ich danke all den vielen Menschen, die ihre Gesundheit und ihr Wohlbefinden vertrauensvoll in meine Hände gelegt haben. Ohne sie hätte dieses Buch nicht entstehen können.
Mein ganz besonderer Dank gilt denjenigen, die mir erlaubt haben, über ihr ganz persönliches Heilerlebnis zu berichten, damit anderen geholfen werden kann.

Das Leben wird zusammengehalten
durch Fäden von Tränen,
die in die Zeit gestickt sind,
um ein Bild der Liebe
auf einem Tuch unablässigen Bemühens
zu erschaffen.

M.S.S.

Vorwort

Ich bin seit nunmehr über zehn Jahren als professioneller Heiler und Therapeut tätig und habe Menschen aus aller Welt geholfen. Das in diesem Buch enthaltene Material wurde aus meinen Erfahrungen mit Tausenden von Patienten gewonnen. Dabei war ich stets offen für Neues und habe versucht, mit Dogmen zu brechen und die dunklen Wolken des Aberglaubens zu vertreiben, die auf die Welt des Heilens ihre Schatten werfen.

Ich bin das, was man gemeinhin als Geistheiler bezeichnet. Das ist ein unbeschreiblich schlechter Begriff, weil er so viele verschiedene und oftmals fälschliche Deutungen zuläßt. Ich werde nur von meinen persönlichen Erfahrungen und Überzeugungen berichten und nicht für andere Heiler sprechen. Heilen ist eine individuelle Kunst, deshalb haben Heiler wie Künstler ihren eigenen, unverwechselbaren Stil. Es gibt keine zwei Maler, die gleich malen, auch sollten sie nicht die kritisieren, die den Pinsel anders führen als sie selbst. Ein jeder sollte vielmehr überlegen, inwieweit er von der Technik des anderen profitieren kann.

Meine Philosophie ist die der Eigenverantwortlichkeit. Ich glaube an einen liebenden Schöpfergeist, der in allem ist, was existiert, und der Seine vielen Geschöpfe bei ihrer spirituellen Entwicklung führt und begleitet, die Kreativität und Liebe anstelle von Zerstörung und Selbstsucht fördert. Ich glaube, daß ich nichts bin ohne diese leitende Liebe und daß der einzige Zweck meines Aufenthaltes auf diesem Planeten in dem besteht, was ich für andere tun kann.

Ich glaube nicht, daß Gott durch uns heilt. Warum sollte Er? Er könnte direkt und ohne unsere Hilfe heilen, wenn Er es wollte. Statt dessen hat Er uns die Kraft gegeben, anderen zu helfen, wenn wir es nur wollen. Nutzen wir dieses Geschenk in der von Gott gewollten Weise, wird uns Seine große Liebe bei allem, was wir tun, führen und uns in den Stand setzen, anderen das zu geben, was sie brauchen. Wir haben aber für alles, was wir geben, die Verantwortung zu tragen, und je mehr Verantwortung wir auf uns nehmen, desto mehr können wir von dem Geschenk, von der Liebe, geben. Dieses Buch ist in erster Linie aufgrund der vielen Bitten meiner Patienten und Freunde entstanden, einige der Lektionen, die ich gelernt habe, niederzuschreiben, damit auch andere davon profitieren können.

Wie kam ich zu meinem Beruf als Heiler? Wie fängt ein Geschäftsmann an, sich mit solchen Dingen zu befassen? Ich führte damals ein eigenes internationales Marketingunternehmen für Agrarerzeugnisse. Gleichzeitig stand ich unter Vertrag bei einer der großen US-amerikanischen Ölgesellschaften, wo ich mit der Vermarktung agrarwirtschaftlicher Produkte betraut war. Diese Arbeit war mit Reisen in die ganze Welt verbunden.

Eines Tages – ich war gerade von einer Geschäftsreise nach London zurückgekehrt – geriet ich abends auf dem Heimweg in einen Stau, und der Zufall wollte es, daß ich in einem Fenster ein Schild mit der Aufschrift »Spiritualistische Kirche« entdeckte. Zunächst dachte ich nicht weiter darüber nach, doch im Laufe der Woche bemerkte ich, daß mich die Wörter »Spiritualistische Kirche« nicht mehr losließen. Ich fing an herumzufragen und bedrängte jeden, der wissen müßte, was ein »Spiritualist« sei. Ich muß den Leuten damit wohl ziemlich auf die Nerven gegangen sein, weil meine Frau mir schließlich nahelegte, einen Gottesdienst zu besuchen. »Ruhe wird erst einkehren, wenn du hingehst und selbst nachsiehst, worum es da geht«, so waren ihre Worte. Also machte ich mich am nächsten Wochenende auf den Weg und besuchte einen der Gottesdienste.

Ich muß zugeben, daß ich anfangs den Eindruck hatte, daß die Leute dort alle verrückt waren, zumal der Pastor inmitten der Zeremonie mit dem Finger auf mich zeigte und sagte: »Sie werden ein Heiler im Namen Gottes sein, denn Sie sind von einer großen weißen Aura umgeben. Die Arbeit, die Ihnen aufgetragen ist, beginnt gerade!« Glauben Sie mir, ich konnte gar nicht schnell genug aus der Kirche herauskommen. Ausgerechnet ich sollte ein Heiler sein? Welch absurde Idee! Ich hatte eine Frau und vier Kinder zu versorgen, ein Geschäft zu führen. Ich war wohl nicht ganz bei Trost gewesen, meinen Fuß über diese Schwelle zu setzen! Dennoch zog mich die Kirche aus unerfindlichen Gründen immer wieder an. Und jedesmal, wenn ich hinging, erhielt ich dieselbe Botschaft, bis mich schließlich die Leute ansprachen und mich baten, sie von ihren Kopfschmerzen, Kniebeschwerden oder anderen Unpäßlichkeiten zu befreien. Und was noch erstaunlicher war: Ich *konnte tatsächlich* helfen, und so wandten sich immer mehr Menschen mit der Bitte um Hilfe an mich.

Nach einiger Zeit sagte mir eben jene innere Stimme, die mich zu meinen Gottesdienstbesuchen gedrängt hatte, daß ich sie einstellen sollte. Die Kirche habe ihre Aufgabe erfüllt und mich auf den Weg gebracht, so bedeutete mir die Stimme, und von nun an stünde ich auf eigenen Füßen. Es mag sonderbar klingen, wenn ich von einer inneren Stimme berichte, die mir Anweisungen gibt; doch es war nicht das erste Mal, daß ich mit ihr in Berührung kam. Schon als Kind hatte ich diese Stimme gehört, die mich führte und anleitete, und ich hatte nie Grund zu der Annahme gehabt, daß dies etwas Außergewöhnliches sei. Ich glaubte ganz einfach, jeder Mensch habe eine solche schützende und lenkende Stimme in seinem Inneren. Ja, es hat in meinem Leben Momente gegeben, wo diese Stimme durch mich gesprochen hat und ich zuhören konnte, wie die Gedanken eines anderen über meine Lippen kamen. Mehr als einmal rettete sie mich aus einer heiklen Situation. Wenn mir selbst keine Antwort einfiel, dann brauchte ich nur diese »innere Stimme« aus mir sprechen zu lassen.

Kurz darauf, im Jahr 1979, erkrankte ich schwer und wurde in das örtliche Krankenhaus gebracht. An meine Zeit dort kann ich mich kaum erinnern. Ich weiß nur, daß ich meinen Körper verließ. Was mir im Gedächtnis geblieben ist, ist ausgesprochen vage, doch ich erinnere mich daran, daß ich irgendwohin ging, um zu lernen. Ich machte so eine Art Intensivlehrgang. Die Ärzte waren sicher überzeugt, daß ich unter Halluzinationen litt, doch das stimmte nicht. Das Ganze dauerte nicht länger als etwa fünf Tage. Während dieser Zeit lag ich auf der Isolierstation, hatte zwei Lumbalpunktionen sowie eine ganze Reihe von Tests durchzustehen. Am Ende konnte keiner wirklich sagen, warum ich plötzlich unter unsäglichen Schmerzen kollabiert und in eine Art Koma gefallen war. Doch eines stand fest: der Mann, der ins Krankenhaus gegangen war, war nicht der, der herauskam. Es dauerte ein ganzes Jahr, bis ich mich richtig erholt hatte, und während dieser Zeit der Rekonvaleszenz verlor ich zusehends das Interesse an meiner Arbeit. Meine ganze Einstellung zum Leben und zum Tod und all meine emotionalen Werte hatten sich geändert. Und noch etwas war anders geworden: meine Gabe zu heilen. Mir wuchsen in dieser Hinsicht gewissermaßen Flügel, und immer mehr Menschen mit den verschiedensten Leiden kamen zu mir und baten um Hilfe.

Nach einiger Zeit schloß ich das, was von meiner Firma übriggeblieben war, und begann mich ganz auf das Heilen zu konzentrieren. Ich glaube, ich reagierte ähnlich wie die meisten, wenn sie plötzlich erkennen, daß sie etwas wirklich Wertvolles anzubieten haben. Ich wollte, daß alle Welt davon erfuhr. Mein Enthusiasmus war kaum zu bremsen. Zunächst einmal, so sagte ich mir, müßte ich die Öffentlichkeit per Annoncen auf mich aufmerksam machen. In diesem Augenblick meldete sich diese kleine innere Stimme zu Wort. »Inseriere nicht!« sagte sie. Was für ein Quatsch, dachte ich. Wozu ein solches Talent haben, wenn man es nicht voll ausnutzt? Und so ignorierte ich zum erstenmal die lenkende Stimme in meinem Inneren und machte mich daran, eine Werbekampagne zu organisieren.

Nach dem Tag, an dem die Stimme: »Mach keine Werbung!« gesagt und ich leise, aber entschieden geantwortet hatte: »Laß mich in Ruhe!«, erhielt ich eine zweite Warnung. Ich hatte für den Vormittag einen Termin mit einem Patienten vereinbart. Zur vorgesehenen Zeit klopfte es tatsächlich an der Tür, doch anstelle des erwarteten Patienten stand ein Priester vor der Tür. Ich kannte ihn nicht und muß wohl ziemlich überrascht dreingeschaut haben, denn er begann sofort, sich für sein Erscheinen zu entschuldigen, und erklärte mir in etwas zögerlichem Tonfall, daß er eigentlich auch nicht so recht wüßte, warum er gekommen sei. Er war die Straße entlanggefahren, um eine Verabredung wahrzunehmen, als er plötzlich den unwiderstehlichen Drang in sich verspürte, in unsere Einfahrt einzubiegen und den Weg zu unserem Haus hinunterzufahren.

»Ich weiß gar nicht, was ich hier soll«, meinte er achselzuckend. »Darf ich dennoch eintreten?«

Er betrat den Raum, in dem ich meine Patienten behandle, und ich eröffnete ihm, daß ich leider nicht viel Zeit für ihn habe, da ich jemanden erwarte. Doch er hörte mir gar nicht zu. »Was für eine wunderbare Aussicht«, sagte er und sah zum Erkerfenster hinaus auf den Swimmingpool. »Was arbeiten Sie? Welchen Beruf haben Sie?«

Und so erzählte ich ihm von meiner Gabe zu heilen und drückte ihm ein paar meiner Erbauungsschriften in die Hand. Nachdem wir etwa eine halbe Stunde miteinander verbracht hatten, ohne ein weiteres Wort zu wechseln, sagte er leise: »Dies ist ein wunderbarer Ort, und Sie sind hier nicht allein. Ich weiß nicht, warum es mich dazu drängt, Ihnen dies zu sagen, und ich verstehe das alles selbst nicht; aber unter gar keinen Umständen dürfen Sie Werbung für Ihre Gabe machen.«

Mit diesen Worten stand er auf und verließ mein Haus. Ich habe ihn nie wieder gesehen. Und auch die Patienten, die an diesem Morgen, den der Priester in Anspruch genommen hatte, Termine hatten, bekam ich nie wieder zu Gesicht. Ich weiß nicht, was mit ihnen geschehen ist. Ich war in einer ziemlich mißlichen Lage. Meine Firma hatte ich aufgegeben und damit auch meine Einkommensquelle. Und Werbung, um mir eine neue Lebensgrundlage zu schaffen, konnte ich jetzt nicht machen. Dennoch war nicht alles verloren. Sicher war es keine Werbung, wenn der örtliche Arzt, mit dem ich gut befreundet war, mir die Patienten schicken würde, denen der staatliche Gesundheitsdienst nicht weiterhelfen konnte. Also ging ich zu ihm und erzählte ihm von meiner Arbeit. Er meinte, er habe bereits davon gehört, ebenso sei ihm zu Ohren gekommen, daß ich bereits einigen seiner Patienten geholfen hätte. Er würde, so versprach er mir, diejenigen ansprechen, die offen sein könnten, und sie an mich überweisen. Diese Vermittlung betrachtete ich nicht als Werbung, doch die Stimme in mir war anderer Meinung. Ich konnte nicht einem von den zehn oder zwölf Patienten helfen, die der Arzt zu mir schickte. Meine Fähigkeit zu heilen, so mußte ich feststellen, war mir völlig abhanden gekommen. Ich konnte niemandem helfen. Ich hatte mir also alles verdorben. Ich hatte *die* Chance meines Lebens vertan und meine unglaubliche Gabe weggeworfen, nur weil ich glaubte, es besser zu wissen. Nun blieb mir nichts weiter übrig, als meine Firma wiederzubeleben. Nach etwa sechs Monaten, als ich längst jeden Gedanken an eine Tätigkeit als Heiler aufgegeben hatte, rief eine Frau an und bat mich um Hilfe. Sie litt unter Arthritis und hatte starke Schmerzen. Ich erklärte ihr, daß ich nicht mehr als Heiler arbeite. Sie war derart enttäuscht und bat mich so inständig, es doch noch ein einziges Mal zu versuchen – wie hätte ich da ihre Bitte abschlagen können? Ich bestellte sie also zu mir und hielt meine Hände über sie – und siehe da: es funktionierte. Ich fühlte, wie mich die Kraft wieder durchströmte, und hörte eine kleine Stimme innen sagen: »Tu in Zukunft das, was dir gesagt wird!«

Über eine lange Zeit hinweg begleitete mich diese Stimme auf meinem Weg. Eines denkwürdigen Abends aber, als ich vor einigen Freunden über spirituelle Themen sprach, sagte sie zu mir: »Es ist an der Zeit, daß du die Verantwortung für diese Dinge selbst übernimmst. Von jetzt an bist du auf dich gestellt. Lerne zu verstehen, was du tust und wie du deine eigene spirituelle Kraft und Liebe nutzen kannst.« Von diesem Augenblick an wurde mir bewußt, daß Heilen weit mehr bedeutet, als die Hände über einen Patienten zu halten und jemand anderem die Verantwortung zu überlassen.

Dieses Buch kann nicht mehr als eine Zusammenfassung all dessen sein, was ich über das Heilen gelernt habe. Es ist gleichzeitig ein sehr persönlicher Bericht, und wenn irgendwo irgendwer von dem profitiert, was ich hier schreibe, dann hat sich die Mühe der Veröffentlichung gelohnt.

Schließlich möchte ich noch darauf hinweisen, daß ich der Einfachheit halber durchweg die männliche Form »er« (anstelle schwerfälliger Formulierungen wie »er/sie« oder »die Person«) gewählt habe. Ich hoffe, daß niemand sich hierdurch benachteiligt fühlt. Ich versichere Ihnen an dieser Stelle, daß sich der Begriff »er« auf Männer und Frauen gleichermaßen bezieht.

Malcolm S. Southwood

Einleitung

Heiler sind nichts Besonderes. Sie wurden weder von Gott noch von sonstjemandem aufgrund einer übernatürlichen Eigenschaft oder eines Glaubens auserwählt. Ganz anders als eine Menge Ärzte, die uns glauben machen möchten, daß sie abgehoben von uns Normalsterblichen anzusiedeln seien, sind Heiler im allgemeinen ganz gewöhnliche Menschen, die das aufrichtige Bedürfnis in sich tragen, anderen zu helfen. Heilen ist eine Gabe, doch sie wird einem nicht wegen einer bestimmten philosophischen Anschauung oder für geleistete Dienste verliehen. Heilen ist eine angeborene Fähigkeit, die viele Menschen besitzen, wenn auch der eine mehr als der andere. Wie beim Malen (was die meisten von uns ja mehr oder minder können) ist es auch mit dem Heilen: Einige sind besser, andere weniger gut, und manche haben ganz spezielle Fähigkeiten auf einem bestimmten Heilgebiet; und mit zunehmender Übung nimmt bei allen die Qualität der Arbeit um ein Vielfaches zu.

Einige Heiler arbeiten lieber in der Gruppe, andere allein. Manche schließen ihre Augen und meditieren, während sie heilen, andere brauchen Hintergrundmusik. Es gibt Heiler, die in Organisationen wie kirchlichen Einrichtungen tätig sind, während andere völlig frei und selbständig arbeiten. Es gibt auch eine Reihe von Gruppen, die sich auf spezifische Krankheiten spezialisiert haben. Manche vertreten die Ansicht, daß man erst dann heilen könne, wenn man eine entsprechende Ausbildung absolviert und sich einer Art von Einweihung oder einer bestimmten Zeremonie vor den Augen der Kollegen unterzogen habe, um sich ihrer Akzeptanz und somit auch ihrer Unterstützung würdig zu erweisen. Andere glauben, daß man Anhänger eines bestimmten Glaubens sein, ausreichendes Verständnis und Wissen von einer bestimmten Religion beziehungsweise Moralphilosophie erworben haben müsse, damit man für Gott akzeptabel ist, ähnlich wie für sie selbst. Letzten Endes aber kommt es nicht im geringsten darauf an, was man glaubt oder wen man als seinen Lehrmeister wählt. Entweder man besitzt das gewisse Etwas, das einen zum Heiler macht, oder man besitzt es nicht.

Was tut ein Geistheiler also? Eigentlich sehr wenig, was man sehen oder beurteilen könnte. Er stellt sich hinter oder vor seinen Patienten, allein oder gemeinsam mit einem Kollegen, und überträgt geistige oder physische Energie von sich oder durch sich hindurch auf einen Menschen, der um eine Behandlung gebeten hat. In dem Maße, wie diese Energien in den Patienten einströmen, wird der normale Gesundheitszustand teilweise oder ganz wiederhergestellt. Ich sage teilweise, weil es zur vollständigen Heilung oftmals mehr als einer Behandlung bedarf.

Und wenn ich sage, ein Heiler tue eigentlich sehr wenig, so will ich damit keinesfalls seine Leistung schmälern. Anders als bei einem Arzt, Chirurgen, Psychologen oder Physiotherapeuten sieht man ihn während des Heilungsprozesses nur sehr wenig aktiv handeln. Leider hat dies einige sehr gute Heiler dazu veranlaßt, zuviel des Guten zu tun, um ihren Patienten den Eindruck einer gewissen physischen oder psychischen Aktivität zu vermitteln. Hierfür besteht jedoch keine Notwendigkeit, denn Heilen ist mehr eine geistige als eine physische Aktivität.

Wie bereits gesagt, Heiler sind wie Künstler; jeder Heiler hat seinen eigenen Stil, was das Ergebnis seiner Arbeit in keiner Weise mindert. Angesichts dieser individuellen Unterschiede zwischen den einzelnen Heilern möchte ich mich darauf beschränken, nur das zu erklären, was ich während meiner Heilbehandlungen tue; es mag sein, daß andere Heiler Einwände gegen meine Arbeitsweise vorbringen oder das, was geschieht, ganz anders interpretieren.

Was also tue ich, wenn jemand zu mir zur Heilbehandlung kommt? Der Mensch hat drei Entitäten: den Körper, den Geist und die Seele[1]. Wie ich auf einen Patienten eingehe, hängt davon ab, ob es sich bei ihm um ein körperliches, ein emotionales oder ein spirituelles Problem handelt. Bei physischen Leiden kann eigentlich kaum etwas schiefgehen. Der Körper ist eine geniale »Maschine«. Sie steuert und erhält sich vollkommen selbständig und braucht lediglich Brennstoff in Form von Energie, die wir uns über die Nahrung zuführen. Außer im Falle von genetischen Defekten, Unfällen, Vergiftungen oder Krankheiten arbeitet unsere »Maschine« absolut zuverlässig. (Und manche behaupten, daß wir selbst diese vier Ausnahmen durch unsere Verhaltensweisen und unsere Persönlichkeitsstruktur auf uns ziehen.) Es gibt jedoch einen fünften Bereich: Traumen. Auch hier werden manche einwenden, daß es keine Zufälle gibt und daß alle Handlungen und Verfassungen durch im Unterbewußtsein liegende Traumen verursacht sind. Dem würde ich zwar in manchen Fällen, jedoch nicht kategorisch beipflichten. Situationen sind nicht schwarz oder weiß – eine jede Situation hat ihre eigenen Grautöne. Dennoch glaube ich, daß die meisten Störungen – abgesehen von den vier oben genannten Ausnahmen – seelischen Ursprungs sind. Heilung bedeutet folglich, der Seele zu helfen, mit einer für sie schwierigen Situation ins reine zu kommen, damit sie harmonisch mit ihrem Körper zusammenarbeiten kann. Ist das Zusammenspiel zwischen Körper und Seele gestört, kommt es mit der Zeit zum Kollaps der Physis.

Zu dem Zeitpunkt, wo ein Patient über meine Türschwelle tritt, hat er normalerweise bereits alle orthodoxen Methoden

---

[1] Im engl. Text: »The body, the mind and the spirit.«

ausprobiert, und man hat ihm zu verstehen gegeben, daß er eben lernen müsse, mit seinem Problem zu leben. Wendet sich ein Patient ohne vorherige Konsultation eines Arztes an mich, obwohl er ganz offensichtlich einer organmedizinischen Behandlung bedarf, so ist es für mich selbstverständlich, mich nur dann seiner anzunehmen, wenn er sich bereit erklärt, zunächst orthodoxen ärztlichen Rat einzuholen.

Die meisten Menschen, die sich von mir behandeln lassen wollen, kommen wegen einer bestimmten Art von Schmerz oder Beschwerdebild. Wir alle haben Angst vor dem Leiden, doch dieser Angst liegt die Furcht vor dem Tod zugrunde. Nicht, daß die Menschen sich generell vor dem Tod oder gar dem Totsein selbst fürchten – was sie ängstigt, ist vielmehr die Art, wie sie einmal sterben werden und was der Tod eigentlich bedeutet. Sie möchten wissen, wie sich der Wechsel vom Diesseits ins Jenseits vollzieht.

Um dies zu verstehen, müssen wir zunächst zwischen dem, *wer* wir sind und *was* wir sind, unterscheiden lernen. Das »Wer« ist die Persönlichkeit, jene Entität, die in der Religion als *Geist* oder *Seele* bezeichnet wird – der Teil also, der den Körper verläßt, wenn wir sterben. Das »Was« hingegen ist der Körper, der Mechanismus, das Mittel, wodurch die Seele ihre Gedanken und Gefühle als Persönlichkeit während ihres irdischen Lebens ausdrücken kann – der Teil also, den wir zurücklassen, wenn wir gegangen sind. Auch wenn die Seele nicht nach denselben Prinzipien geschaffen wurde wie der Körper, beeinflußt sie doch Funktionen und Erscheinung des Körpers, den sie für ihre Zwecke nutzt. Und obgleich der Körper eigentlich keinen Einfluß auf die Seele haben sollte, lassen seelische Schwächen darauf schließen, daß dies dennoch oftmals der Fall ist. Zugegebenermaßen ist die allgemeine Richtung, die ein Mensch seinem Leben gibt, abhängig von seiner körperlichen Konstitution und den Fähigkeiten seines

Gehirns. Innerhalb dieser Grenzen obliegt die genaue Richtung jedoch immer dem innewohnenden Geist.

Um zu verstehen, was mit uns geschieht, wenn das Leben einmal zu Ende geht, müssen wir ganz am Anfang beginnen, bei der Empfängnis also. Stellen wir uns einmal vor, daß im Laufe von neun Monaten ein mit einem Computer ausgestattetes Einmannflugzeug nach allen Regeln der Kunst zu unserer alleinigen Benutzung gebaut worden ist. Es ist ein wahres Meisterwerk der modernen Technik, mit eingebautem Wartungs- und Instandhaltungsprogramm samt einem elektronischen Überwachungssystem und autarker Energieversorgung. Es braucht nur noch jemand einzusteigen und die Maschine zu fliegen. Und dieser »Jemand« sind Sie.

Aus einer Reihe von Gründen hat Sie diese bislang unbenutzte Maschine angezogen, und Sie sind hineingeklettert. Ihr Flugzeug zu besteigen ist der erste Schritt. Für eine unbekannte Anzahl von Jahren stellt dieses Flugzeug Ihr Leben dar. Es ist der Ausdruck dessen, wer Sie sind. Durch diese fliegende Maschine erfahren Sie Emotionen und bringen Sie Ihre Persönlichkeit zum Ausdruck. Sind Sie erst einmal an Bord und die elektromagnetischen Energiefelder aktiviert, gibt es keine Möglichkeit mehr herauszukommen. Die vom zentralen Kontrollsystem, dem Gehirn, erzeugte Energie läßt sich nicht abschalten, und der Energiefluß durch und um Ihren physischen Körper bindet Sie ebenso sicher an Ihre physische Hülle, wie der Sicherheitsgurt einen Piloten an seinen Sitz fesselt. Solange die Energie fließt, sind Sie in Ihrem Flugzeug gefangen. In dem Maße, wie der Körper wächst und sich entwickelt, lernen Sie, seine Bewegungen zu steuern – Tiefflug, doppelte Loopings – und damit Ihre Gedanken und Ideen auszudrücken.

Jeder Teil des Flugzeugs kann einmal ausfallen und braucht dann und wann Heilung. Die metallische Außenhaut ist der Körper, der computergesteuerte Autopilot ist der Geist, das denkende Bewußtsein. Durch beides fließt die Kraft, die Energie, die das Flugzeug zum Fliegen bringt, die innewohnende Seele. Körper, Geist und Seele bedürfen jeweils einer unterschiedlichen Art von Heilung.

In gewisser Weise ist dieses Buch ein Flieger-Abc und eine Reparaturanleitung. Es kann Defekte am eigenen Flugzeug beheben helfen und zeigen, wie man die Maschinen anderer Menschen repariert.

In Teil I schauen wir uns an, welchen Anforderungen unsere Maschine genügen muß und was geschieht, wenn der Treibstoff nicht ausreicht, den es für einen reibungslosen, effizienten Flug braucht. In Teil II befassen wir uns damit, welche Rolle unser Geist, unser »Kopf«, der Computer, dabei spielt, uns sicher auf Kurs zu halten. In Teil III schließlich lösen wir den Schleudersitz aus und erkunden die Identität der Seele im Zusammenhang mit Themen wie Heilung und Reinkarnation.

Teil I

Fliegen mit manueller Steuerung:
Heilung des Körpers

Der Körper ist wie ein großes, elektronisch gesteuertes Flugzeug mit eingebautem Fehlermeldesystem. Fällt ein Stromkreis aus, so wird dies dem Piloten über eine Warnleuchte mitgeteilt, damit er die notwendigen Maßnahmen zur Fehlerbeseitigung ergreifen kann. Wie alle anderen Maschinen braucht auch diese Treibstoff, um kontinuierlich und effizient fliegen zu können, und wenn unser Körper (unser Flugzeug) mehr Treibstoff verbraucht, als man ihm zuführt, kann er unseren Anforderungen auf Dauer nicht gerecht werden.

In Teil I erfahren wir, wie Fehler erkannt und identifiziert werden können, bevor daraus ernsthafte Probleme erwachsen. Auf diese Weise kann der Pilot geeignete Maßnahmen ergreifen, bevor größerer Schaden entsteht. Ein Heiler ist ein »Mechaniker«, der bei Alarmstufe Rot das Selbsterhaltungssystem zu steuern hilft.

1 Schalter an

Elektromagnetismus

Wir alle leben auf einem gigantischen Magneten, der Erde, die ihrerseits von anderen Magneten, vor allem der Sonne, gesteuert und mit Energie versorgt wird. Tiere und Menschen sind nichts anderes als winzige Magneten, die sich auf dem großen Magneten bewegen oder bewegt werden. Durch elektrische Stimulation im Körper werden bestimmte biochemische Reaktionen ausgelöst, die zu physischen Empfindungen und Handlungen führen. Unser Gehirn fungiert unter anderem als Impulsgenerator für den Körper. Der Strom, den dieser Generator steuert, muß sich nicht nur mit dem Körper in Einklang befinden, sondern auch mit anderen elektromagnetischen Kräften, vor allem denjenigen, die von anderen Menschen ausgehen. Das Gehirn ist für die Erzeugung des Elektronenflusses, eines Stroms, verantwortlich. Dieser hält alle Teile in einer festen Form zusammen, die wir als Körper sehen. Der Elektronenfluß ist mehr oder weniger gleichmäßig, und jede Unterbrechung führt zu einer Reaktion beziehungsweise einem Symptom.

Wie ein Magnet, der einen Nord- und einen Südpol besitzt, enthält unser Körper positive und negative Ladung. An negativ geladenen Körperstellen herrscht ein Überschuß, an positiv geladenen dagegen ein Mangel an Elektronen. Verlassen die Elektronen einen Bereich, so baut sich hier eine positive Ladung auf; dort, wo sie einfließen, entsteht eine negative Ladung. Diesen Elektronenfluß bezeichnen wir als Strom.

Positive und negative Potentiale

Ein elektrisches Potential besteht dort, wo die Bedingungen

für das Fließen eines Stroms existieren, der Elektronenfluß jedoch durch ein Hindernis oder eine Unterbrechung im Stromkreis verhindert wird. Die elektrischen Potentiale an der Hautoberfläche spiegeln den Verlauf des Nervensystems wider (eine Tatsache, um die besonders die Akupunkteure wissen).

Alle Lebewesen von der Ameise bis zum Menschen verfügen über positive und negative Potentiale. Beim Menschen sind der Kopf und die Rückenmarksregion mit ihrer massiven Konzentration von Neuronen (Nervenzellen) außerordentlich positiv geladen. Die drei Hauptbereiche mit der größten positiven Ladung sind das Gehirn, der Bereich zwischen den Schulterblättern und das untere Ende der Wirbelsäule. Negativ geladen sind vor allem die Hände und Füße; und eben mittels der Hände setzen Heiler ihre Energie frei.

Heiler müssen über diese Energie Bescheid wissen und wissen, wie sie diese freisetzen und an andere weitergeben können. Dann können ihre Hände wie die Pole einer Batterie funktionieren. Diese werden gleichsam an die positiv geladenen Körperstellen des Patienten geschlossen, die Energie benötigen, so daß das korrekte elektromagnetische Gleichgewicht wiederhergestellt wird. Der menschliche Körper ist eine einzige große elektrische Batterie, mit der andere Batterien aufgeladen werden können, um so deren Effizienz oder Gesundheit zu steigern.

Elektromagnetische Felder

Elektrische Felder bauen sich um jede elektrische Ladung auf, doch diese sind nicht identisch mit Magnetfeldern. Wir wissen eigentlich sehr wenig über Magnetismus. Alles, was wir wissen, ist, daß sich eine bestimmte Form von identifizier- und meßbarer Sache zwischen zwei entgegengesetzten Polen zeigt. Jeder Fluß von Elektronen umgibt sich mit einem kombinierten elektrischen und magnetischen Feld, also einem elektromagnetischen Feld, das beständig, fühl- und meßbar ist und sich sogar fotografieren läßt. Diese Energie wird von manchen Aura genannt und oft als spirituelle Energie mißdeutet, was jedoch absolut falsch ist. Wir haben es hier vielmehr mit dem von den Körperzellen ausgehenden Energiefluß zu tun, der um sich herum ein elektromagnetisches Feld erzeugt.

Die Frequenz dieses Felds wird von den vom Gehirn – dem Computersystem des Körpers – ausgehenden Emotionen gesteuert. Ändern sich die Emotionen, ändert sich die Frequenz des elektromagnetischen Felds. Seine Stärke ist von der physischen Verfassung und den Energiereserven der unabhängigen Zellen, die den Körper bilden, abhängig. Die Seele, die im Körper wohnt und den Geist, das denkende Bewußtsein, nutzt, steuert das System und paßt die programmierten Antworten des Denkens und Fühlens an die jeweiligen Erfordernisse an. Aber allzu oft vergißt die Seele ihren Anteil bei der Steuerung von Körper und Geist und endet als Passagier statt als Pilot.

Das gesamte Universum ist voll von elektromagnetischer Energie, die sich als Wellen in elektromagnetischen Feldern messen läßt. Gelegentlich wird die Auffassung vertreten, daß es sich hierbei um eine eigene Form von Lebenskraft handele. Ob das zutrifft, weiß ich nicht. Daß es sie gibt, steht zweifelsfrei fest, und sie existiert in derselben Bandbreite von Wellenlängen wie Radiowellen, Mikrowellen, Infrarotstrahlen, sichtbares Licht, ultraviolettes Licht, Röntgenstrahlen, Gammastrahlen und kosmische Strahlen. Sie wirkt sich auf alles aus, was wir tun und fühlen. Unsere Gesundheit hängt von der inneren und äußeren Ausgewogenheit ab, und alles, was die elektromagnetischen Felder in unserem Umfeld beeinflußt, wird die elektromagnetischen Felder unseres Körpers und damit unsere Gesundheit beeinflussen. Selbst der Fernseher, vor dem wir sitzen, hat sein eigenes elektromagnetisches Feld, das in unser persönliches elektromagnetisches

Feld hineinwirkt. In der Tat mehren sich die Beweise dafür, daß sehr starke elektromagnetische Felder, wie sie beispielsweise im Umkreis von Hochspannungsleitungen bestehen, Depressionen oder gar Krebs verursachen können.

Die Auswirkungen elektromagnetischer Felder

Sowohl magnetische als auch elektrische Felder können bis in große Entfernungen – weit über die Grenze der Erdatmosphäre hinaus – Teilchen beeinflussen, selbst wenn diese Beeinflussung sehr, sehr gering ist. Ein Körper, von dem eine elektromagnetische Kraft ausgeht, erzeugt folglich einen Strom, der andere Menschen in seiner Umgebung beeinflußt. Jeder hat sein eigenes elektromagnetisches Feld, dessen Stärke sich nach der Vitalität und Gesundheit des einzelnen richtet. Die Frequenz des Felds wird durch die Persönlichkeit bestimmt.

Harmonie und Disharmonie
in zwischenmenschlichen Beziehungen

Wir alle kennen Menschen, mit denen wir nicht gerne zusammen sind. Wahrscheinlich kennen wir nicht einmal den Grund dafür; wir fühlen uns in ihrer Gegenwart einfach unwohl. Dies liegt oftmals daran, daß das elektromagnetische Feld dieser Menschen in einer anderen Frequenz schwingt als unser eigenes, und während wir bemüht sind, uns darauf einzustellen oder uns dagegen abzuschotten, haben wir dieses ungute Gefühl.
Der Effekt zweier unterschiedlicher Frequenzen aufeinander läßt sich am besten am Beispiel einer hauchfeinen Sand- oder Staubschicht auf einem dünnen Blech erläutern. Die Vibrationen unterschiedlicher Geräusche lassen in der Staubschicht verschiedene Muster entstehen. Mit anderen Worten: Tonfre-

quenzen beeinflussen materielle Substanzen. Beschallt man mit zwei verschiedenen Frequenzen ein und dieselbe Staubschicht, führt dies zu Unordnung. Die beiden unterschiedlichen Frequenzen verschmelzen nicht miteinander, und der Staub kann kein gleichmäßiges, harmonisches Muster bilden; statt dessen wird er permanent aufgewirbelt und kann sich nicht setzen.

Bleiben wir bei unserem Beispiel: Gerät ein bereits formiertes Muster von Staubpartikeln unter den Einfluß einer neuen Frequenz, so muß es sich entweder ändern, um sich auf die neue Frequenz einzustellen, oder sich aus deren Einflußbereich herausbewegen, um ein Zusammenbrechen zu verhindern. Denn dies würde Krankheit bedeuten. Und genauso verhält es sich, wenn zwei Menschen zusammentreffen. Entweder ihre jeweiligen emotionalen Frequenzen ermöglichen einen freundschaftlichen Umgang, oder einer dominiert den anderen. Um dem zu entgehen, bleibt den Betreffenden nichts anderes übrig, als sich aus ihrem gegenseitigen Einflußbereich zu entfernen.

Harmonie und Disharmonie in der Natur

Haben Sie schon einmal darüber nachgedacht, warum ein Rotkehlchen nie gemeinsam mit einem Spatzen oder eine Mehlschwalbe nie mit einer Hausschwalbe nistet? Es liegt daran, daß die Frequenzen ihrer elektromagnetischen Felder unterschiedlich sind. Wenn uns der Unterschied zwischen Rotkehlchen und Spatz auch noch so klein erscheinen mag – die beiden könnten sich nie zusammentun, weil dies aufgrund der Unterschiede in ihren elektromagnetischen Feldern schlichtweg unmöglich ist. Machen Sie sich nichts daraus, wenn Ihnen das alles verwirrend erscheinen mag. Physiker sind seit Generationen bemüht, die Geheimnisse des Elektromagnetismus zu durchschauen. Doch offensichtlich war nicht einmal Einstein in der Lage, sich ein genaues Bild davon zu machen.

Worauf es ankommt, ist, zu verstehen, daß das Gehirn in seiner Funktion als Impulsgenerator einen elektrischen Strom steuert, den jede einzelne Zelle des Körpers völlig eigenständig erzeugt. Jede Zelle ist ein Generator für sich, der in Einklang mit den benachbarten Zellen arbeitet. Diese Zellgruppen bilden gemeinsam Organe, die wiederum im harmonischen Zusammenspiel mit anderen Organen Elektrizität erzeugen. Das gesamte Organsystem wird vom Gehirn aus gesteuert. Unterzieht sich ein Patient einer Organtransplantation und pflanzt man ihm ein Organ ein, das eine andere elektrische Frequenz aufweist als sein Körper, so ist eine Abstoßungsreaktion so gut wie programmiert. Ob der Körper des Patienten das Spenderorgan annimmt, hängt einzig und allein davon ab, inwieweit beide in schwingungsmäßigem Einklang zueinander stehen.

Regeneration

In den letzten dreißig Jahren wurden zahlreiche Erkenntnisse darüber gewonnen, daß Bioelektrizität nicht nur eine für die Gesunderhaltung notwendige Energie, sondern gleichzeitig auch der Hauptstimulus jeglicher körperlicher Regeneration ist. In verschiedenen Ländern laufen Studien, die nachweisen sollen, daß elektrische Ströme die Regeneration von Knochen- und auch Weichteilgewebe auslösen können. Der amerikanische Wissenschaftler Robert O. Becker, M.D., konnte nachweisen, daß viele einfachere Wirbeltiere durch veränderte elektrische Ströme ganze Körperglieder neu bilden können. Der Vorgang der Gewebsregeneration ist nicht auf Salamander und Frösche beschränkt. Verliert ein Kind vor dem Erreichen des elften Lebensjahres infolge eines Unfalls ein Fingerendglied, so wächst dieses unter gewissen Umständen wieder nach.

Im Jahr 1970 wurde im Kinderkrankenhaus von Sheffield über einen solchen Fall berichtet. Ein Kind, das ein Fingerendglied verloren hatte, wurde zwar verbunden, jedoch aufgrund eines Verwaltungsfehlers nicht zur Weiterbehandlung an einen Chirurgen überwiesen. Als der Fehler schließlich bemerkt wurde, wurde das Kind nochmals untersucht. Dabei stellte die behandelnde Ärztin fest, daß sich ein Teil des Fingerendgliedes bereits neu gebildet hatte. Sie entschied sich also, der Natur ihren Lauf zu lassen, und der Finger regenerierte sich vollständig einschließlich des Nagels. Cynthia Illingworth – so der Name der Ärztin – behandelte daraufhin andere Patienten auf die gleiche Weise und konnte nachweisen, daß sich das abgetrennte Fingerendglied in jedem Fall in etwa drei Monaten völlig regenerierte. Mittlerweile haben Wissenschaftler festgestellt, daß sich am Stumpf jeweils ein negativer Strom messen läßt.

Leider weigern sich die meisten Chirurgen, die Beweise für eine Knochenregeneration durch Stromanwendung oder jede andere Form der elektrisch bedingten Zellregeneration anzuerkennen, und ziehen weiterhin die wesentlich kosten- und zeitaufwendigeren Techniken der Mikrochirurgie vor. Und dies, obwohl Ärzte in verschiedenen britischen Krankenhäusern an Hunderten von Patienten nachweisen konnten, daß durch den Einsatz von elektrischem Strom tatsächlich die Knochen- und Gewebsneubildung angeregt wird. Dessenungeachtet halten Biologen immer noch an der Theorie des chemischen Austausches zwischen Zellen fest und meinen, daß die Entstehung von Elektrizität nichts anderes als eine Begleiterscheinung von Zellschäden sei.

Elektromagnetismus im Körper

Ich gehe davon aus, daß eine der Hauptfunktionen des Gehirns die eines Impulsgenerators ist, der Elektrizität durch den Körper strömen und pulsieren läßt. Auf irgendeine Weise sorgt das Gehirn für die Weiterleitung der Energie, die von den einzelnen Zellen innerhalb ihres jeweiligen, harmonisch funktionierenden Verbandes ähnlicher Zellen selbständig erzeugt wird. Dies wiederum läßt den Körper mit all seinen Abläufen harmonisch funktionieren. Das Gehirn, das das gesamte System über unbewußte, automatische Abläufe steuert, wird seinerseits von der innewohnenden Seele gelenkt. Selbst die Seele ist aller Wahrscheinlichkeit nach eine elektromagnetische Kraft, was auch immer wir darunter verstehen mögen. Halten Sie einmal Ihre Hände in etwa fünfzehn Zentimetern Abstand vor sich. Wahrscheinlich werden Sie dabei ein Kribbeln in den Fingerspitzen spüren. Dieses Gefühl entsteht durch eine elektrische Kraft, die von zwei einander gegenüberstehenden negativen Potentialen ausgeht. Diese Kraft ist es, die ich als Energie bezeichne.

Energieblockaden

Der Körper des Menschen wird ständig von pulsierender Energie durchströmt, und solange diese in ausreichender Menge zur Verfügung steht und der Fluß nicht unterbrochen wird, sind wir körperlich und geistig fit. Probleme tauchen immer dann auf, wenn diese Energie nicht dorthin gelangen kann, wo sie benötigt wird.

Wenn diese pulsierenden elektromagnetischen Felder gestört werden, müssen logischerweise alle dem Ort der Verletzung (beziehungsweise der Blockade) nachgeordneten Bereiche auf die eine oder andere Weise in Mitleidenschaft gezogen werden.

Als Heiler bin ich in der Lage, Verletzungsbereiche zu erkennen und mit meinem eigenen elektromagnetischen Feld zu behandeln, so daß die Beschwerden entweder bei jedem Behandlungstermin gelindert oder durch Beseitigung der Ursache ganz behoben werden. Bei dieser Art von Heilung ist nichts Magisches, Mysteriöses oder Spirituelles im Spiel. Um anderen zu helfen, muß man lediglich über ein stärkeres elektromagnetisches Feld verfügen und wissen, wie man diese Energie einsetzen kann. Ich vermute, daß die einzig nötige intellektuelle Leistung vor allem darin besteht, die richtige Diagnose zu stellen und zu wissen, wie man mit den elektromagnetischen Feldern des Körpers umgehen muß, um Heilung in Gang zu setzen.

Statische Magnetfelder

Sowohl in Indien als auch in Amerika gibt es unorthodoxe Heiler, die behaupten, mit Hilfe von Dauermagneten Krebs heilen zu können. Ihre Heilerfolge wurden teilweise bestätigt, als der Amerikaner Dr. Kenneth Maclean in den fünfziger und sechziger Jahren Mäuse mit statischen Magnetfeldern erfolgreich gegen Krebs behandelte. Die Forschung steht hier noch ganz am Anfang, doch es zeichnet sich bereits jetzt ab, daß das Geheimnis im statischen Magnetfeld zu liegen scheint. Künstlich erzeugte pulsierende oder veränderliche Magnetfelder hingegen lösen Streß aus und verhindern Heilung. Viele Heiler arbeiten mit Dauermagneten, um Beschwerden zu bessern, und solange das statische Magnetfeld weder zu schwach noch zu stark ist, scheinen sie hiermit auch Erfolg zu haben. Leider sind die meisten orthodoxen Mediziner gegen die Arbeit mit elektromagnetischen Feldern ausgesprochen voreingenommen. Dies ist zum Großteil den Heilern selbst zuzuschreiben, die sich aufgrund mangelnden Wissens um das, was geschieht, oftmals zu übertriebenen Stellungnahmen hinsichtlich ihrer Fähigkeiten und der Ursachen für die erzielten Erfolge hinreißen lassen. Vermutungen und eine Aura des Geheimnisvollen sind kein Ersatz für wissenschaftliche Forschung. Die Welt der Wissenschaft ihrerseits sollte sich auch nicht weigern, die mit unorthodoxen Methoden erzielten

Erfolge anzuerkennen, nur weil sich diese nicht mit ihrem bisherigen Wissen erklären lassen, ohne dabei die eine oder andere liebgewonnene Theorie über Bord werfen zu müssen.

Die Auswirkungen von Radiowellen

Während meiner beruflichen Laufbahn hatte ich einmal an einem Experiment zur Förderung des Pflanzenwachstums durch Radiowellen mitgearbeitet. Wir wandten die verschiedensten Methoden an, und eine bestand darin, Radiowellen durch Wasser zu leiten, in das wir Samen gegeben hatten. Dabei konnten wir zeigen, daß Samen mit geringer Keimfreudigkeit und Vitalität nach einer Behandlungsdauer von nur zwanzig Minuten belebt werden konnten. Wenn wir anschließend mit diesem behandelten Wasser Pflanzen gossen, wuchsen diese schneller und kräftiger heran als Pflanzen, die mit unbehandeltem Wasser gegossen wurden. Wir leiteten Radiowellen auch durch Erdreich, und alle Pflanzen auf dem behandelten Streifen reagierten mit schnellerem Wachstum. Ähnliches ist an Stellen zu beobachten, wo Hochspannungsleitungen über bebaute Felder führen. Noch spektakulärere Ergebnisse erzielten wir, als wir befruchtete Hühnereier in einen Behälter mit Wasser legten und durch diesen Radiowellen schickten: Die Schlüpfzeit verringerte sich um bis zu zwanzig Prozent gegenüber unbehandelten Eiern, doch die Küken wiesen derart auffällige Anomalitäten auf, daß wir uns gezwungen sahen, diese Versuche einzustellen. In einem Selbstversuch, den ich unternahm (und der auf keinen Fall die Bezeichnung eines kontrollierten wissenschaftlichen Experiments verdient), trank ich Wasser, durch das zuvor Radiowellen einer bestimmten Frequenz geleitet worden waren. Nach etwa einer Woche stellte ich fest, daß ich zunehmend unverträglicher wurde, und meine

Freunde versicherten mir, daß ich alle Anzeichen eines Persönlichkeitswandels aufwies. Die gleiche Reaktion wurde bei Tieren beobachtet, deren Trinkwasser auf ähnliche Weise behandelt worden war. Wir alle kehrten jedoch rasch zu unserem alten Verhalten zurück, sobald wir wieder normales Wasser tranken. Doch angesichts der Tatsache, daß unser Körper zu siebzig Prozent aus Wasser besteht, müssen wir uns der Risiken bewußt sein, denen wir uns aussetzen, wenn wir uns im Einflußbereich von Radiowellen aufhalten.

Ist die Zunahme der Radiowellen in unserer Atmosphäre einer der Gründe für die wachsende Intoleranz in unserer modernen Gesellschaft? Ich weiß es nicht, doch ich kann dennoch nicht umhin, mich zu fragen, mit welchen langfristigen Auswirkungen wohl zu rechnen ist, wenn sich Menschen permanenter Musikberieselung über Kopfhörer aussetzen. Wären ihnen die Ergebnisse einiger der Experimente bekannt, an denen ich mitgearbeitet habe, so wären sie sicher nicht ganz so erpicht darauf, ununterbrochen Radiowellen durch ihr Gehirn zu schicken. Radiowellen können sich negativ auf unsere Gesundheit auswirken, und Elektrosmog ist wahrscheinlich eine ebenso große Bedrohung für die Umwelt wie die chemische Verschmutzung. Alles, was den normalen Lauf des elektrischen Stromes durch unseren Körper beeinträchtigt, muß zwangsläufig zu Problemen führen. Oder wie Dr. Becker es in seinem ausgezeichneten Buch *The Body Electric* formuliert: »Alles Leben pulsiert im zeitlichen Einklang mit der Erde, und unsere künstlichen Felder verursachen abnormale Reaktionen in allen Organismen ... Was werden wir tun, wenn der Anteil mißgebildeter Kinder auf fünfzig Prozent steigt oder wenn fünfundsiebzig Prozent aller Menschen an Krebs erkrankt sind? Werden wir dann noch in der Lage sein, den Stecker herauszuziehen?«

2 Die Stromkreisunterbrecher

Die durch den Körper pulsierende Elektrizität stimuliert die Zellteilung. Wird dieser Stromfluß aus irgendeinem Grund beeinträchtigt, wirkt sich dies nachteilig auf die jeweils stimulierten Zellen aus. Diese Tatsache haben inzwischen Forschungsarbeiten auf dem Gebiet der Bioelektrizität bestätigt, und auch meine eigenen Heilerfahrungen untermauern diese Erkenntnis.

Krebs und Rückenverletzungen

Vor ein paar Jahren suchte mich ein Mann auf, der an Leberkrebs erkrankt war. Er lag damals in einer Londoner Klinik, und man hatte ihm gesagt, daß in einer Lebertransplantation seine einzige Chance läge. Da aber eine Transplantation aus verschiedenen Gründen nicht in Frage kam, sah seine Zukunft ausgesprochen düster aus. Der Mann war noch nicht sehr alt, etwa Anfang Vierzig. Die Diagnose war ihm zwei oder drei Jahre zuvor gestellt worden, und seitdem hatte sich sein Zustand ständig verschlechtert. Er wurde nicht behandelt und hatte aufgehört zu arbeiten, kurz nachdem die Krankheit diagnostiziert worden war. Wie die meisten anderen meiner Patienten kam auch er zu mir, weil er nicht wußte, an wen er sich noch hätte wenden sollen.

Dieser Mann war der erste in einer Reihe ähnlicher Fälle, bei denen ich die Feststellung machte, daß die Ursache des Problems in einer unerkannten Rückenverletzung lag. Mein Patient hatte vor seiner Erkrankung als Automechaniker gearbeitet und sich während dieser Zeit eine Verletzung im Lendenwirbelbereich zugezogen. Abgesehen von gelegentlichen

Schmerzen waren die Beschwerden jedoch scheinbar verschwunden, und angesichts der Tatsache, daß er mittlerweile an Leberkrebs erkrankt war, erschien ihm die Rückenverletzung jetzt ohnehin völlig nebensächlich. Ich war mir da weniger sicher, zumal ich seine Verletzung durch Schmerzen in meiner eigenen Wirbelsäule wahrnahm.

Nachdem ich den verletzten Wirbel als die Körperstelle lokalisiert hatte, durch die der für die Steuerung der Leberfunktion zuständige elektrische Strom fließt, schloß ich, daß die Nerven in diesem Bereich geschädigt worden waren und sich aus diesem Grund in der Leber bösartige Zellen gebildet hatten. Ich ließ folglich bei der Behandlung die Leber ganz außer acht und konzentrierte mich ausschließlich auf sein verletztes Rückgrat. Über Wochen hinweg klagte der Mann regelmäßig über schreckliche Rückenschmerzen nach den Behandlungen. Dies lag daran, daß es im Rahmen des Heilungsprozesses zu Muskelanspannungen im Bereich der Rückenwirbel kam. In der Leber aber stellte sich eine langsame, aber stetige Besserung ein, bis sie schließlich wieder völlig normal funktionierte.

Das war vor viereinhalb Jahren, und die Fachleute rätseln noch heute darüber, was wohl diesen dramatischen Heilungsverlauf herbeigeführt haben mag. Sie werden niemals zugeben, daß ein Heiler ohne medizinische Vorbildung etwas gewußt oder gar bewirkt haben könnte, das außerhalb ihres Verständnisses liegt. Der Patient selbst jedoch erfreut sich immer noch bester Gesundheit und ist längst wieder in seinen Beruf zurückgekehrt.

Mit genau der gleichen Methode war ich auch bei Fällen von Magen- und Lungenkrebs erfolgreich. Und ich gehe heute davon aus, daß viele Krebskrankheiten einzig und allein auf eine Störung des normalen elektrischen Stromflusses entlang den Nervenbahnen zurückzuführen sind. Ich habe sogar einen

Asthmatiker von seinem Leiden durch die Behandlung seiner Wirbelsäule befreien können. Zu Beginn der Behandlung war der Betreffende auf hochdosierte Steroide angewiesen und schon zwei Jahre arbeitsunfähig. Auch in diesem Fall stellte sich heraus, daß er einige Zeit zuvor eine Rückenverletzung erlitten hatte, diesmal genau am untersten Ende der Wirbelsäule. Ich lokalisierte die Stelle durch die Wahrnehmung von Schmerzen in meiner eigenen Wirbelsäule (zu einer solchen Übertragung von Schmerzen vom Körper des Patienten auf meinen eigenen Körper bin ich in der Lage, wenn ich mich mit dem Betreffenden in schwingungsmäßigem Einklang befinde). In diesem Fall hatte der Patient nicht daran gedacht, mir von seiner Verletzung zu berichten, weil er es für unwichtig hielt.

Auf meine Frage hin erklärte er, daß er etwa sechs oder sieben Jahre zuvor einen Arbeitsunfall erlitten habe. Die asthmatischen Beschwerden seien erstmals etwa sechs Monate nach diesem Unfall aufgetreten. Nachdem ich ihn auf einen möglichen Zusammenhang zwischen beiden Krankheitsbildern hingewiesen hatte, fiel ihm ein, daß er seinen schlimmsten Asthmaanfall hatte, kurz nachdem er sich ein zweites Mal am Rücken verletzt hatte.

Bereits nach der ersten Behandlung besserte sich sein Zustand beträchtlich, und schon nach wenigen Wochen waren die Asthmasymptome mehr oder weniger verschwunden, so daß er nach Rücksprache mit seinem Arzt die Dosierung der Steroide reduzieren konnte. Nach vier Wochen konnte er sich wieder dem Gesang widmen, einem Hobby, das er infolge seiner Krankheit hatte aufgeben müssen. Zu diesem Zeitpunkt nahm er nur noch ein Fünftel der Ursprungsdosis ein. Nach vier Monaten brauchte er überhaupt keine Steroide mehr, und seither ist sein Asthma nie wieder aufgetreten.

Ich könnte noch viele Beispiele dieser Art anführen, denn ich konnte bei einer ganzen Reihe von Krankheiten, die auf ein Rückenproblem zurückzuführen waren, spektakuläre Therapieerfolge erzielen. Und dabei braucht es sich nicht unbedingt um eine ernstliche Verletzung im Wirbelsäulenbereich zu handeln.

Körperlicher Schmerz

Schmerzen, die durch Verletzungen oder Streß verursacht worden sind, gehören zu den häufigsten Beschwerden, mit denen ich therapeutisch zu tun habe. Muskel- und Rückenschmerzen stellen den Großteil der Beschwerdebilder und beanspruchen die meiste Behandlungszeit. Fast alle Patienten waren bereits bei ihrem Hausarzt, und manche haben eine Behandlung in einer Spezialklinik hinter sich, doch die Schmerzen halten trotz aller Medikamente, mit denen man sie zu behandeln suchte, unvermindert an. Was also ist Schmerz? Schmerz tritt in sehr vielfältiger Form auf, je nachdem, wo er lokalisiert ist, wodurch er verursacht wird, ob er physisch oder emotional bedingt ist und wie der einzelne in der Lage ist, mit ihm umzugehen.

Schmerz wird durch Gewebsverletzungen verursacht. Die beschädigten Zellen setzen chemische Stoffe, die sogenannten Prostaglandine, frei. Wenn diese Stoffe auf die Nervenendungen wirken, wird ein elektrischer Strom von den Empfindungsnerven ins Gehirn geschickt. Der Ablauf ist in Wirklichkeit natürlich wesentlich komplexer, doch im Prinzip empfängt das Gehirn dieses Signal und schickt seinerseits einen elektrischen Strom an die verletzte Stelle, um die Gewebsregeneration zu stimulieren. Diese elektrische Erregung setzt die Zellteilung und -vermehrung in Gang. Bis der Regenerationsprozeß jedoch abgeschlossen ist, bleibt der Schmerz bestehen, weil weiterhin Prostaglandine freigesetzt werden, um eine fortdauernde elektrische Erregung und die damit einhergehende Heilung sicherzustellen.

Eingeklemmte Nerven

Kopfschmerzen werden oft durch ein Potential verursacht, das sich dadurch aufbaut, daß der Strom infolge einer Unterbrechung oder Blockade an irgendeiner Stelle des Stromkreises nicht fließen kann. Ich konnte vielen Migränepatienten einfach dadurch helfen, indem ich eine Nervenverletzung lokalisierte, die eine Ableitung des Stromes aus dem Gehirn verhinderte. In diesem Fall baut sich das Potential auf, und es kommt unter Umständen zu einer Überlastung des Systems; der Überschuß verbrennt als Schmerz in der Form der Migräne. Alles, was zu einem Energieüberschuß im Körper führt, kann Kopfschmerzen oder Migräne verursachen, sofern die betreffende Nervenbahn blockiert ist. Dies ist mit einem Akku zu vergleichen, der ständig geladen und dadurch irgendwann überhitzt wird, was sich in unserem Kontext als Schmerz zeigt. Das soll nicht heißen, daß jeder Migräneanfall auf einen eingeklemmten Nerv zurückzuführen ist, doch meinen Erfahrungen zufolge ist dies manchmal der Fall.

Als typisches Beispiel hierfür möchte ich von einem Mann Ende Vierzig berichten, der über zwei Jahre lang regelmäßig schwere Migräneanfälle erlitt. Er suchte mich zum ersten Mal auf, als sich gerade erste Anzeichen für einen neuen Anfall bemerkbar machten. Das machte die Problemfindung sehr viel einfacher. Als ich meine beiden Hände über seinen Kopf hielt, wurden die Schmerzen sehr viel stärker (wie zu erwarten war, denn ich fügte dem ohnehin überladenen Akku weitere Energie hinzu). Dann legte ich meine linke Hand auf eines seiner

Handgelenke und die rechte über seinen Kopf. Die Wirkung war unglaublich. Es war, als hätte ich einen Schalter betätigt. Der Migräneschmerz* war augenblicklich verschwunden – nicht langsam, nicht erst nach ein paar Sekunden, sondern sofort! Dann nahm ich meine Hand von seinem Handgelenk und hielt sie wieder über seinen Kopf. Und siehe da, der Schmerz kehrte sofort wieder zurück, ebenso schnell, wie er vorher aufgehört hatte. Ich wiederholte diesen Vorgang mehrere Male, und jedesmal kam es zu derselben sensationellen, sofortigen Wirkung: Schmerz an, Schmerz aus, Schmerz an ...

Irgendwo zwischen dem Gehirn und dem Handgelenk mußte also ein Nerv blockiert gewesen sein. Wenn ich meine Hände über seinen Kopf und über sein Handgelenk hielt, schuf ich offensichtlich eine Umgehung um diese Blockade herum, so daß der Stromkreis wieder geschlossen war. Auf meine Fragen hin erzählte mir der Patient, daß er sich etwa im Alter von fünf Jahren den Ellbogen gebrochen hatte, doch das konnte in diesem Fall wohl nicht die Ursache sein, denn die Migräneanfälle hatten erst zwei Jahre zuvor begonnen. Nach weiteren Fragen erinnerte er sich an einen Arbeitsunfall, der etwa zweieinhalb Jahre zurücklag und bei dem er heftig auf die Schulter gefallen war. Das mußte es sein! Bei diesem Sturz muß ein Nerv in der Schulter gequetscht worden sein.

Der Mann war ausgesprochen robust gebaut, und über das gelegentliche Ziehen in der Schulter hatte er sich keine weiteren Gedanken gemacht; ohnedies fand er die Migräneanfälle weitaus besorgniserregender. Für sich allein genommen hätte der gequetschte Nerv in seiner Schulter wahrscheinlich keine Probleme bereitet; doch wenn die alte Ellbogenverletzung genau denselben Nerv blockierte, dann hatte die doppelte Schädigung sehr wahrscheinlich einen zu großen Widerstand im Stromkreis aufgebaut. Etwa eine halbe Stunde lang massierte ich die Schulter und gab ihr Heilung, und seit nunmehr über vier Jahren hat dieser Patient abgesehen von einigen wenigen Malen keine weitere Migräne mehr gehabt.

Schmerz und elektromagnetische Felder

Plaziert man ein ausreichend starkes Magnetfeld im rechten Winkel zur Fließrichtung eines elektrischen Stromes, so wird der Stromfluß unterbrochen, und der Schmerz hört auf. In vielen Situationen hat sich diese Methode als ebenso effizient erwiesen wie die Verabreichung von schmerzstillenden Medikamenten. Und im wesentlichen ist es das, was ein Heiler mit einem ausreichend starken elektromagnetischen Eigenfeld tut, wenn er seine Hände über eine Verletzung hält. Hält er seine Hände jedoch in Fließrichtung des Stromes, so wird er dadurch den Schmerz nur noch verstärken. Dies zu begreifen kostete mich eine ganze Weile.

Effizientes Heilen bedeutet nicht, die Hände irgendwo oder irgendwie hinzuhalten. Man muß wissen, wohin man sie hält und wie nah man an den Körper des Patienten herangehen darf; außerdem sollte man nicht vergessen, daß man nicht nur die Schmerzen abstellen, sondern auch Heilung bewirken will. Um dieses Ziel zu erreichen, muß der zur geschädigten bzw. verletzten Körperstelle fließende Strom verstärkt werden, um den Heilungsprozeß zu beschleunigen. Dabei muß vermieden werden, daß der verstärkte Strom wieder zurück zum Gehirn fließt. Um dies verstehen zu können, müssen wir uns etwas eingehender mit den Wirkprinzipien des Elektromagnetismus in bezug auf Gehirnerregung und erhöhte Zellaktivität befassen. Nachdem ein Heiler behandelt hat, spürt der Patient oftmals im Bereich der Verletzung ein bis drei Tage lang stärkere Schmerzen, die sich danach völlig geben sollten. Was geschieht, ist, daß, während der Heiler mit den Händen behandelt, er auf effiziente Weise den Stromfluß stoppt, während er gleichzeitig das Potential an der verletzten Stelle anhebt. Sobald er seine Hände wegnimmt, stellt sich das normale Fließmuster wieder ein. In dem Maße, wie dem Gehirn das Mehr an elektrischem Potential an der Stelle der Verletzung gemeldet wird, steigert sich die Schmerzempfindung; die Heilwirkung aber ist positiv. Es ist überraschend, wie schnell Wunden nach einem »Handauflegen« verheilen.

Ich denke, daß jeder verletzungsbedingte Schmerz wahrscheinlich durch eine Erhöhung des elektrischen Potentials an der betroffenen Stelle entsteht. Er tritt nicht immer im Augenblick der Verletzung auf, sondern stellt sich oftmals erst Sekunden oder sogar Stunden später ein. Schmerz ist vermehrte elektrische Aktivität an den Nervenenden, die die Zellteilung bewirkt und damit die Bildung von neuem Gewebe.

Direkte Ströme innerhalb des zentralen Nervensystems regulieren die Empfindlichkeit der Nervenzellen auf verschiedene Weise: durch Veränderung der Strommenge, durch Umkehrung der Polarität und durch Veränderung der Frequenz. Alle diese Vorgänge werden vom Unterbewußtsein gesteuert und können von einem guten Heiler mit einem starken elektromagnetischen Feld beeinflußt werden. Viele Heiler stellen sich auf den Zustand ihres Patienten ein, indem sie im entsprechenden Bereich ihres eigenen Körpers auf die Verletzung des Patienten reagieren. Anschließend stellen sie ihr elektromagnetisches Eigenfeld auf die Bedürfnisse des Patienten ein und aktivieren so dessen Selbstheilungskräfte.

Wie bereits gesagt, kann ein ausreichend starkes, im rechten Winkel zur Fließrichtung des elektrischen Stromes plaziertes Magnetfeld den Stromfluß unterbrechen, und diese Methode hat sich als ebenso wirkungsvoll erwiesen wie eine chemische Anästhesie. Schickt man einen Strom von vorn nach hinten durch das Gehirn, so wird der normale Stromfluß unterbunden, und der Mensch wird bewußtlos.

Es ist allseits bekannt, daß es bei Bewußtseinsveränderungen zu einer Veränderung der Gehirnwellen kommt. Ein Heiler kann die Gehirnwellenzyklen so beeinflussen, daß sie bei einer idealen Frequenz von acht bis vierzehn Schwingungen pro Sekunde liegen (sogenannte Alphawellen), indem er seine Hände über den Kopf des Patienten hält. Hierdurch gelangt der Betreffende in jenen Zustand, in dem wir uns kurz vor dem Aufwachen oder Einschlafen befinden, und aller Wahrscheinlichkeit nach funktioniert Hypnose auf eben diese Weise.

Reduziert ein Heiler die Frequenz der Gehirnwellen auf zehn Schwingungen pro Sekunde, ist sein Patient völlig entspannt, ohne jedoch zu schlafen. Dies ist genau der Effekt, von dem die meisten Menschen berichten, nachdem sie einen Heiler aufgesucht haben. Glücklicherweise schweigen die meisten Heiler, während sich ihre Patienten in diesem Zustand befinden, und lassen sie einfach die Entspannung genießen.

Ein Heiler kann seine eigenen Energien dazu einsetzen, um das Potential seines Patienten direkt am Ort der Verletzung zu erhöhen. Ein vermehrter Zufluß von Strom erhöht die Zellregenerationsaktivität an der Stelle der Verletzung.

Schmerz und Muskeln

Reduziert sich die Bioelektrizität im Körper, so spannen sich die Muskeln an. Betrachten wir nur, was mit einem Leichnam geschieht: sobald das Leben gewichen ist, beginnt der Körper steif zu werden. So wie der Strom abnimmt, wird auch das elektromagnetische Feld schwächer. Und in dem Maße, wie das elektromagnetische Feld an Wirkung verliert, gewinnt die

Schwerkraft an Einfluß, und der Körper fühlt sich schwerer an.

Dies ist der Grund dafür, warum Schlaganfallpatienten über ein Schweregefühl in den Gliedern klagen. Der elektrische Stromzufluß zu den betroffenen Gliedmaßen ist aufgrund von Nervenschädigungen im Gehirn blockiert. Ohne Stromzufuhr aber kann sich an dieser Stelle kein elektromagnetisches Feld aufbauen, und da die Wirkung eines elektromagnetischen Feldes auf die Muskulatur sich der Schwerkraft entgegengesetzt verhalten kann, fühlen sich die geschädigten Gliedmaßen schwerer an als die nicht geschädigten. Das ist es, was man unter Eigen- oder Totgewicht versteht. Ein Körper mit fünfundsiebzig Kilo Gewicht läßt sich relativ leicht heben, solange Leben in ihm ist. In dem Augenblick, in dem das Leben schwindet, fühlt sich ein Körper außerordentlich schwer an (jede Krankenschwester wird Ihnen das bestätigen), obgleich nachgewiesen ist, daß er bei Eintritt des Todes sogar ein paar Gramm an Gewicht verliert.

Es ist leichter, etwas hochzuheben, wenn man es zuvor ein paar Minuten lang festgehalten hat, anstatt es sofort hochzuheben. Dies liegt ganz einfach daran, daß wir unserer Energie auf diese Weise Gelegenheit geben, sich im Inneren des betreffenden Gegenstandes und rings um ihn herum auszubreiten. Es ist immer einfacher, etwas zu heben, das sich innerhalb unseres eigenen elektromagnetischen Feldes befindet. Bioelektrizität ist wie eine Hülle oder Aura, in der wir uns behaglich und wohl fühlen. Fällt aus irgendeinem Grund unser Energieniveau ab, so bricht das elektromagnetische Feld zusammen, und die Anti-Schwerkraft-Hülle, die uns über die magnetische Erdoberfläche transportiert, verliert an Wirkung. Unsere Bewegungsfähigkeit nimmt in dem Maße ab, wie diese Hülle schwächer wird.

An sonnigen Tagen sind wir besserer Laune und entspannter

als an kalten, wolkenverhangenen, an denen wir uns steif und unbeweglich fühlen. Je kälter es ist, desto mehr Energie müssen wir aufwenden, um unsere Körpertemperatur aufrechtzuerhalten. Und je mehr Energie wir verbrauchen, ohne uns neue zuzuführen, desto schwächer wird unser elektromagnetisches Feld und desto steifer fühlen wir uns. Dies erscheint gar nicht so außergewöhnlich, wenn man bedenkt, daß Reptilien die Sonnenenergie brauchen, um aktiv zu werden. Sie können selbst weder Energie erzeugen noch diese in ausreichenden Mengen speichern, um beweglich zu bleiben. Wir Menschen hängen nicht ganz so stark von der Sonne ab, wenn auch manche unter uns bei mangelndem Sonnenlicht in ihrer Aktivität stark beeinträchtigt sind.

Viele Menschen, die mich aufsuchen, kommen wegen Muskelsteife und -verspannungen zu mir, und die meisten von ihnen verbrauchen mehr Energie, als sie aufnehmen. Der Zustand verschlechtert sich zudem, wenn der Betreffende rotes Fleisch in größeren Mengen ißt. Fleisch ist Muskelgewebe, und haben Sie jemals darauf geachtet, wie stark die Muskeln einer Kuh sind? Wenn wir nun Rindfleisch essen, nehmen wir damit gleichzeitig die darin enthaltenen biochemischen Substanzen auf, die für die Muskelkontraktion verantwortlich sind. In unserem Organismus addieren sich diese Substanzen zu den von unserem eigenen Körper erzeugten, und es kommt zu einem Aufbau von Muskelkraft. Aus diesem Grunde sieht der Speiseplan von Boxern und Gewichthebern so viel Rindfleisch vor: dieses fördert nämlich den Muskelaufbau. Daran ist an sich auch nichts auszusetzen, solange wir die Muskeln auch wieder locker lassen können. Probleme entstehen immer dann, wenn wir unsere Bioelektrizität nicht so weit anheben können, daß sie mit der zusätzlichen Muskelkraft fertig wird. In diesem Fall können sich die Muskeln nicht mehr richtig entspannen, was eine ganze Reihe von Beschwerden nach sich zieht.

Ein weiteres Problem bei Rindfleisch ist, daß ein Tier beim Geschlachtetwerden in einen Schockzustand verfällt. Jeder, der schon einmal in einem Schlachthaus war, wird dies bestätigen. Kühe sind hochsensible Tiere und äußerst angstanfällig. Angst führt zur Freisetzung von Adrenalin in den Muskeln, um eine schnellere Reaktion und bessere Muskelkontraktion zu gewährleisten. Nichts wird unternommen oder kann unternommen werden, um diesen Überschuß an Adrenalin aus dem getöteten Tier zu beseitigen. Folglich verbleibt dieses Hormon im Fleisch. Wer solches Fleisch ißt, erhöht damit seinen Adrenalinspiegel, und es kommt zu einer Anspannung des gesamten Muskelapparats. Es wäre sicherlich eine lohnende Aufgabe, diesen Aspekt unserer Ernährung einmal näher zu untersuchen. Wer an rheumatischer Arthritis leidet, weiß nur zu gut, daß der Verzehr von Rindfleisch zu einer Verstärkung der Schmerzen führt. Ich habe einen Patienten, der nur eine Scheibe Brot mit kaltem Braten zu essen braucht, um ein paar Stunden später größere Schmerzen zu haben. Es erscheint logisch, daß ein erhöhter oder hoher Muskeltonus gleichzeitig zu Steifheit der Gelenke führt. Hätten wir keine Muskeln, könnten wir auch keine steifen Gelenke haben, denn ihre Bewegungen werden durch entgegengesetzte Muskelkontraktionen bewirkt. Je stärker die Muskelspannung ist, desto schwieriger wird es, die Gelenke zu bewegen. Und je steifer unsere Gelenke infolge von Muskelverspannungen werden, desto langsamer, schwieriger und schmerzhafter werden unsere Bewegungen insgesamt.

Muskeln und Knochen

Rückenschmerzen sind meiner Erfahrung nach in den meisten Fällen auf Muskelverspannungen zurückzuführen. Von all den Patienten, mit denen ich während meiner langjährigen Praxis zu tun hatte und die wegen eines Bandscheibenvorfalls zu mir gekommen waren, mußte ich nur zwei an einen Chiropraktiker oder Orthopäden überweisen. In den meisten Fällen reicht es, die Muskeln zu lockern, so daß die Bandscheibe von allein wieder in die richtige Position rutschen kann. Betrachten wir folgendes typisches Beispiel:

Ein Mensch bückt oder dreht sich, um etwas aufzuheben. Dabei ziehen sich die Muskeln zusammen, die zum Aufrichten des Körpers benötigt werden, während sich die entgegengesetzt wirkenden Muskeln lockern. Unterbleibt diese Entspannung der entgegengesetzten Muskeln, so muß etwas anderes an ihrer Stelle nachgeben – normalerweise die angespannten Muskeln. Dabei entstehen häufig sehr schmerzhafte Verletzungen, die eines langwierigen Heilungsprozesses bedürfen. Oftmals werden dabei auch die Knochen, an denen diese Muskeln angewachsen sind, ein wenig aus ihrer normalen Position gebracht. Sind die Wirbelkörper betroffen und werden gegeneinander verschoben, verursacht dies ein Bewegen der Bandscheibe. Und sooft man letztere auch in ihre Position zurückbringen mag, sie wird immer wieder vorfallen, bis die Muskelverspannung gelöst ist und die Wirbelsäule wieder ihre Normalstellung innehat.

Muskelverspannungen gehen immer mit einem Gefühl von Steifheit und mit Schmerzen einher. Ganz gleich, ob im Rücken, im Schulterbereich oder an den Beinen: wenn die Muskeln so verspannt sind, daß sich die Gelenke nicht ungehindert bewegen können, kommt es zu Schmerzen. Darüber hinaus sind die Gelenke durch die zusätzliche Belastung größerem Verschleiß ausgesetzt (dies gilt besonders für Hüftgelenke, die dann oftmals operativ ersetzt werden müssen). Streß – ein Zustand, bei dem mehr Energie verbraucht als zugeführt wird – führt immer zu Muskelverspannungen mit den entsprechenden Schmerzen, vor allem im Schulterbereich. Hier braucht ein kompetenter Heiler nichts anderes zu tun, als seine Hände über oder in die Nähe des nächstgelegenen Potentials zu halten. Darüber hinausgehende manuelle Therapien sind weder notwendig noch empfehlenswert. Manuelle Therapien sollten ausschließlich von qualifizierten Physiotherapeuten durchgeführt werden, und der Heiler sollte seinen Patienten gegebenenfalls an einen Arzt überweisen. Im folgenden möchte ich über einige klassische Beispiele von Muskelschmerzen berichten:

Der erste Fall betrifft eine junge Frau von dreiundzwanzig Jahren. Etwa drei Jahre vor Behandlungsbeginn hatte sie einen Auffahrunfall, bei dem ihr Wagen von hinten gerammt worden war. Dabei hatte sie ein HWS-Schleudertrauma davongetragen und eine Entschädigungsforderung an die Versicherung gestellt. Die Versicherungsgesellschaft hatte die Ernsthaftigkeit ihrer Verletzung bis dahin immer noch nicht anerkannt. Man verlangte von ihr, einen weiteren Spezialisten aufzusuchen, der eine äußerst heikle und in hohem Maße riskante Operation an ihrem völlig steif gewordenen Nacken vornehmen wollte. Doch anstatt sich einer Operation zu unterziehen, kam die Frau zu mir in die Praxis, um zu sehen, welche Alternativen es für sie gäbe. Bei ihrem Besuch trug sie eine Halskrause zur Ruhigstellung des Kopfes, denn man hatte ihr gesagt, daß jede Bewegung des Kopfes zu weiteren Schäden führen würde. Auch klagte sie über permanente Schmerzen.

Ich ließ sie auf einem Stuhl Platz nehmen und die Halskrause ablegen. Dann bat ich sie, die Augen zu schließen, damit sie sich leichter entspannen könne. Nun legte ich meine Finger zu Seiten des Nackens auf. Nach etwa fünf Minuten brach die Frau in heftiges Schluchzen aus, als sich das Trauma löste. Nach weiteren fünf Minuten fing sie an, unkontrollierte

Bewegungen mit dem Kopf zu machen; sie nickte immer wieder und schüttelte ihn hin und her. Dies dauerte etwa zwanzig Minuten. Dann nahm ich meine Hände weg, ließ sie etwa eine Minute lang ruhen und bat sie dann, ihren Kopf zu bewegen. Sie hatte überhaupt keine Bewegungseinschränkung mehr. Ihre Schmerzen waren völlig verschwunden, und sie hat seither keinerlei Beschwerden mehr gehabt.

Ich wurde gebeten, einen Brief an die Versicherungsgesellschaft und den behandelnden Arzt zu schreiben. Darin erklärte ich kurz, daß sich bei dem Unfall Schockwellen durch den Körper der Frau ausgebreitet hatten, die von der Nackenmuskulatur absorbiert worden waren. Diese ungenutzte Energie hatte sich aufgestaut. Außerdem hatte die Frau einen schweren Schock erlitten, der unbehandelt geblieben war, und dies hatte zu einer Blockade der Nacken- und Schultermuskulatur geführt. Die Symptome waren also zum einen durch einen Energiestau in den Muskeln bedingt und zum anderen durch den unbehandelten Schock, der für sich allein genommen wahrscheinlich nach etwa einem Monat vorübergegangen wäre, so daß sich eine Linderung der Beschwerden hätte einstellen können. Nachdem die Frau nun geheilt war, verlor sie zwar ihren Anspruch gegen die Versicherungsgesellschaft, doch dies schien sie nicht allzusehr zu bekümmern.

Mir sind in meiner Praxis mehrere ähnlich gelagerte Fälle begegnet. Es wendet sich auch eine ganze Reihe von Patienten an mich, die unter der sogenannten Spondylose leiden. Hierbei handelt es sich um eine Verspannung der Muskulatur um die Wirbelkörper herum, die einen Wirbelverschleiß verursacht. In manchen Fällen kann ich nichts mehr ausrichten, doch meistens kann ich entweder eine völlige, zumindest aber eine teilweise Wiederherstellung bewirken. Wie immer muß ich auch hier zunächst die Streßursache identifizieren. Es sind vor allem ältere Menschen, denen ich bei diesem Krankheitsbild nicht mehr helfen kann. Ich bin überzeugt, daß niemand an Spondylose leiden muß, wenn man nur früh genug mit der Behandlung beginnt. Man kann die Krankheit mit jeder Therapieform, die zu einer Muskelentspannung führt, in den Griff bekommen, wenngleich sich einmal eingetretene Verschleißschäden an Knochen nicht mehr reparieren lassen. Es kommt jedoch nicht nur auf eine frühzeitige Behandlung, sondern auch auf ein Erkennen der Problemursachen an, damit die Symptome nicht wiederkommen. Wenn sich Beschwerden auch an den Gelenken äußern, so ist die Ursache dennoch in einer Verspannung der Muskulatur zu suchen.

Betrachten wir es einmal realistisch: Abgesehen von Krankheit gibt es kaum etwas, das unseren Knochen etwas anhaben könnte. Ein Skelett, das nicht von Muskeln umkleidet ist, unterliegt keinem Verschleiß, weil sich die Gelenke frei und ungehindert bewegen können. Erst dadurch, daß sich die Muskeln rings um die Knochen anspannen, kommt es zu Problemen. Es ist in der Tat von größter Wichtigkeit, den Grad der Muskelanspannung regelmäßig überprüfen zu lassen. Verschleißerscheinungen an den Knochen sind oftmals eine direkte Folge von Muskelverspannungen, die immer dann entstehen, wenn das bioelektrische System angegriffen ist. Hierzu kann es infolge eines Schocks, durch emotionalen Druck oder andere Formen von Streß kommen, die alle zu einem Energieabbau führen.

Die Entwicklung einer Methode zur Bestimmung und Messung des elektromagnetischen Feldes im menschlichen Körper oder sogar der Muskelspannung würde die Medizin und Krankheitsvorsorge einen großen Schritt nach vorn bringen. Bei physiotherapeutischen Behandlungsmethoden dauert es oftmals Monate, bis die Muskeln des Betreffenden so weit gelockert sind, daß sich eine sichtbare Besserung einstellt. Und wenn nicht gleichzeitig Maßnahmen ergriffen werden, um das bioelektrische Potential zu steigern und konsequent dem Streß entgegenzuwirken, der als eigentliche Ursache für die Probleme anzusehen ist, wird eine konventionelle Methode kaum dauerhaften Erfolg bringen können. Allen Menschen, die unter Spondylose – einer höchst schmerzhaften und mit Bewegungseinschränkungen einhergehenden Krankheit – leiden, kann ich nur raten, sich nicht zur manuellen Therapie, sondern zu einer normalen Heilbehandlung an einen eingetragenen Heiler zu wenden. Für einen Heiler ist dies nämlich ein Krankheitsbild, das sich relativ einfach behandeln läßt.

Ein Fall von Muskelproblemen ist mir in besonderer Erinnerung geblieben. Bei dem Betroffenen handelte es sich um einen vierzehnjährigen Jungen, der sehr stark hinkte. Auf Anraten der Ärzte sollte er sich einer Operation unterziehen, um seine Beschwerden zu beheben.

Der Vater des Jungen, der mit in die Praxis gekommen war, meinte, das Problem habe etwas mit den Knochen oder Sehnen im Fußbereich zu tun. Natürlich ging ich zunächst dieser Erklärung nach und suchte nach einem veränderten elektrischen Potential im Fuß. Doch selbst bei intensiver Suche konnte ich nichts finden, und so wuchs in mir die Überzeugung, daß das Problem nichts mit dem Fuß, sondern eher etwas mit der Hüfte zu tun habe. Da aber der Vater jede meiner Bewegungen beobachtete und mir mit einer derartigen Sicherheit geschildert hatte, worauf das Problem zurückzuführen sei, ignorierte ich mein Gefühl und konzentrierte mich bei der Behandlung des Jungen ausschließlich auf den Fuß.

Als sich jedoch nach etwa fünfzehn Minuten noch immer nichts getan hatte, wurde mir klar, daß ich anders vorgehen mußte. Ich ignorierte also, was mir der Vater gesagt hatte, und wandte meine Aufmerksamkeit der Hüfte zu. Sofort stellte sich eine Reaktion ein: das Bein fing stark zu zucken an, als die Heilenergie in den Problembereich gelangte. Die Ursache für die Beschwerden war also nicht im Fuß, sondern in einer permanenten Muskelverkrampfung irgendwo im Oberschenkelbereich zu suchen. Nach etwa zehn Minuten war der Muskel gelockert. Dann stand der Junge auf und ging ohne das geringste Anzeichen von Hinken im Zimmer umher. Ich bestellte ihn für die darauffolgende Woche noch einmal zu mir in die Praxis, denn gelegentlich tritt in solchen Fällen das Problem nach einer gewissen Zeit wieder auf; doch auch bei seinem zweiten Besuch konnte er sich völlig frei bewegen, und soviel ich weiß, ist er seither völlig beschwerdefrei.

Verkrampfungen sind vielfach die Ursache für Rückenschmerzen. Es ist keineswegs ungewöhnlich, Schmerzen in der einen Hüfte zu verspüren, während das Problem in der anderen liegt. Durch Überanstrengung – beispielsweise wenn wir auf einer Leiter oder einem Stuhl stehen und mit dem ganzen Gewicht auf einem Bein den Arm weit nach oben strecken, um etwas herunterzuholen – werden die Muskeln einer Körperseite, beispielsweise der linken, stark belastet. Stunden später ziehen sich diese Muskeln dann oftmals krampfartig zusammen, ohne daß wir dabei irgendwelche Schmerzen empfinden. Anschließend stellt sich bestenfalls eine teilweise Lockerung ein, so daß die Muskeln des linken Beins nach der Anstrengung beziehungsweise Belastung in einem halbangespannten Zustand bleiben und sich so fester um die Gelenke schließen.

Diese Muskelkontraktion führt in der Tat zu einer Verkürzung des betroffenen Beins um etwa einen bis zwei Zentimeter. Nachdem nun das linke Bein etwas kürzer ist, muß das rechte sowohl beim Gehen als auch beim Stehen mehr Gewicht tragen. Wenn beide Beine nicht gleich lang sind, muß es zwangsläufig zu einer uneinheitlichen Belastung kommen. Diese wirkt auf die Hüfte der längeren Seite, und so werden sich hier irgendwann Schmerzen einstellen. Mit der Zeit kommt es infolge dieser zusätzlichen Belastung zu Verschleißerscheinungen und Rückenschmerzen; lange bevor sich Probleme an der Hüfte bemerkbar machen, klagt der Patient dabei oftmals schon über Rückenschmerzen.

Mithin muß sich die Behandlung in diesem Fall ganz auf die linke Hüfte konzentrieren. Es wäre reine Zeitverschwendung, die Schmerzen der rechten Seite zu behandeln, denn hierbei handelt es sich lediglich um ein Symptom. Die Ursache für die Beschwerden liegt in der linken Seite, selbst wenn diese frei von jeglichen Krankheitszeichen ist. Erst vor ein paar Wochen hat mich ein Mann aufgesucht, der seit beinahe zwanzig Jahren unter Schmerzen in der linken Hüfte und im Rücken litt. Das Problem war genau wie oben beschrieben, und nachdem ich sein rechtes Bein zwei Wochen lang behandelt hatte, waren die Schmerzen völlig verschwunden. Aus diesem Grunde möchte ich nochmals betonen, daß weder hochdosierte Medikamente noch Massagen oder andere rückenspezifische Behandlungsmethoden an der schmerzenden Seite Besserung bewirken können, solange die Verspannungen in der scheinbar gesunden Seite nicht gelöst sind.

Einmal kam ein junger Mann zu mir in die Praxis, der über Schmerzen im Bereich des Rückens und der linken Hüfte klagte. Er arbeitete als Jockey für einen Rennstall und hatte sich ein paar Jahre zuvor bei einem Reitunfall einen Knochen im rechten Bein gebrochen, das seither etwa zwei Zentimeter kürzer war als das linke. Es war mir klar, daß die Schmerzen, die er in seiner linken Hüfte verspürte, eine direkte Folge davon waren, daß das rechte Bein um dieses bißchen kürzer war und so eine größere Belastung auf der linken Seite verursachte. Hätte er versucht zu laufen, ohne auszugleichen, so wäre er den Rest seines Lebens im Kreise gegangen. Ich bat ihn, Platz zu nehmen, nahm das Gewicht seines rechten Beins in meine

Hände, indem ich seinen Fuß hielt, und ließ die Heilenergie durch seine Muskeln aufwärts strömen. Nach wenigen Minuten fing sein Bein an, unkontrolliert zu zucken. Als wir nach etwa fünfzehn Minuten die Länge beider Beine nachmaßen, stellten wir fest, daß es keinerlei Differenz mehr gab. Nachdem er aufgestanden war, hatte er erst gewisse Probleme mit der Koordination, bis sich sein Gehirn auf das neue »Gehgefühl« eingestellt hatte; doch diese waren bald vorüber.

Eine Woche später kam der Patient noch einmal zu einem Kontrolltermin. Die Schmerzen in seiner linken Seite waren verschwunden, und er meinte, er habe den rechten Steigbügelgurt um zweieinhalb Zentimeter verlängern müssen. Offenbar war er seit seinem Unfall immer mit einem einseitig kürzeren Steigbügel geritten. Nur über eines beklagte er sich: Am Abend nach seinem ersten Besuch bei mir war er in seine Stammkneipe gegangen, um dort Darts[1] zu spielen, doch infolge der Behandlung hatte sich seine Haltung so deutlich verbessert, daß es ihm unmöglich gewesen war, die Zielscheibe zu treffen. Ich habe andere Patienten mit ähnlichen Problemen behandelt, und in allen Fällen ist es mir gelungen, diesen zu schneller und dauerhafter Schmerzfreiheit zu verhelfen.

Bevor wir uns einem anderen Thema zuwenden, möchte ich noch ein Beispiel für den Zusammenhang zwischen Muskelverspannungen und Schmerzen anführen. Wie immer habe ich auch hier den Namen der Patientin geändert, wenn der Fall selbst auch sehr bekannt ist.

Es war der große Traum der zehnjährigen Sally, das von ihrem örtlichen Reitclub ausgerichtete 1990er Sommerturnier zu gewinnen. Natürlich war sie völlig am Boden zerstört, als ihr die Ärzte erklärten, daß die Schmerzen, die sie in ihren Knien verspürte, auf die sogenannte Schlattersche Krankheit

---

[1] Englisches Pfeilwurfspiel; Anm. d. Ü.

zurückzuführen seien. Sie tritt vor allem bei Kindern unmittelbar vor der Pubertät auf und wird durch übermäßiges Knochenwachstum im Kniegelenk verursacht. Dies führt zu Bewegungseinschränkungen, starken Schmerzen und letztendlich gar zur Absplitterung der Knochen im Gelenkbereich. Die Krankheit gilt als unheilbar, doch man sagte Sally, daß sich bei ihr die Erscheinungen mit Eintritt in das Erwachsenenalter legen würden. Es handelt sich hier um ein Krankheitsbild, von dem vornehmlich sportlich aktive Kinder betroffen sind.

Sallys Krankheit wurde im Juni 1990 diagnostiziert, und selbst das Gehen bereitete ihr Mühe. Der einzige Vorschlag, den die Ärzte machen konnten, war, ihr Bein in Gips zu legen, um es ruhigzustellen. Im Oktober 1990 wurde Sally von ihren Eltern zu mir gebracht. Sie kam regelmäßig einmal pro Woche, und die Behandlung verhalf ihr zu sofortiger Linderung der Schmerzen und Schwellungen im Bereich der betroffenen Gelenke. Bereits zu Weihnachten desselben Jahres war sie fast völlig wiederhergestellt und hatte überhaupt keine Schmerzen mehr. Im Mai des darauffolgenden Jahres, 1991, gewann Sally eine Silber- und eine Bronzemedaille im Schwimmwettkampf, belegte den zweiten Platz bei einem Turnier ihres Reitclubs für Dressur und Springen und den ersten bei einer offenen Jugendmeisterschaft. Nicht schlecht für ein Mädchen, dem man gesagt hatte, daß es bis zu seinem sechzehnten Lebensjahr nicht richtig würde laufen können.

Was also hatte ihr gefehlt? Und wie war sie geheilt worden? Die meisten Menschen wissen nicht, daß die Knochen zwar wachsen, die Muskeln aber nicht. Die Muskeln werden durch die wachsenden Knochen gedehnt; hierdurch wird die Bildung neuer Muskelfasern angeregt, so daß stets der richtige Muskeltonus aufrechterhalten wird. Manche Kinder haben starke Muskeln und neigen zu einem für ihr Alter überdurchschnittlichen Muskeltonus. Engagieren sich solche Kinder im Sport – und ganz besonders in den Kraftsportarten –, werden die Muskeln im Verhältnis zu den Knochen, die sie stützen, zu stark. So können die im Wachstum begriffenen Knochen die Muskeln nicht dehnen, und so wachsen die Knochen ineinander und werden aus ihrer normalen Position gedrückt.

Sally war von frühester Kindheit an geritten. Dabei hatte sich ihre Bein- und Oberschenkelmuskulatur übermäßig entwickelt. Auch ihre Arme waren ausgesprochen muskulös. Dies ist zweifellos wichtig, um ein starkes Pferd zu reiten und im Griff zu haben. Doch für einen im Wachstum begriffenen Knochen, der die ihn umhüllende Muskulatur dehnen muß, um weiterwachsen zu können, ist dies sicherlich alles andere als hilfreich. Sallys Knochen waren schlichtweg nicht stark genug gewesen, die Muskeln zu dehnen. Statt dessen preßten die Muskeln die Knochen fest zusammen, so daß diese ineinanderwuchsen, bis schließlich ihre Knie aus den Fugen gerieten und die Knochen durch die Muskeln hindurchwuchsen. Bei der Heilbehandlung entspannten sich Sallys Muskeln so weit, daß die wachsenden Knochen wieder in ihre Normalposition zurückgleiten konnten.

Es gibt also in der Tat sogenannte Wachstumsschmerzen, wie uns dieses Beispiel auf besonders anschauliche Weise vor Augen führt. Ich habe in meiner Praxis mit vielen Kindern und Jugendlichen zu tun, deren einziges Problem eine übermäßig entwickelte Muskulatur ist. Und in eben diesen Fällen kann eine Heilbehandlung so erfolgreich sein. Medikamentöse Therapien, Operationen und dergleichen sind keine Lösung für Probleme, bei denen es lediglich um eine Lockerung der Muskeln geht. Leider werden oftmals Steroide als Muskelrelaxantien eingesetzt. Es wäre wünschenswert, daß Ärzte vor deren Einsatz zuerst eine Heilbehandlung empfehlen.

Hierdurch könnte den Betroffenen viel Kummer und Leid erspart werden.

Mit zunehmendem Alter gestaltet sich bei dieser Art von Beschwerden die Behandlung immer schwieriger. Wenn wir älter werden, werden unsere Muskeln und Knochen nämlich immer unbeweglicher. Versagt bei einem Kind mit Muskelproblemen die konventionelle Therapie, sollten Sie Ihren Arzt darum bitten, Ihnen einen qualifizierten, erfahrenen Heiler zu empfehlen. Denken Sie daran, daß bei einer Heilbehandlung keinerlei manuelle Therapie vorgenommen wird, und eingetragene Heiler werden diese auch nicht anbieten, sofern sie hierzu nicht eigens ausgebildet sind.

Energie und Wasser

Eine Sportart, die Muskel- und Knochenschmerzen verursachen kann, ist das Schwimmen. Ich kenne all die Argumente, nach denen Schwimmen besonders entspannend sein soll, und auch ich denke, daß wir es hier mit einer der besten und sichersten Sportarten überhaupt zu tun haben. Dennoch ist sie in meinen Augen nicht empfehlenswert für jene, die körperlich nicht vollkommen fit sind oder unter Rheuma, Depressionen oder ähnlichen Beschwerden leiden. Es kommt immer wieder vor, daß ich Patienten bitte, vorerst auf das Schwimmen zu verzichten.

Der Grund hierfür ist recht einfach. Wie ich bereits mehrfach betont habe, ist eine der Hauptursachen für Knochen- und Muskelschmerzen in verspannten Muskeln zu suchen, die den Gelenken keinen Bewegungsspielraum lassen. Dies liegt oftmals an einer Unterversorgung mit Energie, einem zu geringen Stromfluß im Körper und einem entsprechend schwachen bioelektrischen Feld. Wasser und Elektrizität vertragen sich nicht gut miteinander. Warum also sollte jemand schwimmen gehen, dessen Energieniveau ohnehin unter den für einen entspannten Körper erforderlichen Wert abgesunken ist?

Wie auch immer es vorher um unsere Energiewerte bestellt sein mag, sobald wir ins Wasser tauchen, wird unsere Bioelektrizität durch das Wasser abgeleitet und an die Luft über der Wasseroberfläche abgegeben. Aus diesem Grunde leiden Schwimmer so oft unter Krämpfen. Wer ausgesprochen fit ist, kann diesen Energieverlust länger durchhalten als jemand mit geringeren Reserven, doch jeder Schwimmer wird früher oder später ermüden und Krämpfe bekommen, wenn er nur lange genug im Wasser bleibt. Schwimmen bedeutet also immer einen Energieverlust.

Ich spreche hier nicht von der Energie, die wir bei der körperlichen Anstrengung des Schwimmens verbrennen. Diesen Verlust müssen wir einfach nur mit einkalkulieren. Und wenn wir aus dem Wasser gehen, bevor wir allzuviel von unseren Reserven ans Wasser abgegeben haben, so ist dies ja auch völlig harmlos. Wagen wir uns aber ins Wasser, wenn unsere Energiereserven ohnedies gering sind, so werden sich unsere Probleme mit großer Wahrscheinlichkeit verstärken. Ich weiß, daß Patienten mit Arthritis gelegentlich empfohlen wird, häufig schwimmen zu gehen, bin aber dennoch überzeugt, daß jeder, der unter Energiemangel leidet und trotzdem ins Wasser geht, seine Beschwerden nur verschlimmert.

Viele Menschen behaupten, daß sie sich beim Schwimmen viel besser fühlen. Natürlich ist dies so. Für eine kleine Weile muß das Skelett kein Gewicht tragen, und dies lindert alle Schmerzen. Zudem sind Schmerzen, wie bereits an anderer Stelle erläutert, ein Signal für einen gesteigerten Energiezufluß in einen Bereich zur Aktivierung der körpereigenen Heilkräfte. Schwimmen zieht diese Energie ab und lindert damit den Schmerz. Doch später verschlimmert es die Beschwerden, wenn der Betreffende nicht ausgesprochen fit und energiegeladen ist. Wenn Sie der Ansicht sind, daß Schwimmen Ihnen guttut, dann bleiben Sie nur dabei. Andernfalls aber verzichten Sie besser darauf, und meiden Sie auf jeden Fall drei Tage lang das Wasser, wenn Sie bei einem Heiler waren, sonst werden Sie seine Arbeit »verwässern« (die saloppe Sprache sei mir verziehen).

Dies ist auch der Grund, warum Fische wechselwarm sind. Sie sind unfähig, Bioelektrizität zu speichern. Elektrizität als solche fließt zwar durch sie hindurch, doch es fehlt ihnen das elektromagnetische Feld. Dies liegt daran, daß Wasser Elektrizität derart gut leitet, daß es sie an die Atmosphäre abgibt. Darum fühlen wir uns auch so entspannt, wenn wir an einem Fluß oder einem Teich sitzen: dann absorbieren wir nämlich die Energie, die die Wasserfläche abgibt. Vielleicht ist auch hier die Ursache dafür zu finden, warum in feuchtem Klima mehr Menschen an Arthritis erkranken. Hohe Luftfeuchtigkeit kann unser bioelektrisches Feld beeinträchtigen, indem es die elektromagnetische Energie über einen größeren Bereich verteilt, was zu Muskelverspannungen und Gelenkproblemen führt.

Schmerzverlagerung

Hat man Schmerzen an einer bestimmten Stelle, so sollte man die Ursache dafür nicht unbedingt dort suchen, wo es weh tut, denn zwischen beiden besteht kein zwangsläufiger Zusammenhang. Wenn ich diese Tatsache je unter Beweis stellen müßte, so könnte ich es am Beispiel eines Mannes tun, der mich wegen seiner jahrelangen Rückenschmerzen aufsuchte. Er war beruflich viel mit dem Auto unterwegs, und seine Schmerzen im Rücken waren besonders beim Fahren derart schlimm geworden, daß er ernsthaft daran dachte, seine Arbeit aufzugeben. Er hatte es schon mit allen üblichen Behandlungsmethoden, Schmerzmitteln, Physiotherapie und Massagen versucht und im Laufe der Jahre ein kleines Vermögen für die Honorare der verschiedensten privat praktizierenden Therapeuten und Spezialisten ausgegeben.

Schließlich landete er bei mir. Ich führte meine Hände über den Lendenwirbelbereich, über die Hüften und die ganze Wirbelsäule entlang, ohne auch nur das geringste Problem zu finden. Dann prüfte ich seine Beine, seine Knöchelgelenke und seine Füße. Als ich mit meiner Hand über dem rechten Fußrist angelangt war, fühlte ich in meinem elektromagnetischen Feld (Aura) einen Widerstand. Daraufhin drückte ich ganz leicht gegen die Oberseite des Fußes. Die Wirkung war frappierend!

»Lassen Sie doch den Fuß!« rief er. »Kümmern Sie sich lieber um meinen Rücken. Er tut im Augenblick wieder schrecklich weh. Es ist kaum auszuhalten!«

Als ich meine Hand von seinem Fuß nahm, um mich erneut dem Rücken zuzuwenden, ließen die Schmerzen nach. Ich hatte es also gefunden. »Haben Sie sich jemals den Knöchel verstaucht?« fragte ich ihn.

»Vor etwa fünf Jahren, doch was hat das mit meinen Rückenschmerzen zu tun?«

»Erzählen Sie mir, was damals passiert ist«, fuhr ich fort.

»Nun, ich ging eine Treppe hinunter, und dabei knickte ich mir den rechten Fuß um. Es tat etwa eine Woche lang schrecklich weh, doch dann wurde es schnell besser. Warum wollen Sie das eigentlich wissen?«

Auf meine Frage, wann seine Rückenschmerzen erstmals aufgetreten seien, meinte er, das sei vor etwa viereinhalb Jahren gewesen (also etwa ein halbes Jahr, nachdem er sich den Knöchel verstaucht hatte). Daraufhin erklärte ich ihm, daß durch die damalige Verletzung irgendein Nerv auf dem Fuß-rücken bloßgelegt worden sei. Wie dies geschehen war, konnte ich nicht sagen. Doch von diesem Zeitpunkt an verspürte der Mann immer dann Rückenschmerzen, wenn etwas diesen Nerv berührte.

Ich hatte keine Ahnung, warum es zu dieser Schmerzverlagerung in den Rücken gekommen war, und noch weniger wußte ich, wie ich diesen Patienten nun behandeln sollte. Ich schlug ihm aber vor, künftig Schuhe zu tragen, die nicht mit Schnürsenkeln gebunden werden. Auf diese Weise würde kein Druck auf dem Rist entstehen, wenn er beim Autofahren mit dem Fuß vom Gas ging, und dies würde den geschädigten Nerv entlasten. Dies ist einer der Fälle, bei denen ich zwar keine Heilung bewirken, dem Patienten aber zeigen konnte, wie Schmerzen künftig vermieden werden konnten.

Nicht alle Symptome sind als das zu nehmen, als was sie zunächst erscheinen mögen, und das folgende Beispiel führt uns dies anschaulich vor Augen. Während meiner zwölfjährigen Arbeit als Heiler sind mir mehrere solcher absonderlichen Fälle begegnet, und so habe ich gelernt, immer ein offenes Auge zu haben.

Vor einiger Zeit kam ein Mann zu mir in die Praxis, der unter Herz- und Atembeschwerden litt. Morgens nach dem Aufstehen fühlte er sich einigermaßen gut, doch sobald er ins Freie ging, krampfte sich ihm die Brust zusammen, seine Bronchien gingen zu, so daß er Atemnot bekam, und er hatte fürchterliche Schmerzen im Brustbereich. Er hatte sich einer eingehenden ärztlichen Untersuchung unterzogen, die jedoch nichts gebracht hatte. Er arbeitete in stickiger Fabrikluft, und wenn er an solchen Tagen endlich an seinem Arbeitsplatz angelangt war, mußte er wegen seiner Atembeschwerden schon bald wieder nach Hause gehen. Das gleiche geschah abends: es ging ihm gut, solange er zu Hause blieb, doch sobald er nach draußen in die kalte Luft kam, bekam er einen Anfall.

Als er mich aufsuchte, befand er sich bereits seit etwa sechs Monaten in diesem Zustand. Ich hörte mir seinen Bericht an und nahm dann die für die Heilbehandlung übliche Stellung ein, das heißt, ich stand hinter dem Patienten und hielt meine Hände über ihm. Als die Heilenergien in ihn einströmten, wurde es ihm sehr heiß (er litt also offensichtlich nicht unter einem Mangel an Energie). Doch je heißer ihm wurde, desto effektiver wirkte sein Antitranspirant. Es war ausgesprochen stark parfümiert, und der Geruch nahm einem schier den Atem. Je länger die Heilbehandlung dauerte, um so intensiver entfaltete sich der Duft, bis ich es schließlich nicht mehr aushalten konnte.

»Seit wann verwenden Sie dieses Antitranspirant?« fragte ich.

»Was für eine sonderbare Frage«, meinte er. »Seit etwa sechs Monaten. Warum fragen Sie?«

»Sprühen Sie es immer im Badezimmer auf?«

»Ja.«

»Nehmen Sie reichlich davon, womöglich gar zweimal täglich?«

»Ja, ja. Doch was hat das mit meinen Brustbeschwerden zu tun?«

»Ich weiß nicht, was es mit Ihren Bronchien macht, doch nach kaum zehn Minuten haben mich die Dämpfe halb erstickt. Wenn Sie das Antitranspirant nun in einem kleinen, undurchlüfteten Badezimmer aufsprühen, dann atmen Sie wahrscheinlich eine ganze Menge davon ein. Es ist ein Antitranspirant und beinhaltet folglich ein Trockenagens. Ich gehe davon aus, daß dieses Ihre Bronchien austrocknet, so daß sie sich verkrampfen, sobald Sie kalte Luft einatmen. Antitranspirant gehört unter die Achseln und nicht in die Lunge! Am besten, Sie verwenden es eine oder zwei Wochen lang gar nicht, zumal Sie es erst seit sechs Monaten nehmen – genauso lange also, wie Sie Ihre Beschwerden haben.«

Etwa zwei Wochen später kam er wieder. Seine Symptome waren völlig verschwunden.

Einen ähnlichen Fall hatte ich bei einer Frau erlebt, die jeden Morgen große Mengen Haarspray verwendete, um ihre Frisur in Form zu bringen. Auch sie sprühte das Mittel in einem kleinen Raum auf und atmete so zwangsläufig einen Großteil davon ein. Die Ärzte hatten von ihr nur soviel erfahren, daß sie sich schwach fühlte, ihr oft schwindelig war und daß sie Atembeschwerden hatte. Doch welche Medikamente man ihr auch verordnete – in ihrem Fall war alles vergeblich. Nachdem ich sie auf die Problematik des Haarsprays hingewiesen hatte, verwendete sie es nicht mehr und wurde wieder gesund.

Heilen bedeutet auch, aufmerksam zu sein, auf seine Intuition zu vertrauen und eine gute Portion gesunden Menschenverstand walten zu lassen.

3 Wartung

In unserer heutigen Zeit leiden die meisten Menschen auf die eine oder andere Weise unter körperlichem Streß, das heißt, sie verbrauchen mehr Energie, als sie aufnehmen oder erzeugen. Es gibt deutliche Frühwarnsignale hierfür, doch diese werden in der Regel immer erst dann erkannt, wenn es zu spät ist. Hier eine kleine Übersicht über die wichtigsten Symptome:

- Schlafstörungen
- Muskelverspannungen oder gar -krämpfe
- mangelnde Beweglichkeit und Mobilität
- Abgeschlagenheit
- Gedächtnisschwäche
- frieren; vor allem kalte Füße und Hände
- Konzentrationsprobleme, zum Beispiel wenn man beim Lesen langer Textpassagen in Verwirrung gerät oder den Anfang vergessen hat, bevor man am Ende angelangt ist
- mangelnde Entscheidungsfreudigkeit
- ständige Lust auf Süßes
- und vieles andere mehr.

Bei Patienten, die mit diesen Symptomen zu mir kommen, überlege ich immer, ob es ihnen nicht an dem »Kraftstoff des Lebens« – an Energie also – fehlt, ohne den ihr Körper nicht funktionieren kann. Die meisten Menschen, denen ich in meiner Praxis begegne, verbrauchen mehr Energie, als sie aufnehmen, und wenn der einzige Grund dafür manchmal auch nur darin besteht, daß sie sich Sorgen machen.
Ein guter Heiler mit überschüssigem Energiepotential läßt seine Energie auf den Patienten überströmen, der sich daraufhin entspannt und manchmal auch müde wird oder gar in Tränen

ausbricht. (Eines der wichtigsten Utensilien in meiner Praxis ist ein Vorrat an Papiertaschentüchern.) Ein Mensch unter Streß gleicht einem Auto mit schwacher Batterie; es liegt zwar kein mechanischer Defekt vor, doch ohne aufgeladen zu werden, kann es, beziehungsweise er, nicht in Gang kommen. Ist die Batterie jedoch erst einmal geladen und läuft der Motor wieder, so regeneriert sie sich schnell aus eigener Kraft.

Muskelverspannungen

Eines der ersten Anzeichen für Energieverlust ist ein erhöhter Muskeltonus. Um die besondere Bedeutung der Bioelektrizität als heilende Kraft zu unterstreichen, lasse ich hier andere Aspekte wie die Wirkung von chemischen Substanzen, Sauerstoff und so weiter außer acht. Betrachten wir beispielsweise Leichtathleten, die gerade einen Wettkampf hinter sich gebracht und ihren gesamten Energieüberschuß aufgezehrt haben. Wie oft kommt es vor, daß sie mit Muskelkrämpfen zusammenbrechen! Dies liegt, so glaube ich, daran, daß zu wenig Energie durch ihre Muskeln pulsiert, so daß sich diese nicht entspannen können.

Die wenigsten von uns sind Spitzensportler, und so leiden wir nur selten an Krämpfen, es sei denn, unsere Energiereserven wären völlig erschöpft. Häufiger kommt es da schon zu Muskelverspannungen. Zuerst bemerken wir es an den Schultern und im Rücken, in späteren Stadien dann an den Armen und Beinen. Die elektromagnetische Energie durchfließt den Körper in Wellen. Ich weiß nicht, warum, doch als Heiler spüre ich, wie meine Energie in mir strömt, und für mich steht fest, daß sie pulsiert. Jeder Muskel im Körper spannt sich dabei in unterschiedlichem Tempo an und lockert sich wieder, je nachdem, wie die Energie durch ihn hindurchfließt.

Das Herz mit seinem regelmäßigen Schlagen ist ein deutliches Beispiel hierfür. Dieses pulsierende Wechselspiel zwischen Anspannung und Lockerlassen geschieht in jedem einzelnen unserer Muskeln und erhält unseren Körper in Form. Zudem sorgt es dafür, daß das Blut durch den Organismus gepumpt wird. Für das Herz allein – ohne Unterstützung durch die Muskeln – wäre es unmöglich, Blut bis in die Kapillargefäße unserer Zehen zu fördern.

Verspannen sich die Muskeln nun aufgrund einer Unterversorgung mit Energie, dann erhöht sich mit großer Wahrscheinlichkeit der Blutdruck. Das Herz muß dann nicht nur ohne Unterstützung durch die Muskeln arbeiten, sondern die verspannten Muskeln üben zusätzlichen Druck auf die durch sie hindurchführenden Arterien und Venen aus. Verspannte Muskeln und der damit einhergehende Bluthochdruck sind oft ein Zeichen für Energiemangel oder – um den geläufigeren Terminus zu gebrauchen – für Streß. Und wie wir bereits an anderer Stelle gesehen haben, üben verspannte Muskeln zudem übermäßigen Druck auf die Knochen aus, so daß es zu Steifigkeit in den Gelenken und infolgedessen zu Abnutzungserscheinungen kommt.

Welche Vorgehensweise der Heiler im Einzelfall wählt, hängt von seiner jeweiligen Technik ab. Ich selbst plaziere meine Hände über dem Kopf, zu beiden Seiten des Halses oder auf den Schultern, wenn es sich um ein Problem oberhalb der Taille handelt. Liegen die Beschwerden hingegen eher in der unteren Körperhälfte, so lege ich meine Hände im Lendenwirbelbereich auf. Besonders bei Patienten mit Ischias ist die Wirkung oftmals verblüffend. Liegt eine unterbewußte Blockade vor, lege ich meine Hände auf die Fußgelenke, und in der Regel fangen die Beinmuskeln nach wenigen Minuten zu zucken an, wenn sich die Verspannungen lösen. Rückenschmerzen und Ischias sind ohnehin in den meisten Fällen auf Muskelverkrampfungen zurückzuführen. Sobald die Energie des Heilers in den Patienten einströmt, wird diesem warm. An dieser Stelle möchte ich darauf hinweisen, daß die meisten Menschen ohne die Hilfe eines Heilers ihre Energievorräte auftanken und sich aus Streß oder Depressionen heraushalten könnten, wenn sie nur auf die Aufrechterhaltung eines gesunden bioelektrischen Feldes achten würden.

Menschen, die unter Streß leiden, ist es nicht immer möglich, die streßverursachende Situation zu beseitigen. Es bleibt ihnen nur eine Alternative – die Energieversorgung so zu steigern, daß sie den tatsächlichen physischen Anforderungen gerecht wird. Doch bevor wir näher auf diesen Punkt eingehen, wollen wir zunächst die Symptome im einzelnen betrachten.

Frieren

Ein weiteres Symptom für Energiemangel ist ständiges Frieren und hierbei vor allem kalte Füße. Es überrascht mich noch immer, wenn meine Patienten meinen, sie würden unter kalten Füßen leiden, weil sie Probleme mit der Durchblutung hätten. Sie glauben wohl, das Blut würde nicht in ihre Füße gelangen – es würde also nur bis zu den Fußgelenken kommen, dann auf plötzliche und unerklärliche Weise langsamer fließen, um anschließend wieder mit normaler Geschwindigkeit durch die Beine zurückgepumpt zu werden? Zu behaupten, kalte Füße seien auf schlechte Durchblutung zurückzuführen, ist schlichtweg unlogisch. Wenn das Blut nicht in die Füße gelangen könnte, würden schon bald ganz andere, sehr viel gewichtigere Probleme entstehen.

Nicht nur der Blutkreislauf sorgt für die Aufrechterhaltung der Körpertemperatur, sondern auch der elektrische Strom. Nehmen wir beispielsweise eine Glühbirne. Schalten wir sie an, erwärmt sie sich, schalten wir sie wieder aus, kühlt sie ab. Fließt

Elektrizität oder Energie rings um den Körper und überwindet dabei Widerstand, so entsteht Wärme, die den Organismus bei der Aufrechterhaltung der Körpertemperatur unterstützt. Wer mit Energie unterversorgt ist, dessen Körpertemperatur sinkt ab, und zwar besonders im Bereich der Füße, die am weitesten vom Gehirn – dem Generator – entfernt sind.

Ich habe immer und immer wieder nachgewiesen, daß kalte Füße in der Regel in direktem Zusammenhang mit Energiemangel oder einem Zustand stehen, der an den Energiereserven des Körpers zehrt. In dem Maße, wie sich dieser Zustand verschlimmert, breitet sich das Kältegefühl im ganzen Körper aus.

Schlaflosigkeit

Ein weiteres Symptom, das gelegentlich in direkten Zusammenhang mit einer Unterversorgung an Energie gebracht werden kann, ist die Schlaflosigkeit. Wie bereits gesagt, brauchen wir Energie, um unsere Muskulatur entspannen zu können, das Herz schlagen zu lassen, die Lungen am Arbeiten zu halten und so weiter. Was aber geschieht, wenn wir schlafen und die Schwingungstätigkeit unseres Gehirns – die elektrische Energie also – so gut wie vollständig abgeschaltet wird? Für einen gesunden Schlaf, der dem Gehirn die dringend benötigten Ruhepausen verschafft, braucht der Körper eine gewisse Energiereserve, die er in Form von Glukose zum Beispiel in der Leber speichert.

Stehen unseren Muskeln keine ausreichenden Energiereserven zur Verfügung, wenn wir Schlaf brauchen, so passiert es,

- daß wir entweder überhaupt nicht einschlafen können
- oder zunächst einschlafen, aber viel zu früh wieder aufwachen, sobald die Energiereserven aufgebraucht sind,
- oder aber durchschlafen, doch unser Schlaf äußerst unru-

hig ist. Wir träumen viel und wälzen uns ständig von einer Seite auf die andere. Dies geschieht in der Regel bei jüngeren, körperlich leistungsfähigeren Menschen.

Das Gehirn schaltet niemals richtig ab, wenn die Energiereserven unter ein gewisses Mindestmaß abgesunken sind. Es kann einfach nicht! Es muß weiterarbeiten, wenn auch auf »Sparflamme«, um sicherzustellen, daß die am dringendsten zu versorgenden Organe weiterhin die lebensnotwendige Energie erhalten. Würde das Gehirn seine Tätigkeit einstellen, so entstünde daraus eine ganze Reihe von Problemen.

Seltsamerweise können Menschen, die unter Schlaflosigkeit leiden, zwar nachts keinen Schlaf finden, tagsüber jedoch problemlos einnicken, besonders wenn sie von anderen umringt sind. Dies liegt daran, daß das elektrische Feld eines Menschen das eines anderen beeinflussen kann. Wer unter extremem Schlafmangel leidet und tagsüber in die Nähe von jemandem kommt, der ein überschüssiges Energiepotential in sich trägt, nimmt von diesem Menschen das auf, was sein Körper braucht, während das Gehirn im Schlaf abschaltet, um sich zu regenerieren. Dies ist ein Phänomen, dem wir alle schon selbst einmal begegnet sind, und zwar ganz besonders in Streßsituationen.

Abgeschlagenheit

Wie bereits an anderer Stelle erläutert wurde, baut elektrischer Strom ein elektromagnetisches Feld auf, und elektromagnetische Felder wirken der Schwerkraft entgegen. Je mehr Energie wir haben, desto leichter fällt es uns, uns auf diesem unserem Planeten zu bewegen. Je weniger Energie wir haben, desto schwerer fällt es uns, aufzustehen und in Bewegung zu bleiben. Alles Leben ist von einem elektromagnetischen Feld umgeben.

Wäre dies nicht der Fall, könnte sich ein Lebewesen nicht der Anziehungskraft der Erde widersetzen. Jedes Samenkorn besitzt ein eigenes elektromagnetisches (Lebens-)Feld. Diesem Energiefeld ist es zu verdanken, daß der Keimling der Sonne entgegenwächst und sich der Wirkung der Schwerkraft widersetzt. Die Pflanzen auf unserer Fensterbank wachsen in die Höhe, weil sie über ein Lebensfeld verfügen. Wird dieses Feld aus irgendeinem Grunde in seiner Wirkung geschwächt, so läßt die Pflanze den Kopf hängen. Ihre Fähigkeit, der Schwerkraft zu widerstehen, nimmt immer weiter ab, bis sie schließlich – wenn das Lebensfeld in seiner Kraft völlig erschöpft ist – stirbt und zur Erde zurückfällt. In dem Maße, wie ein Samenkorn sein elektromagnetisches Feld einbüßt, verliert es auch seine Lebenskraft. Uns Menschen ergeht es genauso. Unser Energievorrat ist unser Schutzschild gegen die Schwerkraft, und ist er erschöpft, so kommen uns das Aufstehen, das Gehen, ja selbst das Stehen um ein Vielfaches anstrengender vor. Je mehr Energie wir haben, desto leichter fällt es uns, uns zu bewegen, und je weniger Energie wir haben, desto schwerer fällt es uns. Bei nachlassender Energieversorgung nimmt gleichzeitig das Gewicht, das auf unserem Knochengerüst lastet, zu. Dies wiederum verursacht Schmerzen, besonders an den Beinen und im Lendenwirbelbereich, denn durch den größeren Druck nach unten werden die Gelenke belastet. Ein vor Energie strotzender Mann mit fünfundneunzig Kilo bewegt sich mit größerer Leichtigkeit als ein streßgeplagter mit nur fünfundsechzig Kilo.

Gedächtnisschwäche

Neben der Erzeugung der von unserem Organismus benötigten Energie ist das Gehirn für die Überwachung all unserer mentalen Abläufe verantwortlich. Das Gehirn ist sozusagen der Computer des Menschen, und wie alle Computer braucht auch dieser elektrischen Strom, um funktionieren zu können. Um optimal zu arbeiten, benötigt er eine genau dosierte Menge von Energie. Bei zu geringer Energiezufuhr schaltet er nicht richtig ein; bei zu hoher Energiezufuhr schaltet er ab.

Eines der häufig von Streß verursachten Krankheitsbilder ist die Amnesie; ich spreche hier nicht vom völligen Gedächtnisverlust, sondern von jener Vergeßlichkeit, die uns in so manch peinliche Situation bringen kann. Sinken unsere Energiereserven unter ein bestimmtes Maß ab, so fällt es uns schwer, uns Details wie Namen oder Daten zu merken. Oft führen wir das auf »das Alter« zurück. Doch bei den meisten Menschen hat das mit Alter überhaupt nichts zu tun. Es liegt schlicht und einfach daran, daß sich der Computer ohne ausreichende Stromzufuhr nicht einschalten kann. Zudem ist es ebenso schwierig, neue Informationen in den Computer einzuspeichern, wie gespeicherte Informationen abzufragen. Wie oft haben Sie Konzentrationsschwierigkeiten, wenn Sie müde sind? Wie oft nehmen Sie ein Buch in die Hand und stellen auf der zweiten Seite fest, daß Sie die Namen der Hauptakteure schon wieder vergessen haben?

Wenn es uns schwerfällt, Daten in unseren Computer einzugeben oder daraus abzufragen, fehlen uns die Informationen, die wir brauchen, um Entscheidungen treffen zu können. Es kommt zu einem Mangel an Entschlußkraft, und so werden wir ungeduldig, übellaunig oder niedergeschlagen, um lästigen Fragen aus dem Weg zu gehen. Es fehlt uns an der notwendigen Energie, um schnell und effizient reagieren zu können.

Energiequelle

Kommt ein Patient zu mir, der einige oder alle Anzeichen von

Streß aufweist, so stelle ich ihm immer die Frage: »Nehmen Sie regelmäßig Zucker zu sich?« Die Antwort lautet sehr oft: »Nein, ich nehme überhaupt keinen Zucker.« Meine Erfahrung hat mich gelehrt, daß sich Menschen, die Zucker völlig aus ihrem Speiseplan gestrichen haben, vor allem in Streßsituationen müde und abgeschlagen fühlen und die meisten der oben genannten Symptome aufweisen. Ebenfalls häufig anzutreffen sind diese Symptome bei Menschen, deren Arbeit ein hohes Maß an Konzentration, Verantwortung und körperlicher Aktivität erfordert, wie beispielsweise Lastwagenfahrer, Geschäftsleute oder Leistungssportler. Diese weisen sehr häufig Anzeichen von Energiemangel auf. Zum allerextremsten und plötzlichsten Energieabfall kommt es sicherlich infolge von Schocks. Manchmal ist die unmittelbare Freisetzung von Energie notwendig, um aus einer lebensbedrohenden Situation zu entkommen. Die gesamten verfügbaren Energien werden auf den Plan gerufen, um eine Phase extremer Belastung zu überstehen, beispielsweise den Verlust eines geliebten Menschen. Wie oft kommt es vor, daß ein Hinterbliebener mit dem Tod fertig zu werden scheint, solange die mit dem Verlust einhergehende Belastungssituation anhält, um anschließend völlig zusammenzubrechen. Ein Schock kann durch eine unbewußte Angst beziehungsweise ein Trauma verursacht werden, wie beispielsweise durch eine Operation, die von keinen erkennbaren physischen Problemen begleitet war.

Was auch immer den Schock ausgelöst hat – wer diesen Zustand schon einmal am eigenen Leib erfahren hat, weiß, wie schrecklich er ist. Er wird oft begleitet von Schweißausbrüchen im Wechsel mit kalten Schauern, die über den Rücken laufen, von Magenkrämpfen und dergleichen mehr: all dies sind ins Extreme gesteigerte Streßsymptome. Was haben wir über den Umgang mit Schockopfern gelernt? Wir sollen sie warm halten und ihnen gesüßten Tee zu trinken geben. Warum? Weil der Zucker im Tee ihnen hilft, den Schock zu überwinden. Der durch den extremen Energieverbrauch entstehende Mangel ist der Grund, warum sie frieren, ihre Muskeln angespannt sind und ihr Gehirn wie betäubt ist.

An diesem Punkt wird sich jeder Ernährungsexperte, der etwas auf sich hält, die Haare raufen und mir mit aller Vehemenz entgegenhalten, wie schädlich Zucker für die Gesundheit sei. Doch laut Professor Erich Jequiers, der in der Schweiz als Leiter eines Teams von Wissenschaftlern an der Universität von Lausanne eine Untersuchung über die Auswirkungen von Zucker auf das Körpergewicht durchgeführt hat, verbraucht der Körper Kohlehydrate, Zucker und Stärke innerhalb von vierundzwanzig Stunden und wandelt nur ein Prozent davon in Fett um. Streicht man hingegen Zucker aus der Ernährung des Menschen, so muß man diesen durch eine andere Energiequelle ersetzen. Beginnen wir also von Anfang an:

Energie kommt von der Sonne. Sollten Sie an dieser Aussage zweifeln, so denken Sie einmal darüber nach, wie Sie sich an sonnigen Tagen fühlen. Selbst in Menschen, die über steife Glieder und Müdigkeit klagen, scheint der Sonnenschein die Lebensgeister zu erwecken. Sonnenenergie ist Elektrizität, die wir alle in uns aufnehmen und uns nutzbar machen. Und zu unserem Glück tun Pflanzen das gleiche. Pflanzen wandeln die Sonnenenergie durch Photosynthese in Zucker um. Wir essen diese Pflanzen und wandeln unsererseits den darin enthaltenen Zucker in Glukose um, aus der wir wiederum Energie gewinnen. Natürlich ist der Vorgang wesentlich komplexer, als ich ihn hier beschrieben habe, doch ich denke, das Prinzip ist klar. Ohne Energie sterben wir oder stellen wir bestenfalls einen Großteil unserer Aktivitäten ein. Warum soll also Zucker schädlich für uns sein?

Professor Jequiers' Untersuchungen haben den Nachweis erbracht, daß das Problem nicht der Zucker selbst, sondern die diesem beigegebenen Zutaten sind. Schokolade, Kuchen und andere Süßspeisen enthalten in der Regel große Mengen Fett, und das ist die Ursache für Gewichts- und Gesundheitsprobleme. Dessenungeachtet halte ich es dennoch für empfehlenswert, weitgehend auf Zucker zu verzichten, denn aufgrund seiner komplexen Molekularstruktur kann er vom menschlichen Verdauungsapparat nur sehr schwer verarbeitet werden. Nur ein sehr geringer Anteil von Zucker, der dem Organismus in dieser Form zugeführt wird, wird tatsächlich in Glukose umgewandelt. Der Rest – das heißt, was der Körper nicht benötigt – verursacht all die schrecklichen Probleme, vor denen uns die Ernährungswissenschaftler warnen, und lagert sich unter anderem auch als Fettpolster für schlechte Zeiten an. Glukose hingegen wird dank ihrer ausgesprochen einfachen Molekularstruktur schnell und einfach assimiliert und vom Körper vorrangig vor jeder anderen zur Verfügung stehenden Energie verbrannt.

Vor Hunderten von Jahren, als man noch keine Überziehungskredite, Sportwagen, Zeitstudien und Immobiliendarlehen kannte, bezogen wir alle Energie, die wir brauchten, aus dem, was wir aßen. Doch die Zeiten haben sich geändert. Die Gesellschaft im allgemeinen ist sehr viel materialistischer geworden und wird von Konkurrenzdenken geprägt. Wir haben uns eine künstliche Umgebung geschaffen, die so viel Streß erzeugt, daß unser Energiebedarf auf unnatürliche Weise in die Höhe getrieben wird. Folglich müssen wir unsere natürliche Ernährung mit energiereichen Zusatzstoffen ergänzen, um den gestiegenen Anforderungen, die wir an uns stellen, gerecht werden zu können. Reicht unser Energiepotential einmal nicht aus, um diesen Bedarf zu decken, so steht uns eine Reihe künstlicher Stimulanzien zur Verfügung, um dieses Manko auszugleichen.

Dann greifen wir zur Beruhigungspille, um ruhiger zu werden und unseren Energiebedarf zu reduzieren, zu Schlaftabletten, um auf chemische Weise Schlaf zu induzieren, oder zum Aufputschmittel, um unser Energiepotential auf ein Niveau anzuheben, das den Anforderungen des zwanzigsten Jahrhunderts entspricht. Viele greifen zum Alkohol, der ebenfalls nichts anderes als eine hochkonzentrierte Form von Energie ist. Oder haben Sie schon einmal einen Betrunkenen erlebt, dem kalt gewesen wäre oder der Probleme beim Einschlafen gehabt hätte? Ist Ihnen schon einmal aufgefallen, daß sich Menschen im alkoholisierten Zustand beim Fallen nicht verletzen? Dies liegt daran, daß die Anziehungskraft der Erde eine geringere Wirkung auf sie ausübt. Haben sie einmal darauf geachtet, wie locker sie sich bewegen?

Doch wie bei allen anderen Drogen auch geht das, was man anfangs beim Trinken von Alkohol als vorteilhaft empfindet, beispielsweise daß man einschlafen kann oder sich gut fühlt, schnell verloren, wenn sich der Körper auf Alkohol als einzigen und ausschließlichen Energielieferanten zu verlassen beginnt. Zu diesem Zeitpunkt stellt sich Abhängigkeit ein, und die alten Probleme tauchen wieder auf. Die Vorteile sind vergangen, und man hat nichts gewonnen außer einem weiteren Problem: der Alkohol- oder Drogensucht.

Gewichtsprobleme

Patienten mit allen Anzeichen für Streß empfehle ich stets die Einnahme großer Mengen von Glukose über einen kurzen Zeitraum hinweg. Manche Ärzte halten mir entgegen, dies sei nichts als Zeitverschwendung, doch sie selbst setzen Glukose bei der Behandlung von Schwerkranken oder in der Rekonvaleszenz nach Operationen ein. (Um der Wahrheit die Ehre zu geben: Ich kenne mehrere Ärzte, die in ihrer Praxis einen Vorrat an Glukose lagern.)

Vor allem weibliche Patienten reagieren oftmals zögernd auf meine Empfehlung, über etwa eine Woche hinweg regelmäßig Glukose zu sich zu nehmen. Der Grund für ihre ablehnende Haltung ist vor allem die Angst vor einer möglichen Gewichtszunahme. Ich möchte an dieser Stelle also nochmals betonen, daß Glukose – wenn der Organismus sie braucht – weder süchtig noch dick macht und auch keine giftigen Stoffe enthält. Beobachten Sie ganz einfach Ihr Gewicht, und sobald Sie anfangen zuzunehmen, können Sie sie nach dem ersten Pfund immer noch absetzen. Doch in neun von zehn Fällen kommt es zu keiner Gewichtszunahme, selbst bei der von mir empfohlenen Dosierung von vier bis fünf Kaffeelöffeln am Tag.

Der Fall einer Patientin ist mir in diesem Zusammenhang in besonderer Erinnerung geblieben. Sie wog über hundert Kilo und »legte weiter zu« (wie sie selbst es ausdrückte). Ich empfahl ihr, eine Woche lang bis zu sieben Kaffeelöffel Glukose am Tag einzunehmen und dann noch einmal zu mir in die Praxis zu kommen. Sie meinte, sie würde mich verklagen, wenn sie auch nur ein Gramm zunehmen würde, besonders weil ihr eigentlicher Grund für ihr Kommen das Gewichtsproblem gewesen sei. Als sie nach einer Woche wiederkam, strahlte sie über das ganze Gesicht, denn sie hatte sieben Pfund abgenommen. Über mehrere Wochen hinweg verlor sie weiter stetig an Gewicht, und in dem Maße, wie sich die Gewichtsabnahme verlangsamte, nahm sie weniger Glukose ein.

Warum sich dieser Erfolg einstellte, läßt sich ganz einfach erklären: Die Patientin hatte mit einer ganzen Reihe von familiären Problemen zu tun und sich mit Essen von ihrem Kummer abgelenkt. Sie hatte ständige Lust auf Süßes, denn ihr Körper wußte besser, was er brauchte, als sie selbst. Angesichts der vielen Sorgen, die auf ihr lasteten, verbrauchte sie mehr Energie, als sie sich zuführte. Und so aß sie Kuchen, Schokolade, Kekse – ja, einfach alles, was süß war –, um diesen Energieverbrauch auszugleichen. Der überwiegende Teil des in diesen Nahrungsmitteln enthaltenen Zuckers ließ sich jedoch nicht schnell genug in Glukose umsetzen, um ihren Energiebedarf zu decken, und verwandelte sich so in Fettpolster. Ihr Energiebedarf aber hielt ununterbrochen an, und so aß sie weiter und nahm immer mehr zu.

Nachdem ich ihr die Einnahme von Glukose empfohlen hatte, die ihr Organismus direkt in Energie umwandelte, reduzierte sich ihr Zuckerbedarf, und ihr Heißhunger legte sich. Sie fing sogar an, einige ihrer Fettreserven abzubauen.

Ein weiterer Faktor kam mit ins Spiel. Wie bereits an anderer Stelle erwähnt, sorgt die im Körper pulsierende Energie dafür, daß sich die Muskeln entspannen können. Diese entlasten dann das Herz, indem sie es dabei unterstützen, Blut durch den Körper zu pumpen. Gleichzeitig sorgt die Pumptätigkeit der Muskeln dafür, daß die auszuscheidenden Flüssigkeiten zu den Nieren transportiert werden. Glukose kann also eine harntreibende Wirkung haben. Bei jungen Menschen mit sehr kräftiger Muskulatur kann zuviel Glukose zu Verstopfung führen, doch bei älteren Menschen mit weicheren Muskelfasern scheint dies nicht der Fall zu sein. Das weichere Muskelgewebe nimmt Flüssigkeit auf, wenn die Pumptätigkeit der Muskeln nicht ausreicht, um diese zu den Nieren zu transportieren. Ich würde Glukose nicht direkt als harntreibendes Mittel empfehlen, doch wo die Einnahme aufgrund eines erhöhten Energiebedarfs angezeigt ist, kann gelegentlich eine harntreibende Wirkung beobachtet werden. Wer glaubt, ein Diuretikum oder irgendeine andere Form der Behandlung zu brauchen, der sollte sich in jedem Fall an einen Arzt wenden. Doch ein jeder sollte sich die Frage stellen, ob er Zucker ganz aus seinem Speiseplan gestrichen hat, und wenn ja, woher er dann seine Energie beziehen will.

Wieviel Glukose würde ich also empfehlen, um Streß zu behandeln? In der Regel vier bis fünf Kaffeelöffel pro Tag über etwa eine Woche hinweg. Doch die Dosierung hängt von der jeweiligen Situation und dem Grund für den Energiemangel ab. Ist Schlaflosigkeit das einzige Problem, so würde ich vor dem Schlafengehen einen gehäuften Kaffeelöffel in etwas Wasser aufgelöst empfehlen. Dies hilft in den meisten Fällen genausogut wie eine Schlaftablette. Wer zwar einschläft, aber mitten in der Nacht wieder aufwacht, sollte ebenfalls einen gehäuften Kaffeelöffel Glukose in einem Glas Wasser auflösen und auf dem Nachttisch bereitstellen. Wacht man dann tatsächlich auf, braucht man nur die vorbereitete Mixtur zu trinken, um schon nach drei bis fünf Minuten wieder in den Schlaf zu sinken.

Den meisten Menschen empfehle ich dennoch eine Dosierung von vier bis fünf Kaffeelöffeln pro Tag (das heißt: einer morgens nach dem Aufstehen, einer im Laufe des Vormittags, einer am Nachmittag und einer abends) über einen Zeitraum von etwa fünf bis zehn Tagen hinweg. Dabei versteht es sich natürlich von selbst, daß sie zuvor einen Arzt wegen ihrer Probleme konsultiert haben sollten und dieser sie mehr oder weniger aufgegeben hat. Auf keinen Fall aber kommt die Einnahme von Glukose in Frage, wenn Grund zu der Annahme besteht, daß man Diabetiker ist. Eine völlig zuckerfreie Kost wird mit der Zeit immer zu Problemen führen. Ich weiß dies, weil ich Tag für Tag Beispiele hierfür in meinem Behandlungszimmer vor Augen geführt bekomme. Hier nur ein Fall:

Vor kurzem kam ein junger Mann zu mir, der über Magenkrämpfe klagte. Er war Fernfahrer und hatte sich ein paar Jahre zuvor einer Ileostomie (das heißt einer Operation zur Entfernung des Dickdarms) unterzogen, um auf diese Weise die permanenten Magenschmerzen loszuwerden. Doch die Schmerzen hielten auch nach der Operation weiter an. Man schnitt ihn ein zweites Mal auf, konnte aber keine organische Störung feststellen. Diesmal kamen die Ärzte zu dem Schluß, daß die Schmerzen wohl von Läsionen im Operationsfeld verursacht würden. Nun, aus welchem Grunde auch immer, die Magenkrämpfe hielten an, und der junge Mann mußte immer wieder seiner Arbeit fernbleiben. Dies setzte ihn erheblich unter Druck, denn es sah so aus, als würde er seinen Job verlieren. Und in der gegenwärtigen wirtschaftlichen Lage eine neue Stellung zu finden, würde sich als mehr als schwierig erweisen.

Wie er in meinem Behandlungszimmer saß und mir seine Vorgeschichte erzählte, wurde mit zunehmend klar, daß sein einziges Problem Streß war – eine Situation, die sich dadurch verschlimmerte, daß er Tag für Tag über viele Stunden hinweg in leicht vornübergebeugter Haltung sitzen mußte und vermutlich sogar seine Mahlzeiten während der Fahrt einnahm. Die Lösung war einfach. Ich setzte ihn auf Glukose. Als er mich eine Woche später ein zweites Mal aufsuchte, waren all seine Schmerzen verschwunden. Seit Jahren hatte er erstmals wieder richtig durchschlafen können, und Reizbarkeit und Ungeduld, zu denen er in jüngster Zeit geneigt hatte, waren völlig verflogen. Endlich konnte er sein Leben wieder genießen. Ein großer Prozentsatz der Menschen, die mich in meiner Praxis aufsuchen, braucht nichts anderes als gelegentlich einen Löffel Glukose!

Glukose zu empfehlen mag nicht das sein, was Sie von einem Heiler erwarten, doch warum sollten Sie zu mir kommen, um zusätzliche Energie von mir zu erhalten, wenn Sie Ihr Problem ganz allein in den Griff bekommen können? Als Heiler ist mir daran gelegen, meinen Patienten das Mittel in die Hände zu geben, das sie brauchen, um sich selbst zu heilen. Es ist ein

Irrtum, zu glauben, daß ein Mensch einen anderen heilen könne. Ich möchte nicht, daß jemand von mir abhängig wird, und
je eher es meinen Patienten gelingt, ohne meine Hilfe gesund
zu werden, desto besser.

Unfruchtbarkeit

Sehr viele Beschwerden stehen in direktem Zusammenhang
mit dem elektromagnetischen Feld, also dem Energiefluß im
Körper. Ist dieser infolge von Schock, Verletzungen, Angst
oder Sorgen beeinträchtigt, so wird der Mensch krank. Das
äußert sich dann in den vielfältigsten Symptomen von
Krämpfen bis hin zum Krebs und von Rückenschmerzen bis
hin zur Unfruchtbarkeit.
Ich wurde schon oft in Situationen weiblicher Unfruchtbarkeit
um Hilfe gebeten. Die betreffenden Frauen hatten in allen Fällen bereits ihren Arzt konsultiert und die üblichen Gespräche
bei Beratungsstellen sowie diverse Klinikbesuche hinter sich.
Ich behandle solche Fälle immer im direkten Heilverfahren,
frage aber immer nach Muskelbeschwerden und Krämpfen,
Frieren, Schlafproblemen und so weiter – das heißt nach allen
Streßsymptomen –, und so gut wie jedesmal, wenn wir auf das
Thema Ernährung und Zucker zu sprechen kommen, bekom-
me ich die gleiche Antwort zu hören: Ja, sie sei auf Diät. Oder:
Nein, sie nehme keinen Zucker. Worauf ich stets erwidere:
»Ich glaube, genau das ist Ihr Problem; es fehlt Ihnen an Ener-
gie.« Und nun erzähle ich ihnen zur Erläuterung das Folgende:
Früher einmal arbeitete ich als Manager von Farm- und
Molkereibetrieben, und in manchen Jahren gab es im Winter
Probleme beim Decken der Kühe, weil diese einfach nicht
genügend Interesse an den Stieren zeigten. So war es sehr
schwierig festzustellen, welche Kühe reif zur Befruchtung

waren und aus der Herde ausgesondert werden mußten. Und selbst nach dem Decken war es sehr wahrscheinlich, daß sie dennoch nicht trächtig würden und man das ganze Spiel noch einmal von vorn beginnen mußte. Für den Bauern war dies ein ziemlich kostspieliges Unterfangen, denn um wirtschaftlich arbeiten zu können, muß jede Kuh möglichst alle zwölf Monate ein Kalb zur Welt bringen.

Das oben beschriebene Problem trat vor allem dann auf, wenn der Sommer verregnet war und weniger als die übliche Anzahl von Sonnenstunden zu verzeichnen waren. Kühe ernähren sich überwiegend von Gras, und während der Wintermonate besteht ihr Futter aus Heu, das im vorausgegangenen Mai und Juni eingefahren wurde. Wenn es nun im April und Mai weniger Sonnentage gibt als für diese Jahreszeit üblich, kann das wachsende Gras nur in ungenügendem Maße Sonnenstrahlen mittels Photosynthese in Zucker umwandeln. Das gemähte Gras muß also zwangsläufig einen geringeren Zuckergehalt aufweisen, der oftmals gar um einige Prozent unter dem Normalwert liegt. Wenn offensichtlich wurde, daß wir in einem Jahr wieder einmal Probleme in dieser Hinsicht haben würden, kauften wir Fässer mit Melasse und mischten diese unter das Futter. Dieses angereicherte Futter hatte eine erstaunliche Wirkung auf die Kühe, und wir konnten sicher sein, daß die Empfängnisrate unverzüglich ansteigen würde.

Unfruchtbaren Frauen gebe ich in der Regel folgenden Rat: »Geben Sie Ihre Diät auf (Sie werden Ihre Figur ohnedies nicht halten können), und beginnen Sie mit der Einnahme von Glukose.« Dies bringt so gut wie immer den gewünschten Erfolg. Auch eine Heilbehandlung trägt dazu bei, Energiemangel auszugleichen, doch es ist wesentlich einfacher, wenn die Betreffenden selbst für eine Deckung ihres Energiebedarfs sorgen. Dieser Rat gilt in gewisser Hinsicht auch für Frauen, die immer wieder Fehlgeburten haben.

Ich hatte einmal eine Patientin, die mich während der ganzen Zeit der Schwangerschaft einmal pro Woche aufsuchte, weil sie in der Vergangenheit mehrere Fehlgeburten erlitten hatte. Die Heilbehandlung war sehr effektiv, doch mit großem Zeitaufwand verbunden. Und wenn man zudem, wie dies gelegentlich der Fall ist, Anfahrtswege von über hundert oder gar hundertfünfzig Kilometern in Kauf nehmen muß, so ist dies in der Praxis kaum durchführbar. Ich bin dazu übergegangen, solchen Patientinnen die Einnahme von Glukose anzuraten und ihren Arzt entsprechend zu informieren. Der Körper des Menschen ist auf wunderbare Weise selbstregulierend, und wenn er der Ansicht ist, daß er über zu wenig Energie verfügt, um einen Fötus erhalten zu können, verweigert er entweder die Empfängnis oder es kommt zu einer Fehlgeburt. Ein Fötus ist eine Ansammlung von Zellen, die sich sehr schnell teilen und vorrangig vor der Erfüllung sämtlicher anderer körperlichen Bedürfnisse der Mutter ernährt werden müssen. Fehlt die notwendige Energie, so stößt der Körper die hungrigen Zellen einfach ab, bevor diese allzu große Ansprüche anmelden.

Natürlich gibt es darüber hinaus noch andere Gründe für Unfruchtbarkeit, doch meines Erachtens ist dies einer der wichtigsten, der sicherlich zuallererst in Betracht gezogen werden muß. Heilen ist übrigens manchmal nicht ganz ungefährlich: Eines Tages rief beispielsweise eine junge Frau an, um einen Termin auszumachen. Sie sagte zu meiner Frau, die den Anruf entgegennahm, sie habe gehört, ich sei gut darin, Frauen beim Schwangerwerden zu helfen. Und ob ich ihr nicht auch helfen könne. Gott sei Dank fragte sie dann noch: »Kann mein Mann auch mitkommen? Er möchte sehen, wie das gemacht wird.« Was man so alles bei der Arbeit erlebt ...

4 Die Flugbahn

Auch außerhalb von Streßsituationen gibt es Zeiten in unserem Leben, in denen die Energiereserven nicht ausreichen, um unseren täglichen Bedarf zu decken. Ein jeder von uns durchläuft nacheinander folgende drei Phasen auf seiner »Flugbahn« durchs Leben: Kindheit, Jugend und Alter. Was Alter heißt, darüber mag man unterschiedlicher Meinung sein. Ich kenne Menschen, die mit fünfzig alt, und andere, die mit neunzig jung sind.

Die Kindheit

Solange wir sehr jung sind – so etwa bis zum dreizehnten Lebensjahr –, ist unser Gehirn noch nicht voll entwickelt und daher unfähig, ausreichend Energie zur Deckung unseres Bedarfs zu erzeugen. Die sich teilenden Zellen benötigen eine außerordentlich große Menge an Energie, und ein Kleinkind kann auf gar keinen Fall diesen enormen Bedarf aus eigener Kraft decken.

Jeder, der schon einmal Kinder aufgezogen hat, wird Ihnen bestätigen, wie anstrengend kleine Kinder sind. Sie stellen unglaubliche Anforderungen an die Erwachsenen in ihrer Umgebung. Je jünger sie sind, desto intensiver ist ihre Zellteilungsaktivität und desto größer mithin ihr Energiebedarf. Im ersten Kapitel habe ich erläutert, inwieweit Elektrizität stimulierend auf die Zellteilung einwirkt, und ein schnellwachsendes Kind ist in ganz besonderem Maße auf Zellteilung beziehungsweise -vermehrung angewiesen. In der Tat arbeitet sein gesamter Organismus sowohl auf mentaler als auch auf physischer Ebene wesentlich schneller als der eines Erwachsenen. Bedenkt man zudem, daß es nicht immer die energiereiche Nahrung bekommt, die es eigentlich braucht, folgt daraus, daß es zur Deckung seines Bedarfs an lebenspendender Energie oftmals auf externe Quellen zurückgreifen muß.

Ein Kind bezieht die von ihm zusätzlich benötigte Energie aus den Abstrahlungen des elektromagnetischen Feldes seiner Eltern. Damit dies geschehen kann, muß es schnell eine Bindung zu dem Erwachsenen aufbauen, der ihm diese zusätzliche Versorgung ermöglicht. Sich binden bedeutet, in harmonischen Einklang mit einem Menschen zu gelangen. Stellt sich dieser harmonische Einklang zwischen einem Kind und seiner erwachsenen Bezugsperson ein, kann es automatisch die überschüssige Energie absorbieren und umsetzen, die das elektromagnetische Feld der Großen abstrahlt. Ein Kind braucht von seinen Eltern mehr als Milch und Geborgenheit. Seine erste instinktive Verbindung zu seinen Eltern basiert nicht auf Liebe, sondern seinem egoistischen Verlangen nach Lebensenergie, die es braucht, um schneller wachsen und sich entwickeln zu können, als es aus eigenen Kräften in der Lage wäre.

Jeder Viehzüchter wird Ihnen bestätigen, daß ein Kalb, das man etwa einen Monat lang bei seiner Mutter läßt, in dieser Zeit wesentlich schneller wächst und kräftiger wird als eines, das man der Kuh bei der Geburt wegnimmt und mit der Flasche großzieht. Dies ist selbst dann der Fall, wenn die Aufzucht beider Tiere ansonsten in jeder Hinsicht identisch ist. Dies hat nichts mit der Menge an Milch zu tun, die ein jedes der beiden Kälber bekommt. Es liegt vielmehr an jenem gewissen Etwas, das wir mit verschiedenen Namen benennen, wie Liebe, Fürsorglichkeit und Zärtlichkeit.

Es läuft immer auf dasselbe hinaus: auf den engen Kontakt zwischen Mutter und Kind, der eine Übertragung von Energie zwischen beiden möglich macht. Das ist es, worum es bei der Bindung geht. In unserer modernen Zeit, in der Flaschennahrung einen immer größeren Stellenwert gewinnt und Eltern in einen hektischen Berufsalltag eingebunden sind, der sie oft von zu Hause wegführt, wird vielen Kindern bereits sehr früh in ihrem Leben der Aufbau einer engen Bindung verwehrt. Mangelnde Bindung verhindert, daß sich ein Kind harmonisch auf die Gedanken seiner Eltern einstellen kann – eine Tatsache, die sich im späteren Leben sehr deutlich bemerkbar macht.

Natürlich nehmen Kinder Energie nicht ausschließlich von ihren Eltern auf; sie nehmen sie von jedem, der sie zu geben bereit ist. Betrachten wir folgendes Beispiel: Nehmen wir einmal an, Sie möchten eine Party geben. Damit das Baby nicht gestört wird, quartieren Sie es im entlegensten, ruhigsten Winkel des Hauses ein. Doch kaum ist eine Stunde vergangen, da fängt es an zu schreien, um alle Aufmerksamkeit auf sich zu lenken. Sein Energievorrat ist erschöpft, und es kann nicht mehr schlafen. Holen Sie das Baby daraufhin in den Raum, in dem die Feier in vollem Gange ist, wird es innerhalb weniger Minuten inmitten des größten Trubels wieder einschlafen. Und noch dazu wird es vermutlich von nun an die ganze Nacht durchschlafen. Dies liegt daran, daß sich bei einer Party die Atmosphäre mit einem großen überschüssigen Energiepotential anreichert. Die Menschen, die zum Feiern zusammengekommen sind, sind fröhlich, ausgelassen, positiv gestimmt, und das Baby nimmt all dies gierig in sich auf.

Ich kann die Bedeutung eines fortgesetzten engen Kontaktes für Babys gar nicht genug unterstreichen. Je eher sie sich binden und sich auf die Energie ihrer Eltern – und ganz besonders der Mutter – einstimmen können, desto schneller entspannen sie sich und werden Teil des Familienverbandes. Auch dies ist nur eine Art von Heilung. Babys, die man in Kinderkrippen abschiebt oder bei Freunden unterbringt, während die Mutter ihrem Ganztagsjob nachgeht, können diese harmonische Bindung zu ihren Eltern nur sehr schwer aufbauen, und oftmals gelingt es ihnen nicht, mit der Familie zusammenzuwachsen. Dann bleiben sie womöglich am Rande der Familie und werden manchmal gar aufsässig und aggressiv oder mürrisch und verschlossen. Dies liegt daran, daß die Energie, die das solchermaßen isolierte Kind eigentlich von seinen Eltern bekommen sollte, nicht fließt und es zum Überleben darauf angewiesen ist, schnell unabhängig zu werden oder seine Energie von jemand anderem zu beziehen. Muß ein Kind so früh ohne die Energie seiner Eltern auskommen, kann es kein harmonisches Verhältnis zu seinen Eltern finden. So wird das Kind zum Einzelgänger und schottet sich ab, weil es nicht gelernt hat, als Teil einer harmonischen Gruppe zu funktionieren.

Plötzlicher Kindstod

Ich bin davon überzeugt, daß es einen Zusammenhang zwischen dem Energiepotential eines Kindes und seiner Überlebensfähigkeit gibt. Ein Baby kann physisch vollkommen gesund sein, doch wenn sein Energiepotential aus irgendeinem Grund unter den Pegel absinkt, der notwendig ist, um es in seinem Körper zu halten, wird es eine »außerkörperliche Erfahrung« haben. Wird in diesem Fall nicht sofort für Energienachschub gesorgt, kann die Seele des Kindes nicht wieder in seinen Körper einziehen, und dieser hört auf zu funktionieren. Das hat nichts damit zu tun, wie sehr ein Kind geliebt wird. Es handelt sich hier vielmehr um eine Art von Lebensunfähigkeit.
Babys sind einfach nicht in der Lage, für sich allein ausreichend Energie zu erzeugen, und dies ist auch der Grund dafür, warum sie nur in den seltensten Fällen die ganze Nacht durchschlafen. Sie wachen auf und schreien, um auf sich aufmerksam zu machen und eine Liebkosung zu erheischen, um ihre unzulänglichen Energiereserven wieder aufzufüllen. Ohne Energie können wir nicht schlafen, denn das Gehirn muß seine Funktion aufrechterhalten, um weiter Energie zu erzeugen. Schlafen wir weiter, wenn unser Energievorrat völlig erschöpft ist, so

verlassen wir unseren Körper oder sterben womöglich. Ich erinnere mich noch sehr deutlich daran, wie ich mir als Kind ein Spiel daraus machte, meinen Körper zu verlassen, doch mit der Zeit begann ich mich gegen diese Erfahrung zu wehren.

Eltern-Kind-Beziehung

Jedes Baby braucht eine enge Bindung an eine erwachsene Bezugsperson – und zwar nicht an irgendeinen Erwachsenen, sondern an einen Menschen, von dem es sich geliebt und bei dem es sich geborgen fühlt. Viele Menschen leiden als Erwachsene an Neurosen, die auf einen während der Kindheit erfahrenen Bindungsmangel zu den Eltern zurückzuführen sind.

Erst kürzlich konnte ich zwei Frauen (eine ist mittlerweile um die Fünfzig, die andere Ende Dreißig) helfen, die beide ihr Leben lang gelitten hatten, weil sie nach ihrer Geburt nicht von ihrer Mutter, sondern von anderen Menschen großgezogen wurden. In einem Fall übernahm die Großmutter, im anderen der Vater die Betreuung. Nachdem der Vater arbeitslos war, seine Frau aber eine feste Anstellung hatte, erschien es sinnvoll, daß er zu Hause blieb und sich um das Baby kümmerte. Dennoch entwickelten beide Frauen Neurosen, und während der Sitzungen in meiner Praxis gaben sie mir zu verstehen, daß sie sich jeweils von ihrer Mutter ungeliebt fühlten.

Neun Monate lang wächst das Kind in einem Körper heran, der die zur Entfaltung der Lebenskraft des noch ungeborenen Wesens benötigte Elektrizität liefert. Die Mutter ist es auch, die die Frequenz des elektromagnetischen Feldes bestimmt. Bei der Geburt dann wird das Kind abrupt von dieser elektromagnetischen Energie abgeschnitten. Doch über mehrere Monate hinweg muß es in engem Kontakt damit bleiben, um seine eigenständigen Denkprozesse entwickeln und formen zu können. Stellen Sie sich einmal vor, wie Sie sich fühlen würden – sofern Sie sich überhaupt auf diesen Gedanken einlassen möchten –, wenn der Mensch, der ihnen emotional am nächsten steht, der Mensch also, dem Ihre ganze Liebe gilt, plötzlich weggehen oder sterben würde und innerhalb von ein paar Minuten ein völlig Fremder in Ihr Leben träte in dem Versuch, den Platz dieses Menschen einzunehmen. Bestenfalls würden Sie auf Distanz bleiben wollen. Es dauert eine Weile, eine enge Beziehung zu einem anderen Menschen aufzubauen. Ich gehe ferner davon aus, daß Sie entsetzt wären und sich zurückgestoßen fühlen würden, wenn der Mensch, für den Sie eine tiefe emotionale Liebe empfinden, auf einmal zu Ihnen sagen würde: »Ich habe jemanden ausgewählt, der dich ab sofort an meiner Stelle lieben wird.« Aber das ist es genau, was mit einem Baby gemacht wird, das kurz nach seiner Geburt nicht bei der Mutter bleibt, sondern in die Obhut eines anderen Menschen gegeben wird. Kinder sind heutzutage in der Regel ausgesprochen selbständig und dementsprechend egoistisch; um überleben zu können, müssen sie es sein. Doch in ihrem späteren Leben wird es zu Problemen kommen, weil sie nicht gelernt haben, mit anderen zusammenzuarbeiten oder diesen zu helfen. Wenn sie nicht lernen, an der Energie einer Gruppe zu partizipieren, werden sie anderen nie etwas geben können. Sich binden bedeutet, geben und nehmen zu lernen. Ich bin mir darüber im klaren, daß nicht alle Mütter in der glücklichen Lage sind, so viel Zeit mit ihrem Baby zu verbringen, wie sie dies gerne tun würden, doch wenn sie sich ihm nur in den ersten paar Monaten intensiv widmen würden, wäre es schon genug. Es sind vor allem die ersten Monate, insbesondere aber die Zeit unmittelbar nach der Geburt, in denen eine enge Bindung mit der Mutter so überaus wichtig ist.

Das Gefühl des Zurückgestoßenwerdens, gepaart mit dem Verlust der mütterlichen Energie, kann im späteren Leben zu Unsicherheit führen. Kinder, die adoptiert werden und in einer

engen, liebevollen Beziehung zu ihren Adoptiveltern auf-
wachsen, haben dieses ursprüngliche Gefühl des Abgelehntwerdens in der Regel schnell vergessen. Müssen Vater und
Mutter das Haus verlassen, sollten sie auf jeden Fall darauf
achten, dem Kind zu erklären, warum sie gehen müssen und
wann sie wiederkommen.

Ich erinnere mich an den Fall eines Mannes, der unmittelbar
nach der Geburt von seiner Mutter getrennt wurde, weil sich diese in ärztliche Behandlung begeben mußte. Er berichtete mir,
daß er sein Leben lang schreckliche Angst davor hatte, von seiner Familie getrennt zu werden. Er lief ständig aus der Schule
fort, um zu Hause sein zu können. Nach seiner Heirat lebte er
weiterhin in der Nähe seiner Mutter, und als sie starb, kam er nur
schwer über den Verlust hinweg. Während einer Heilbehandlung
erinnerte er sich an die Gefühle von Furcht und Ablehnung, die
er nach seiner Geburt empfunden hatte, als man ihn von seiner
Mutter trennte, ohne ihm die Gründe hierfür zu erklären. Schon
als Neugeborener, dessen Leben noch nicht einmal Tage, sondern erst wenige Stunden währte, konnte er bereits logische
Schlüsse ziehen. Wenn Sie sich also von Ihrem Baby trennen
müssen, erklären Sie ihm die Gründe dafür. Dies wird sehr dazu
beitragen, ihm das Gefühl der Unsicherheit zu nehmen.

Unsere Gedanken sind vom Gehirn erzeugt, um zusätzlich ein
elektromagnetisches Feld zu werden. Da Energie das Produkt
des Gehirns ist, trägt sie die Gedankenmuster eines oder beider Elternteile in sich. Ein Kind, das diese Energie erhält, wird
folglich Denkmuster entwickeln, die denjenigen der »Energielieferanten« sehr ähnlich sind.

»Gebt mir das Kind bis zum siebten Lebensjahre, und ich werde euch den Mann zeigen«, so lautet der Spruch der Jesuiten,
und wie wahr er ist, läßt sich unschwer erkennen. Die Entwicklung eines Kindes wird von den Gedanken in dem Energiefeld geprägt, aus dem es seinen Bedarf stillt.

Ich habe hyperaktive Kinder behandelt, die keine Ruhe finden konnten und ständig in Bewegung bleiben mußten, um dann fast ausnahmslos in meinen Armen einzuschlafen. Ich bin sicher, daß bei manchen Kindern das Problem darin besteht, daß sie keine ausreichende Bindung zu ihren Eltern aufbauen konnten und so nicht in der Lage waren, den von den Eltern abgestrahlten Energieüberschuß zu absorbieren. Ihr Gehirn muß dann unentwegt mit voller Kraft arbeiten, um sicherzustellen, daß möglichst viel Energie produziert wird. Wenn die Symptomatik auch zunächst auf einen Energieüberschuß schließen läßt, bin ich sicher, daß eine Messung des bioelektrischen Feldes in manchen Fällen einen Energiemangel und nicht -überschuß ergeben würde. Und dies ist auch der Grund, warum solche Kinder in meinen Armen einschlafen. Schreiende, rastlose Kinder werden in meiner Gegenwart stets ruhig. Selbst Schmerzen, wie sie beim Zahnen entstehen, scheinen ihre Spitze zu verlieren, wenn ich zugegen bin. Ich glaube, das liegt daran, daß ich die Kinder mit bioelektrischer Energie auflade und somit für sie keine Notwendigkeit mehr besteht, zu schreien und auf sich aufmerksam zu machen. Natürlich werden nicht alle Probleme bei Kindern durch einen Mangel an Energie verursacht, doch sie sprechen gut auf die Heilbehandlung an. Vielleicht ist dies auch der Grund, warum Kinder mit hohem Energiebedarf in unserem von der Sonne nicht gerade verwöhnten Land ständig nach Süßigkeiten oder zuckerhaltigen Nahrungsmitteln verlangen.

Herzprobleme

Von allen Altersgruppen sind Babys am leichtesten zu behandeln. Sie haben volles Vertrauen, sind ganz auf den Transfer von Energie angewiesen, und ihr gesamtes Lebenserhaltungs-system ist von dem alleinigen Bestreben durchdrungen, leben zu wollen. Eines der jüngsten Kinder, die ich je behandelt habe, war gerade sieben Wochen alt. Das arme Geschöpf war mit einem Herz-Lungen-Fehler zur Welt gekommen. Aus irgendeinem Grund wurde die Lunge nicht ausreichend mit Blut versorgt, und wie die Wochen vergingen und sein Bedarf an Sauerstoff zunahm, verlor es an Kraft und Lebensenergie. Als man den Jungen zum erstenmal zu mir brachte, war er kaum gewachsen. Er war ausgesprochen schwach und hatte eine schreckliche Hautfarbe. Über vier Wochen hinweg hielt ich ihn einmal pro Woche zwanzig Minuten lang im Arm. Als er elf Wochen alt war, war er völlig verändert. Ursprünglich hatten die Ärzte seine Lebenserwartung auf etwa dreizehn Wochen geschätzt. Nach den vier Behandlungen waren keine weiteren Termine bei mir mehr notwendig. Doch achtzehn Monate später traf ich seine Großmutter bei einem meiner Vorträge. Am Ende der Veranstaltung kam sie auf mich zu und berichtete, daß ihr Enkelsohn zu einem gesunden, robu-sten Kerlchen herangewachsen war.

Die Jugendzeit

Viele Schüler und Studenten leben in einem Zustand von Dauerstreß. Dies gilt besonders für jene, die erstmals in ihrem Leben weg von zu Hause sind. Sie wissen ganz genau, welch hohe Erwartungen man an sie stellt. Der Druck seitens der Familie und Freunde ist derart groß, daß sie oftmals schon vor ihrer Abreise nervös und unruhig werden. Leider sind viele junge Menschen, die von zu Hause fortgehen, um andernorts ihr Studium aufzunehmen, meist nur unzulänglich auf ihre neue Situation vorbereitet. Es ist wohl eher unwahrscheinlich, daß man ihnen beigebracht hätte, wie man ein unabhängiges Leben beginnt und führen kann. Bis diese jungen Menschen, zumeist kurz vor Erreichen des zwanzigsten Lebensjahres, aus dem Elternhaus gehen, konnten sie sich auf einen regelmäßigen Energienachschub aus dem familiären Umfeld verlassen. Nur wenige Anforderungen wurden an sie gestellt, und so war es nicht schwer für sie, ein starkes bioelektrisches Feld aufrechtzuerhalten. Nun sind sie plötzlich fern von der behüteten, harmonischen Atmosphäre des Elternhauses und der damit einhergehenden Stärke und Energie. Schlimmer noch, sie leben nunmehr in einer feindlichen Umgebung. Hier gibt es keine schützende Energie. Sie sind jetzt völlig auf sich gestellt und ganz allein dafür verantwortlich, Energie anzuziehen oder selbst zu erzeugen. Der Streß, dem sie ausgesetzt sind, stellt größere Anforderungen an sie als je zuvor, und so steigt ihr Energiebedarf mit einem Mal um ein Vielfaches.

Und als ob dies allein noch nicht schwierig genug für sie wäre, befinden sie sich zudem noch in der Gesellschaft von anderen jungen Menschen, die sich ebenfalls erst auf ihre neue Lebenssituation einstellen müssen. Bei diesem Prozeß werden sie von Menschen angezogen, die ähnliche Gedankenfrequenzen wie sie selbst haben. Dies führt dazu, daß sich die positiv Gesinnten, die Starken und Unabhängigen unter ihnen in einer Gruppe zusammenschließen, während die negativ Denkenden, die Schwachen und eher Abhängigen eine andere Gruppe bilden. Die Starken, Selbständigen »powern« sich gegenseitig auf, doch was geschieht mit den negativ Gesinnten, den Schwächeren? Diese Gruppe braucht sehr viel mehr Energie, als sie selbst erzeugen kann. Lernen diese jungen Leute nicht sehr rasch, positiv und selbständig zu werden, werden die Stärkeren sie ausstoßen.

Diesem Verhalten liegt ein ganz natürlicher Instinkt zugrunde. Wir können es auf jedem Spielplatz und in jeder Altersgruppe beobachten. Auch die Tiere in freier Wildbahn, die in Rudeln zusammenleben, profitieren von der Energie der Gruppe. Dabei übernimmt meistens das Tier mit dem größten Energiepotential die Leitfunktion. Dies ist nur natürlich, denn die anderen fühlen sich zu ihm hingezogen. Und das ist es auch, was wir unter Charisma verstehen – letztendlich ein Überschuß an Energie.

Wird nun ein Tier im Rudel krank oder schwach, beansprucht das die gesamte Gruppe. Dürfte es im Verband bleiben, so würde dies am Ende die Gemeinschaft insgesamt schwächen und gefährden. Sinkt also der Energiepegel eines Mitglieds der Gruppe durch Alter oder Krankheit so weit ab, daß die anderen davon in Mitleidenschaft gezogen werden, so wird es aus der Gruppe ausgesondert und verstoßen. Die anderen Tiere im Rudel überlassen es sich selbst, und es muß entweder allein zurechtkommen oder ist zum Sterben verurteilt.

Auf dem Spielplatz können wir ähnliches beobachten: es sind immer die Schwächeren, die von den anderen herumgeschubst werden. Diejenigen mit der meisten Energie sind in der Regel die beliebtesten, weil sie die anderen anziehen. Das einzige Problem auf dem Spielplatz ist lediglich, daß man die Schwächeren nur bis an den Zaun drängen kann, und angesichts der gereizten Stimmung in der Gruppe bleiben sie damit immer noch innerhalb der kritischen Reichweite der anderen Kinder. Bei Viehherden habe ich beobachten können, wie kranke Tiere von den anderen fürchterlich zugerichtet wurden, weil sie sich wegen eines Zauns nicht weit genug entfernen konnten. Die einzige Möglichkeit, sie zu retten, besteht darin, sie von der Herde abzusondern, bis sie wieder voll zu Kräften gekommen sind.

Um schwächeren Kindern bei derartigen Konstellationen Hilfe angedeihen zu lassen, sollte man sie zu einem Heiler schicken, der ihr Energiepotential auflädt und ihnen neues Selbstvertrauen schenkt. Gerade bei Kindern, denen es an Selbstvertrauen mangelt, kann dies wahre Wunder vollbringen. Bereits nach wenigen Behandlungen bei einem Heiler mit guten beraterischen Fähigkeiten wird ein ängstliches, ausgestoßenes Kind zu einem selbstsicheren, positiven Auftreten gelangen und – was wohl das wichtigste ist – bei seinen Altersgenossen Anerkennung finden.

Depression

Im Laufe der Monate wird der schwächere Student zunehmend negativer. Sein Studium wird zum Alptraum, weil sein Gehirn nicht über die notwendige Energie verfügt, um den Stoff begreifen, sich merken und aus dem Gedächtnis abrufen zu können. Fehlt es ihm aber an diesen Fähigkeiten, ist es ihm so gut wie unmöglich, Entscheidungen zu fällen. So wird er schließlich depressiv, weil sein Energieniveau so weit abgesunken ist, daß er ohne Hilfe nicht in der Lage ist, es wieder auf ein normales Maß anzuheben. In einer solchen Situation greift der Betreffende womöglich zu Drogen oder Alkohol. Dies verhilft ihm zwar zu einem kurzfristigen Energieschub, doch leider wird er auch abhängig. Dann versinkt der Betreffende in eine noch tiefere Depression und gerät möglicherweise gar in Selbstmordgefahr.

Ich weiß, daß ich hier einen Extremfall schildere, doch viel zu viele Studenten befinden sich irgendwann einmal während ihrer Ausbildung nur allzu nahe am Rande dieser Gefahrenzone. Aber nicht nur Studenten erleben solche Höllenqualen. Die Sprechzimmer der Ärzte sind voll von Menschen, deren Energiepegel weit unter das normale Maß abgesunken ist. Viele Menschen, die aus diesem Grund der medizinischen Behandlung bedürfen, wären heute nicht in ihrer verzweifelten Lage, wenn sie die Streßsymptome frühzeitig erkannt hätten, das heißt, bevor sich diese in physischen Beschwerden geäußert haben. Hätten sie erkannt, was in ihnen vorging, und wären sie ein paarmal zu einem guten Heiler gegangen, nur um sich ihre Batterie aufladen zu lassen, wären sie womöglich gar nicht erst krank geworden. Und aller Wahrscheinlichkeit nach hätte ihnen die Einnahme von Glukose sehr geholfen.

Das Alter

Ein weiterer Lebensabschnitt, in dem unsere Energiereserven leicht unter das für ein aktives Leben notwendige Maß absinken könnten, ist das Alter. Wir wissen, daß das Gehirn im Laufe der Jahre Zellen abbaut, die nicht durch neue ersetzt werden. Aus diesem Grunde verliert unser Generator an Leistungskraft, ganz gleich wie fit, positiv und gesund wir uns auch fühlen mögen. Je älter wir werden, desto deutlicher erkennen wir, wie sich Streßsymptome in uns breitmachen. Es fällt uns zunehmend schwerer, einzuschlafen, oder wir schlafen nur kurz, um dann tagsüber in Gegenwart anderer Leute einzunicken. Unsere Muskeln und Gelenke werden steif, so daß es uns schwerfällt, uns aufrecht zu halten und zu gehen. Ja, in der Tat wird jede Art der Bewegung zunehmend anstrengender, je älter wir werden. Und in dem Maße, wie unser Energieniveau sinkt, frieren wir auch häufiger.

Die Begleitumstände unseres Lebens sind dafür verantwortlich, wie alt oder jung wir uns fühlen. Leben mehrere ältere Menschen in einer Gruppe zusammen, so sinkt ihr individuelles Energiepotential in der Regel auf ein einheitliches Niveau ab. Wer über ein ungewöhnlich hohes Maß an Energie und Vitalität verfügt und dann in ein Altersheim zieht, wird sich wahrscheinlich schon bald auf den sehr viel geringeren Energiepegel seiner Mitbewohner einstellen. In ihrem Bestreben, ihre eigenen Energiereserven aufzuladen, werden diese nämlich unwissentlich und unabsichtlich von jenen profitieren, die mehr haben als sie selbst, bis schließlich das Energieniveau aller Bewohner auf einen einheitlichen Stand abgesunken ist. Meiner Ansicht nach sollte per Gesetz eine maximale Anzahl an Dienststunden für Menschen festgelegt werden, die in der Altenpflege, vor allem aber in Altersheimen tätig sind – und zwar zu ihrem eigenen Schutz. Darüber hinaus sollten sie für ihren bewundersnwerten Einsatz (den kaum ein anderer erbringen möchte, sonst wären unsere Altersheime schließlich nicht so voll) wesentlich besser bezahlt werden, als dies augenblicklich der Fall ist. Eine solche Verbesserung der Gesetzeslage wäre meines Erachtens in unser aller Interesse, da sie sicherlich zu einer positiveren Arbeitseinstellung führen würde. Wir alle könnten davon nur profitieren, denn viele von uns werden eines Tages selbst die Leistungen eines Altersheims in Anspruch nehmen müssen.

Die zwischenmenschlichen Beziehungen

Wie bereits an anderer Stelle ausgeführt, ist Bioelektrizität – Energie also – von Mensch zu Mensch übertragbar, und hier muß angesetzt werden, um jemanden aus einer Depression zu befreien, selbst wenn diese einen emotionalen oder spirituellen Hintergrund hat. Wir sind nur dann in der Lage, emotionale oder spirituelle Probleme zu überwinden, wenn unser Energiespiegel hoch genug ist, um den damit einhergehenden Streß zu bewältigen.
Betrachten wir einmal die Situation einer jungen Frau, die sich um ihre pflegebedürftigen Eltern kümmert, besonders wenn diese eine negative Einstellung in sich tragen. Negative Einstellungen verursachen die vielfältigsten Probleme nicht

nur für jene, die damit behaftet sind, sondern auch für die Menschen, die mit der Pflege solcher Personen befaßt sind. Negative Menschen entziehen anderen Energie. Sie sind in der Regel unfähig, selbst für ausreichenden Nachschub zu sorgen, und so nehmen sie sie einfach den anderen in ihrer Umgebung weg. Wenn Sie je näheren Umgang mit jemandem hatten, der dies tat, so wissen Sie sicher, wovon ich hier spreche.

Ich habe Fälle erlebt, in denen ein pflegebedürftiger alter Mensch dem ihn versorgenden jüngeren Verwandten praktisch alle Lebenskraft und -freude genommen hat. Ich erinnere mich besonders an eine junge Frau, die als pflichtbewußte Tochter ihrer Mutter regelmäßige Besuche abstattete und ihr half, wo immer es ging, nachdem der Vater kurz zuvor gestorben war. Doch die Mutter erwartete von ihr dasselbe Maß an Energie, das sie vorher von ihrem Ehemann bezogen hatte, und stellte immer größere Anforderungen an ihre Tochter, bis diese schließlich ihre gesamte freie Zeit im Haus der Mutter verbrachte. Die Tochter fühlte sich bald ausgelaugt und müde. Doch die Mutter war immer noch nicht zufrieden, sondern meinte, ihre erschöpfte Tochter müsse zu ihr ins Haus ziehen.

Nachdem deren Energiereserven völlig aufgezehrt waren, hatte sie nicht mehr die emotionale Kraft, sich dem Gedanken zu widersetzen. Sie war zu einem echten Sklaven geworden, ohne daß sich ihre Mutter oder sie selbst darüber im klaren war. Die Mutter erfreute sich bester Gesundheit, und sie konnte überhaupt nicht verstehen, warum ihre Tochter immer so müde war. Als die Mutter nach Jahren schließlich starb, war die Tochter – wenn auch jung an Jahren – selbst eine alte Frau geworden. Sie hatte so lange mit viel zuwenig Energie auskommen müssen, daß nun jede Hilfe zu spät kam. Ich habe nur allzu oft miterlebt, wie Menschen anderen so viel von ihrer eigenen Energie abgeben, daß es zu einer völligen Abhängigkeit kommt und das Geben lebensbedrohliche Formen annimmt.

Im normalen ehelichen Zusammenleben geraten beide Partner mit der Zeit in eine Art gegenseitiger energetischer Abhängigkeit, denn ihre elektromagnetischen Felder verschmelzen, so daß ein Austausch von Energie stattfinden kann. Diese Abhängigkeit geht weit über praktische Bedürfnisse hinaus und erreicht große emotionale Tiefen. In einer Ehe ist dies ein wunderbarer und in hohem Maße wünschenswerter Zustand, doch wenn sich zwei Menschen so nahestehen, daß sie ihre Unabhängigkeit verlieren, und dann einer der beiden den anderen zurückläßt, so verfällt dieser in schier unerträgliche Trauer. Er zeigt Symptome, die mit den Entzugserscheinungen nach dem Absetzen von Drogen vergleichbar sind. Bei totaler emotionaler Abhängigkeit ist die Trauer stets am schlimmsten, und selbst in Beziehungen mit gegenseitiger Abhängigkeit ist sie nur schwer zu überwinden.

Zu Problemen kommt es in dem Augenblick, wo ein Partner den anderen verläßt oder stirbt und damit das gesamte bioelektrische Feld um mindestens die Hälfte reduziert. Selbst ein Sterbender erzeugt ein Feld und strahlt es ab, wenn dies möglicherweise auch sehr schwach ist. Wie sehr wir ein Teil des anderen geworden sind, stellen wir immer erst dann fest, wenn er nicht mehr da ist. Der Verlust seiner Energie verschlimmert die Trauer erheblich, und es kann unter Umständen zu einer lang anhaltenden Depression kommen. Ist der Energiepegel eines Menschen derart tief gesunken, ist es in der Tat sehr schwierig für ihn, seine Reserven aus eigener Kraft wieder aufzufüllen. Die Situation ist vergleichbar mit der eines neuen Autos mit schwacher Batterie: mechanisch ist es zwar in einwandfreiem Zustand, doch es kann nicht anspringen, bis man eine andere Batterie anklemmt und es so zum Laufen bringt.

In solchen Fällen sind Heilbehandlungen ein optimales Mittel, und eine halbstündige Sitzung kann wahre Wunder wirken.

Hierzu muß der Heiler nichts anderes tun, als seinem Patienten heilende Liebe zu geben, die jede einzelne der Millionen Zellen seines Organismus mit neuem Leben erfüllt. Wer sein Leben lang auf sich allein gestellt war, hat in der Regel nicht diese Probleme, sich auf geänderte Situationen einzustellen. Gesellschaft jeder Art führt zu mehr als gemeinsamen Interessen; sie vermittelt Leben in Form gemeinsamer Energiefelder.

Verliert man einen geliebten Menschen, so geht damit gleichzeitig auch die menschliche Nähe verloren. Von einem anderen berührt oder im Arm gehalten zu werden ist etwas Wunderbares und zudem eine Notwendigkeit, denn es ermöglicht uns, aufgestaute Gefühle von Trauer, Streß oder Depression loszulassen. Dabei strömt gleichzeitig an die Stelle dieser negativen Gefühle Energie in Form von Liebe ein. Leider ist es in unserer Gesellschaft jedoch verpönt, den Arm um die Schultern eines Freundes zu legen, der niedergeschlagen, einsam oder traurig ist. Dies ist eine bedauerliche Tatsache, denn wonach ein trauernder oder einsamer Mensch sich am meisten sehnt, ist die liebevolle Berührung durch einen Mitmenschen. Und wie einfach ist das!

Gelegentlich kommt es auch zu Depressionen, wenn jemand von seinen Freunden wegzieht, seinen gewohnten Arbeitsplatz verläßt oder aus einer anderen Situation herausgelöst wird, in der er mit anderer Energie als der von ihm selbst erzeugten versorgt wurde. Betrachten wir als Beispiel einen Mann mit fünfundsechzig Jahren. Bis zu dem Tag, an dem er in Ruhestand geht, ist er vollauf beschäftigt und vom Kreise seiner Kollegen umgeben. Die mit den Denkprozessen einhergehende geistige Aktivität erzeugt zwar eine nicht unwesentliche Menge an Bioelektrizität, doch angesichts seines Alters schöpft er wahrscheinlich aus dem von seinen Kollegen ausgestrahlten bioelektrischen Feld. Mit dem Eintritt in den Ruhestand, der Trennung von seinen Kollegen und der Tätigkeit an seinem Arbeitsplatz wird er nun effektiv von seiner Energiequelle abgeschnitten. Es ist ihm nicht mehr möglich, seine Reserven aus der von seinen Freunden ausgehenden überschüssigen Energie nachzufüllen.

Seine Frau hingegen, die es wahrscheinlich gewohnt war, allein und unabhängig zu sein, wird von der Veränderung nur insoweit beeinträchtigt, als sie ihren Mann nun als emotionale Belastung empfindet. Wie lange sie diese Situation hinnehmen oder ob sie eine Veränderung herbeiführen wird, hängt sehr von der Beziehung zwischen den beiden ab. Ist sie eng, werden sie sich beide auf die veränderte Lage einstellen. Stehen sie sich weniger nahe und hat er sich nicht frühzeitig eine Freizeitbeschäftigung gesucht, in der er aufgehen kann, so wird er wahrscheinlich den ganzen Tag nur herumsitzen und mehr und mehr verfallen. Wenn wir es hier auch nicht mit einer Depression im eigentlichen Sinne zu tun haben, ist es sicherlich eine Facette davon.

Wer zeitlebens in einem Team, in einer Fabrik oder in einem Büro gearbeitet hat, ist sehr viel mehr auf andere Menschen und ein Leben in der Gemeinschaft angewiesen als jemand, der auf dem Land gelebt hat und seine Lebenskraft eher aus der Natur und nicht sosehr von anderen Menschen bezieht. Die Natur ist voll von Energie. Jede Pflanze und jeder Baum haben ihr eigenes bioelektrisches Feld, und wer wie ich sein Leben lang eins war mit dieser wunderbaren Lebenskraft, wird nur selten unter dem Streß eines Stadtbewohners leiden. Das bioelektrische Feld ist jenes gewisse Etwas, das das Leben lebenswert, ja überhaupt möglich macht. Und je stärker es ist, desto eher können wir uns in unserem Tun und Denken als unabhängige und selbständige Menschen behaupten. Doch in dem Maße, wie unser Energiepotential sinkt, sind wir immer weniger Herr über unsere Gedanken und Handlungen.

Es ist alles andere als sinnvoll, beim Eintritt in den Ruhestand aus seiner angestammten Nachbarschaft fortzuziehen. Man ist viel zu sehr abhängig von und verbunden mit der Energie dieser Umgebung. Jeder Umzug in ein neues Umfeld bringt Probleme mit sich, denn man muß sich auf neue bioelektrische Felder einstellen, mit denen man womöglich nicht harmoniert. Möglicherweise läuft auch die Art der dort zur Verfügung stehenden Energie unseren Anforderungen völlig entgegen. Wer mit der Lebenskraft einer Stadt in Einklang steht, für den ist es beispielsweise in der Regel nicht sehr einfach, sich auf die andersartigen Lebenskräfte auf dem Lande einzustellen, besonders wenn man einen solchen Ortswechsel erst im Rentenalter vornimmt. Aus diesem Grund verfallen und sterben Menschen innerhalb von wenigen Monaten, wenn sie am Lebensabend in eine andere Gegend umziehen. Einsamkeit ist eine Form der Depression; sie ist die Sehnsucht danach, sein Leben mit jemandem zu teilen, der zur Energieversorgung beitragen kann. Solchen Situationen kann man mit einer Heilbehandlung erfolgreich begegnen, doch leider entsteht dabei oftmals eine Abhängigkeit vom jeweiligen Heiler. Heilen soll unabhängig und nicht abhängig machen. Es ist ein ausgezeichnetes Mittel, um jemandem den kurzfristigen Energieschub zu geben, den er für einen Neuanfang braucht. Wie bereits gesagt, handelt es sich bei physischen Depressionen um einen beinahe völligen Mangel an Energie, der manchmal durch einen Schock (der dem Körper zu schnell Energie entzieht) oder durch eine kraftzehrende Krankheit verursacht wurde. Menschen, die unter derartigen Problemen leiden, bedürfen der persönlichen Aufmerksamkeit positiv gesinnter Freunde, die ihnen dabei helfen, ihren Energiepegel auf das erforderliche Niveau anzuheben, damit sie wieder unabhängig werden. Irgendwann einmal in unserem Leben sind wir alle Heiler, besonders wenn wir anderen unsere Zeit und Aufmerksamkeit widmen.

Teil II

Der Autopilot:
Heilung der Gedanken und Gefühle

Emotionen sind das Produkt des Unterbewußtseins, das immer aktiv ist, selbst im Schlaf, und wenn nötig, löst es das logische Denken, die Steuerung, ab, um den Körper vor dem zu schützen, was es für eine Gefahr für ihn hält.

Das Unterbewußtsein kann mit einem Computer verglichen werden, der drei Hauptfunktionen hat: Instandhaltung und Reparatur, Erstellung von Programmen für das tägliche Leben, die sogenannten Gewohnheiten, und Schutz vor wirklichen Gefahren.

Die Selbsterhaltungs- und Reparaturfunktion wird von dem Augenblick an wahrgenommen, wo der Fötus vom Computer der Mutter unabhängig wird. Gewohnheiten entwickeln sich aus zufälligen Handlungen heraus, die bei Wiederholung zu Programmen werden, auf die wir zurückgreifen können, um nicht ständig neu-lernen zu müssen, wie zum Beispiel das Fahrradfahren. Uns zu schützen wird uns in Situationen extremer Gefühlserregung, wie in Angst- und Schockzuständen, beigebracht. In diesen Situationen lernen wir, die kodierten Botschaften zu entschlüsseln, die unser Computer einsetzt, um uns vor Gefahren zu schützen. Nur wenn wir in der Lage sind, die Botschaften zu deuten, die uns unser Computer in Form von Symptomen übermittelt, werden wir Krankheit als eine Warnung unseres Unterbewußtseins sehen.

5 Der Computer

Immer mehr Menschen kehren der orthodoxen Medizin den Rücken und wenden sich den neuen alternativen oder ergänzenden Therapieformen zu, die heute angeboten werden. Einer der Gründe ist meines Erachtens darin zu sehen, daß Ärzte es in der Regel vorziehen, die Krankheitssymptome zu behandeln, anstatt ihre Zeit für eine Suche nach den Ursachen zu verwenden. In der Mehrzahl der Fälle aber liegt die Krankheitsursache nicht im physischen Bereich.

Das Unterbewußtsein

Die meisten gesundheitlichen Probleme haben ihre Wurzel im Unterbewußtsein. Mit anderen Worten: Wir laden unterbewußt eine psychosomatische Krankheit auf uns, um Aufmerksamkeit zu erhalten oder irgendein wie auch immer geartetes emotionales Trauma zu überwinden beziehungsweise zu umgehen. Dies geschieht natürlich nicht absichtlich. Der Kranke selbst ist sich in der Tat nie darüber im klaren, daß hier die Ursachen für seine Leiden liegen.

Ich verwende den Begriff »psychosomatisch« und nicht »psychisch«, weil viele glauben, daß der Begriff »psychisch« bedeute, daß sie sich ihre Krankheiten nur einbilden würden oder sich mit Absicht Leiden zufügen. Dies ist natürlich völliger Unsinn. Auf der bewußten Ebene weiß ein psychosomatisch Kranker nicht mehr über die Ursachen seines Problems als jeder andere auch. Seine Schmerzen oder Beschwerden sind real, wenngleich auch ein Arzt kaum in der Lage sein wird, ein psychosomatisches Problem zu diagnostizieren, ohne die Familiensituation genau zu kennen und sich mehr als die üblichen fünf Minuten Zeit für seinen Patienten zu nehmen. Und selbst dann bedarf es noch einer ganzen Menge Intuition. Eines steht mit absoluter Sicherheit fest: Mit Tabletten, Medikamenten oder anderen Arzneien wird es kaum zur Genesung kommen, und verschwinden die Symptome doch, so wird das Unterbewußtsein entweder eine Immunität gegen das verordnete Mittel aufbauen oder für die Entstehung einer neuen Krankheit sorgen. In solchen Fällen ist eine Behandlung der Symptome reine Zeitverschwendung. Da die Ursache behandelt werden muß, bleibt einer medikamentösen Behandlung der Erfolg versagt.

Hat das Unterbewußtsein Grund zu der Annahme, daß der Körper auf die eine oder andere Weise bedroht ist, wird es sofort damit beginnen, Krankheitssymptome zu erzeugen, um die Aufmerksamkeit des logischen Bewußtseins zu erregen. Es tut dies, damit jene, von denen es sich Hilfe erhofft, auf die Bedürfnisse aufmerksam werden. Und es erreicht sein Ziel, indem es die chemischen Substanzen des Körpers, die elektrischen Frequenzen oder die Physiologie verändert, um Symptome hervorzubringen, die Aufmerksamkeit erwecken. Zweifler mögen mir entgegenhalten, wie lächerlich es sei, anzunehmen, das Unterbewußtsein könne eine Zelle dazu bringen, zu etwas anderem zu werden, als es ihr aufgrund ihrer Erbinformation vorbestimmt ist. Doch genau das ist es, was das Unterbewußtsein beziehungsweise der ihm übergeordnete Geist tun kann. Man achte nur einmal darauf, wie die physischen Erscheinungsmerkmale eines Menschen durch dessen Charakter beeinflußt werden.

Wenn Sie Zweifel haben, dann betrachten Sie einmal, wie der Körper auf eine Verletzung reagiert. Nehmen wir an, ein Muskel wird bei einem Unfall beschädigt – er reißt, wird verstümmelt, teilweise abgerissen. Sofort macht sich der Körper an die Arbeit, den Blutverlust zum Stillstand zu bringen. Dann stößt er alles tote oder unbrauchbar gewordene Gewebe ab. Anschließend tritt ein komplettes Programm hochspezifischer Zelltechnik in Kraft, das für die Neubildung von Muskelzellen, Venen- oder Arterienzellen, Hautzellen und unzähligen anderen Arten von Zellen sorgt, bis die Wunde schließlich völlig verheilt ist. Woher weiß der Körper, welche Zelltypen an der verletzten Stelle benötigt werden und in welcher Reihenfolge diese zu bilden sind? Woher weiß er, wie er die Produktion von Zellen zum genau richtigen Zeitpunkt an genau dem richtigen Ort in Gang bringen und dabei die einen zu spezifischen Muskelzellen, andere hingegen zu Blutgefäßzellen werden lassen muß?

Wenn das Unterbewußtsein in der Lage ist, für eine bestimmte Zeit zur Erzielung einer ganz speziellen Wirkung in einem genau abgegrenzten Bereich ein komplettes Produktionssystem neu zu programmieren, so sollte es keine Probleme haben, eine ganz einfache nichtspezifische Zelle so zu beeinflussen, daß sie sich anders als normal verhält und das hervorbringt, was wir Krebs nennen. Es wird dem Unterbewußtsein ebenfalls mühelos gelingen, multiple Sklerose oder jedes andere physische Krankheitsbild zu erzeugen. Es steht in seiner Macht, die DNS-Information einer jeden Zelle zu verändern, wenn es dies für seine Zwecke als dienlich erachtet. Das Problem ist nur, daß das Unterbewußtsein für sich allein entscheidet, was für den Körper, für den es verantwortlich ist, gut und was schlecht ist, und dabei übergeht es oftmals die Wünsche von Geist und Seele, die das Ganze eigentlich kontrollieren sollten.

Spirituelles Heilen wendet sich direkt an die Seele, um dieser die Kraft zu verleihen, dem arroganten Unterbewußtsein die Stirn zu bieten. Das Unterbewußtsein hat unsere Gesundheit und unsere Gefühle total in der Hand, wenn es nicht kontrolliert wird. Es entscheidet ganz allein, was gut und schlecht für uns ist. Es entscheidet ganz allein, wann der Körper Ruhe braucht und wann nicht. Setzen wir unseren Körper allzusehr unter Druck, so erzeugt das Unterbewußtsein unverzüglich Streßsymptome zur Frühwarnung. Glauben Sie mir – liegt irgendeine Schwierigkeit vor uns, die uns Probleme verursacht, so wird das Unterbewußtsein nichts unversucht lassen, um einen Ausweg für uns zu finden. Befinden wir uns in einer Situation, die zu einem früheren Zeitpunkt in unserem Leben ein Trauma verursacht hatte, wird uns das Unterbewußtsein mit Warnsignalen zur Vorsicht mahnen. Tritt die gleiche Situation noch einmal ein, wird es mit Symptomen wie Phobie oder Panik reagieren.

Angesichts der Vielzahl von Medikamenten, die es heute gibt, machen es sich viele Ärzte leicht und verschreiben diverse Mittel, mit denen sich die Symptome unterdrücken lassen. Doch das Unterdrücken von Symptomen ist keine Lösung. Solange die Ursache weiterbesteht, wird das Unterbewußtsein einfach andere Symptome produzieren.

Es genügt nicht, einem Patienten zu erklären, seine Symptome seien die Folge von Krebs, multipler Sklerose oder Arthritis. Dieser Denkansatz ist reiner Unsinn. Symptome werden nicht von multipler Sklerose hervorgerufen. Multiple Sklerose ist lediglich ein hochtrabender medizinischer Begriff für eine bestimmte Kombination von Symptomen. Wenn ein Arzt Ihnen also erklärt, Ihre Symptome seien auf dieses oder jenes Krankheitsbild zurückzuführen, so tut er nichts anderes, als den Symptomen einen Namen zu geben. Damit hat er die Ursache der Krankheit weder gefunden noch identifiziert.

Es ist das gleiche, als würde man sagen, Krebs werde von bösartigen Zellen verursacht. Doch dies ist nicht der Fall. Krebs ist vielmehr der Name, den wir jenen bösartigen Zellen gegeben haben. Fragen Sie Ihren Arzt, was die Zellen bösartig werden ließ, so wird er vielleicht antworten: »Eine chemische

Veränderung im Körper.« Doch auch das ist nicht der Grund. Fragen Sie weiter, so wird er womöglich einen Schock als Grund anführen, womit er wahrscheinlich der Sache schon näher gekommen ist. Dennoch ist auch hiermit die Ursache noch nicht gefunden. Ärzte geben nur äußerst selten den Grund für eine Krankheit an. Sie finden nur immer neue Symptome. Kann aber die Ursache dieser Symptome nicht identifiziert werden, werden die Symptome ständig wiederkehren – unverändert oder in anderer Form, wenn sie durch medikamentöse Behandlung vertuscht oder unterdrückt wurden. Dies gilt vor allem dann, wenn die Krankheitsursachen im emotionalen Bereich zu suchen sind.

Bleiben wir noch einen Augenblick bei diesem Punkt, denn ihn zu verstehen ist das A und O einer erfolgreichen Heilung. Es ist nicht Krebs, der uns um unser Leben bringt, sondern die Ursache für den Krebs. Es ist nicht Arthritis, die die schmerzhafte Schwellung der Gelenke hervorruft. Arthritis ist lediglich der Name, mit dem das Symptom dieser schmerzhaften Gelenkschwellung bezeichnet wird. Um Abhilfe zu schaffen, muß man wissen, was die Symptome verursacht hat. Wenn Sie Ihren Arzt verunsichern wollen, fragen Sie ihn doch einmal, was die Schwellung verursacht hat. Und fragen Sie ihn, woher das kommt, was er als Grund angibt, und wie dies wiederum entstanden ist und so weiter und so weiter. Doch soviel Sie auch fragen mögen, Sie werden nie zur Ursache vorstoßen, sondern nur eine Abfolge von Symptomen geschildert bekommen. Der Fairneß halber sollten wir jedoch berücksichtigen, daß der Arzt kaum genug über das Leben des Patienten weiß, um die Ursache auch nur erahnen zu können.

Betrachten wir ein Beispiel: Ein vierzehnjähriger Junge namens Tom suchte mich in Begleitung seiner Mutter in meiner Praxis auf. Er litt unter einem Krankheitsbild, das in der medizinischen Fachsprache Osteochondrosis dissecans heißt. Hierbei werden aus einem unbekannten Grund die Knie nicht ausreichend mit Blut versorgt, so daß die Kniescheiben nicht wachsen. Statt dessen zersetzen sie sich und zerfallen, so erklärte es mir die Mutter. Etwa eine Woche zuvor war der Junge einem Facharzt vorgestellt worden, und man hatte ihm gesagt, daß man nichts für ihn tun könne, weil diese Krankheit nicht behandelbar sei; die Beschwerden würden sich aber womöglich legen, sobald er ausgewachsen sei.

Tom hatte große Schmerzen und konnte seine Beine nicht richtig durchstrecken. Ganz offensichtlich kam Sport jedweder Art für ihn überhaupt nicht in Frage. Ich bat ihn, sich vor mich hinzusetzen, und umfaßte seine Fußgelenke, um mich in Einklang mit seiner Energie zu bringen und mich damit auf seine unterbewußten Gedankengänge einzustimmen. Bereits nach wenigen Minuten erkannte ich, was die Ursache für die Symptome war. Tom ist einer jener jungen Menschen, die eine natürliche sportliche Begabung haben. Er war gut in Schwimmen und Fußballspielen, in Leichtathletik, im Turnen, im Golf und wahrscheinlich in allem und jedem, worin er sich versuchte. Schon sehr früh hatte er sich für eine Sportlerlaufbahn entschieden. Er plant, aufs College zu gehen und die Sportlehrerprüfung zu machen. Also fragte ich ihn, was er einmal werden wolle. Das mag recht dumm geklungen haben, doch zeigte die Frage den gewünschten Effekt. Er antwortete nicht. Ich wiederholte meine Frage. Auch diesmal kam keine Antwort. Als ich ihn dann erneut fragte, was er *jetzt* werden wolle, meinte er, ohne zu zögern: »Ingenieur.«

Daraufhin erklärte ich Tom, daß es in jedem von uns einen »Topcontroller« gibt, den wir Unterbewußtsein nennen. Dieser Controller ist total und absolut verantwortlich für unser emotionales und physisches Heilsein, stellt dabei aber unsere Zufriedenheit – oder vielmehr das, was er dafür hält – an die erste Stelle. Er ist dafür verantwortlich, daß unser Herz richtig schlägt, regelmäßig Luft durch unsere Lungen gepumpt wird und daß Sauerstoff über das Blut überall dorthin gelangt, wo der Körper ihn benötigt. Er bestimmt über unseren Blutkreislauf und die Anzahl an roten und weißen Blutkörperchen. Er läßt die weißen Blutkörperchen angreifen oder verteidigen, immer dort, wo der Körper von Krankheitskeimen angegriffen wird. Er ist verantwortlich für die Reparatur und Erhaltung aller Bereiche unseres Körpers, von der Geschwindigkeit unseres Haarwuchses bis hin zur Aufschließung der Nährstoffe aus unserer Nahrung.

Dieser selbe Controller hat auch für das chemische Gleichgewicht in unserem Körper Sorge zu tragen, für die Entscheidung, was wir sehen oder nicht sehen, ja sogar dafür, welche Geräusche wir hören und welche wir nicht hören. Um jede einzelne Aufgabe zu nennen, die dieser unser unterbewußter Controller in jeder Milliardstelsekunde unseres Daseins übernimmt, müßte ich vierundzwanzig Stunden rund um die Uhr reden und wäre noch immer nicht fertig. Dieser bemerkenswerte Organisator unseres Lebens ist nur für unser Wohlbefinden und unsere Zufriedenheit da.

Als Tom nun seinen Entschluß änderte, wie dies bei Jugendlichen oftmals vorkommt, und nicht mehr Sportler werden wollte, hätte dies eigentlich keine Probleme bereiten dürfen. Doch wer über eine außerordentliche Begabung verfügt und weiß, welche Erwartungen in ihn gesetzt werden, dem fällt es oft schwer, andere zu enttäuschen, zumal wenn er ein sensibler Mensch ist und niemanden verletzen will. Toms Eltern hatten eine Menge Zeit und Energie investiert, um ihm dabei zu helfen, seine ehrgeizigen Pläne zu verwirklichen. Sie ermöglichten ihm Trainingsstunden, Reisen zu Wettkämpfen und dergleichen mehr. Auch sein Sportlehrer in der Schule hatte viele Wochenenden und Abende geopfert, um ihn auszubilden und zu trainieren. So viele Menschen hatten Tom unterstützt, daß er einfach nicht wußte, wie er ihnen seinen Meinungswechsel erklären sollte. In diesem Augenblick übernahm sein unterbewußter Steuermann das Ruder. Er erkannte das Dilemma, in dem Tom steckte, und entschloß sich in vollem Bewußtsein der sich daraus ergebenden Konsequenzen dazu, die Blutzufuhr zu den Knien zu reduzieren. Es dauerte gar nicht lange, da litt Tom unter heftigen Schmerzen und konnte keinerlei Sport mehr betreiben.

Nachdem ich Tom dies alles erklärt hatte, faßte ich ihn an den Fußgelenken und hielt seine Beine gestreckt nach vorn. Seine Schmerzen waren so gut wie verschwunden, und er konnte seine Knie fast ganz durchdrücken. Seine Mutter war sprachlos vor Staunen. In weniger als einer halben Stunde war Toms Gesundheit beinahe völlig wiederhergestellt. Natürlich würde es noch eine Weile dauern, bis die Knie richtig ausgeheilt waren, doch ansonsten waren seine Beschwerden wie weggeblasen. Und warum? Ganz einfach: weil Toms innerer Fluglotse jetzt wußte, daß seine Mutter über die geänderten Pläne informiert war, und daher für eine Fehlfunktion der Knie kein Grund mehr bestand. Bei einem weiteren Termin beim Facharzt drei Wochen später wurde bestätigt, daß Toms Knie in der Tat schnell heilten und keine weitere Behandlung mehr erforderlich war.

Multiple Sklerose

Eines der Krankheitsbilder, die mich immer sehr betroffen machen, ist die multiple Sklerose (MS). Früher habe ich viele an MS erkrankte Menschen behandelt und dabei meine und auch ihre Zeit verschwendet, weil ich ganz einfach die ihren Symptomen zugrunde liegende tiefere Ursache nicht erkannt hatte. Ich konnte daher keinen einzigen Fall von MS heilen, obgleich ich vielen meiner Patienten dennoch geholfen habe, bis ich schließlich anfing, mich eingehender mit der seelischen Situation der Betroffenen zu befassen.

Bei Menschen, die erst kurz an MS litten, konnte ich daraufhin einige bemerkenswerte Erfolge erzielen, und zwar besonders in Fällen von unbewußtem Kopieren der echten MS-Symptomatik. Das Unterbewußte scheint eine Art Vorbild zu brauchen, anhand dessen es seine Symptome erzeugt. Hätte es nie eine originäre, durch Krankheit verursachte MS gegeben, so hätte das Unterbewußtsein kein entsprechendes Vorbild gehabt. Für Patienten und Ärzte stellt sich nun gleichermaßen die Frage, welche Symptome aus dem Unterbewußtsein kommen und welche krankheitsbedingt sind, denn aus physischer Sicht besteht hier keinerlei Unterschied. Das Unterbewußtsein kann eine genaue Kopie der echten Beschwerden erzeugen.

Keiner wird je sagen können, wie viele Fälle von MS nun auf eine Krankheit und wie viele auf ein Trauma zurückzuführen sind. Doch eines steht fest: die Auswirkungen eines im Unterbewußtsein generierten Problems – in unserem Falle MS – werden am Ende die gleichen physischen Symptome hervorbringen. Selbst das Unterbewußtsein verliert mit der Zeit die Kontrolle über die von ihm selbst hervorgerufene Symptomatik, so daß diese nicht mehr von der durch Krankheit erzeugten Version unterschieden werden kann. Setzt die Behandlung also zu spät ein, kommt es zu bleibenden Schäden, und der Zustand des Betroffenen wird irreversibel.

Das Unterbewußtsein kann dem Körper, für den es verantwortlich ist, irreparable Schäden zufügen, was es denn auch gelegentlich tut. Und will man es überreden, seine schädigende Einflußnahme zu unterlassen, so muß man die Seele des Betreffenden befragen, warum es hierzu gekommen ist. Ich will hier keineswegs sagen, daß MS-Kranke ihr eigenes Leid absichtlich und bewußt verursachen oder nur vorgeben, krank zu sein. Vielmehr tritt das Unterbewußtsein in der einzigen ihm bekannten Weise in Aktion, indem es Reaktionen auslöst, um einem emotionalen Bedürfnis gerecht zu werden. Welche Vorgehensweise der Hüter unserer Gefühle wählt, liegt letzten Endes nicht in unserer Hand.

Wie sagt man einem Menschen, der ohne Gehhilfe nicht gehen kann und dem zehn Jahre zuvor die Diagnose MS gestellt wurde, daß er keines seiner Symptome haben müßte, wenn er sich nur dazu entschließen würde? Man sollte hier sehr behutsam vorgehen, und ich würde niemals versuchen, es zu tun, ohne die Denk- und Verhaltensweisen meines Patienten bis ins letzte Detail zu kennen. Und auch hier kommt es mir zugute, Heiler zu sein.

Ich sehe oder höre nicht immer den physischen Menschen, der mir gerade gegenübersitzt, denn manchmal ist es notwendig, seine Seele beziehungsweise seine emotionale Persönlichkeit zu betrachten. Ich habe gelernt, daß eine erfolgreiche Heilung nur dann möglich ist, wenn man ein ausgeprägtes Einfühlungsvermögen in den Patienten und dessen emotionale Bedürfnisse entwickelt. Mir sind Fälle begegnet, in denen das einzige Hindernis, gesund zu werden, in der Verantwortung bestand, die die Betreffenden dann hätten übernehmen müssen, wenn sie körperlich wieder völlig hergestellt waren. Und ich habe Patienten behandelt, deren Krankheit – und ich spreche hier nicht ausschließlich von MS – hauptsächlich daraus resultierte, daß sie sich ihrem Vater, ihrer Mutter oder ihrem Ehepartner gegenüber nicht zu behaupten wußten.

Unser Unterbewußtsein ist unglaublich erfindungsreich, wenn es in Situationen von übermächtiger Angst oder großem Konkurrenzdruck gerät. Ist das Problem jedoch erst einmal erkannt und besprochen, lösen sich die lähmenden Symptome, und die Betroffenen fühlen sich so, als sei ihnen eine große Last von den Schultern genommen worden.

Bei vielen MS-Patienten, die mir in meiner Praxis begegnet

sind, kam es zu einer Besserung des Krankheitsbildes, nachdem Probleme in der Partnerschaft beigelegt worden waren. So berichtete mir eine Frau, daß ihr MS-kranker Mann, den sie jahrelang gepflegt hatte, plötzlich gesund wurde, nachdem er eine andere Partnerin kennengelernt hatte. Und eine andere Frau erzählte mir, daß sie ihre MS mehr oder weniger überwinden konnte, nachdem sie beschlossen hatte, sich nicht mehr von ihrem Mann herumkommandieren zu lassen. Interessant ist, daß es sich hier ausnahmslos um Fälle handelte, die eindeutig als MS diagnostiziert waren, der einzige Grund für die Überwindung der Krankheit aber in der Erkenntnis bestand, daß die Symptome eigentlich durch ein Trauma hervorgerufen worden waren.

Natürlich ist MS nicht in jedem Falle psychosomatisch bedingt, und außerdem sind bei länger andauernder Krankheit bereits Schäden im Nervensystem entstanden, die sich nicht mehr reparieren lassen. Dennoch dürfte es eine große Zahl von Fällen der oben beschriebenen Art geben, die gut auf eine einfühlsame Heilbehandlung ansprechen würden, sofern diese frühzeitig in Angriff genommen wird.

Ich kenne auch viele Menschen, die gar nicht in der Lage wären, das ihrer Krankheit zugrunde liegende Trauma zu konfrontieren, und ich habe weder in säkularer noch in spiritueller Hinsicht das Recht, ihnen diese Entscheidung abzunehmen. Ich erinnere mich an eine solche Patientin, der ich nach zwei Besuchen in meiner Praxis mitteilte, daß ich sie innerhalb von sechs Wochen heilen könnte. Ein strahlendes Lächeln huschte über ihr Gesicht, und daraufhin habe ich sie nie wieder gesehen. Sie schob alle möglichen Ausreden vor, doch manche Menschen können eben nicht ohne ihre Probleme sein. Wenn wir dies erkennen, steht es uns nicht zu, sie davon zu befreien, ohne zunächst die Ursachen für ihre tiefwurzelnde Angst zu ergründen. In manchen Fällen liegt es auch nicht notwendigerweise im Interesse des Patienten, die Ursache für diese Angst ans Licht zu bringen.

Nun, viele von Ihnen werden denken, dies alles habe wenig mit Heilung, sondern mehr mit Psychologie zu tun. Wenn Sie dies glauben, dann versuchen Sie doch einmal, jemandem, der unter Schmerzen oder einer Krankheit leidet, zu sagen, daß das alles nur aus dem Unterbewußtsein käme und seine physischen Symptome geistig-seelischen Ursprungs seien. Wenn Sie von Ihrem Versuch keine blutige Nase davontragen, haben Sie noch einmal Glück gehabt! Zuerst einmal wird Ihnen ein schmerzgeplagter, kranker Mensch wohl kaum glauben. Und selbst wenn er widerwillig zugibt, daß Sie recht haben könnten, wird er sich bestenfalls darüber ärgern. Das Wissen um diese Tatsache hilft ihm nämlich keinen Schritt weiter.

Daß es uns Heilern gelingt, unseren Patienten diese Zusammenhänge deutlich zu machen, liegt daran, daß wir von dem Augenblick an, wo sie zur Tür hereinkommen, auf geistiger Ebene mit ihnen kommunizieren. Und dies schafft eine völlig andere Ausgangssituation. Viele Ärzte haben versucht, ihren Patienten zu erklären, daß ihre Beschwerden auf psychische Ursachen zurückzuführen seien, und haben damit nur deren Vertrauen verloren. Beim Heilen geht es nicht nur darum, seine »heilenden Hände« über jemanden zu halten; man muß dem Menschen auch einen Einblick in seine eigene innere Welt geben.

Ich halte es generell so, daß der Patient selbst sehen und beurteilen kann, welche Mittel ich bei der Heilung einsetze. Wenn dieser kein absolutes Vertrauen in mich und meine Arbeit hat, brauche ich gar nicht zu versuchen, ihm bei der Überwindung seiner Probleme zu helfen. Auf diese Tatsache kann ich gar nicht oft genug hinweisen. Der Mensch heilt sich selbst. Ärzte und Heiler können ihm nur dabei helfen. Fälle wie die oben beschriebenen lassen sich kaum mit Medikamenten oder Opera-

tionen lösen, und wenn dies dennoch geschieht, wird das Unbewußte mit einer Reihe neuer Symptome aufwarten, um auf
das unterdrückte Trauma aufmerksam zu machen.
Folgenden Brief erhielt ich von einer Frau, der es mit der Hilfe
eines Heilers gelungen ist, jene Gefühle zu bearbeiten und zu
lösen, die sie hatten krebskrank werden lassen:

November 1993

Im Juni 1988 wurde mir ein Teil der Schilddrüse operativ ent-
fernt, und man stellte fest, daß ich an einer äußerst seltenen
Form von Krebs litt. Alles war gut verlaufen, bis ich eine Wo-
che vor Weihnachten 1991 einen Knoten am Hals entdeckte.
Nach der Einnahme von Antibiotika und mehreren Besuchen
beim Zahnarzt, um das Vorliegen einer Infektion auszuschlie-
ßen, wurde ich im März 1992 ins Krankenhaus eingewiesen,
um mir den Knoten herausnehmen zu lassen.
Drei Wochen später hatte ich einen Termin in der Ambulanz
der Klinik, und der Arzt teilte mir mit, daß es sich bei dem
Knoten um Metastasen meines Schilddrüsenkrebses handelte.
Er wußte nicht recht, was zu tun sei, denn der zuständige
Facharzt war gerade in Urlaub, und so bekam ich einen neuen
Termin für die darauffolgende Woche. Ich konnte weder essen
noch schlafen, doch irgendwie verging die Zeit, und ich saß
wieder im Sprechzimmer der Ambulanz.
Diesmal war der Facharzt da. Er zeigte sich bekümmert über
das Ergebnis; er hatte den Befund selbst erst an diesem Mor-
gen gesehen und noch keine Zeit gehabt, sich Gedanken über
das weitere Vorgehen zu machen. Er überlegte, mich an ein
Londoner Krankenhaus zu überweisen, denn dort gäbe es einen
Spezialisten für die Behandlung von Schilddrüsenerkrankun-
gen. Er wußte jedoch nicht, ob dieser gerade im Lande weilte,
und so schickte er mich wieder nach Hause. Ich solle mir keine
Sorgen machen und in zehn Tagen wiederkommen.

Das war der Augenblick, in dem für mich feststand, daß ich Hilfe außerhalb der orthodoxen Medizin brauchte.

Malcolm riet mir bei meinem ersten Besuch in seiner Praxis, genau das zu tun, was mir der Arzt geraten hatte. Alles würde gut werden, so meinte er, der Krebs würde verschwinden. Es gäbe da aber noch ein weiteres Problem, das für meinen Zustand verantwortlich sei, und ob ich bereit sei, darüber zu sprechen. Und in der Tat gab es da ein Problem. Mein Mann war achtzehn Monate zuvor gestorben, und damals hatte ich die Tapfere gemimt, meine ganze Trauer hinuntergeschluckt und mich niemals richtig auf sie eingelassen. Wie gut es tat, endlich einmal mit jemandem sprechen zu können und all die in mir aufgestauten Gefühle und Emotionen loszuwerden. Als ich zwei Tage nach meinem ersten Besuch wieder zu Malcolm in die Praxis kam, war ich ein ganz anderer Mensch. Ich war froh und entspannt und wußte, daß alles gut werden würde. Diesmal schlug Malcolm vor, mich noch einmal untersuchen zu lassen, bevor ich mich einer weiteren Behandlung unterzog, denn der Krebs sei jetzt verschwunden.

Im Juli 1992 wurde ich schließlich in ein Londoner Krankenhaus eingewiesen, wo man diverse Röntgenaufnahmen machte und andere Untersuchungen durchführte. Und alle brachten dasselbe Ergebnis: Es gab nicht den geringsten Hinweis auf Krebs.

J.S.

Emotionale Probleme

Heiler behandeln emotionale Probleme häufig dahingehend, daß sie es ihren Patienten ermöglichen, sich zu entspannen und unterbewußten Streß und Belastungen loszulassen, indem sie sie aus dem normalen Bewußtsein heraustreten und in einen meditativen Zustand eintauchen lassen. In dem Maße, wie der Heiler das elektromagnetische Feld seines Patienten aufläbt, kommt es in diesem unwillkürlich zu einer Freisetzung aufgestauter Gefühle. Manchmal liegen diese unmittelbar unter der Oberfläche und werden nur durch ein sich wehrendes Bewußtsein in Schach gehalten. Doch in dem durch die Heilbehandlung ausgelösten meditativen Zustand wird die Schranke geöffnet, und die Gefühle brechen aus dem Patienten heraus. Die Tränen, die da hervorbrechen, sind keineswegs immer Tränen eines Unglücklichseins. Manchmal sprechen aus ihnen Wut und Zorn, manchmal aber auch tiefer Friede und Glückseligkeit. Es ist nicht der Heiler, der diese Emotionen schafft. Sie waren schon vorher da und warteten nur darauf, ans Licht zu kommen. Mir wurde schon oft gesagt: »In Ihrer Gegenwart fühle ich mich so glücklich.« Doch dies hat nichts mit mir zu tun. Das Glücksgefühl war bereits da, wenn der Betreffende es auch oftmals selbst nicht erkannt hatte. Lassen Sie mich dies anhand eines Beispiels erläutern: Eine geschiedene Frau von etwa fünfundvierzig Jahren (wir wollen sie Jane nennen) suchte mich in meiner Praxis auf, weil sie an Schmerzen in den Beinen, im Rücken, an den Armen, ja so gut wie überall litt. Es waren keine extremen Schmerzen, sondern nur ein nagendes Ziehen, das ständig von einem Teil des Körpers in den anderen zu wandern schien. Sie hatte sich allen üblichen Untersuchungen unterzogen und immer wieder den abgedroschenen Satz gehört: »Das ist das Alter ...« In Jane aber, einer Frau, die überhaupt nicht zu Selbstmitleid neigte, wuchs die Verzweiflung angesichts ihrer ständigen Schmerzen.

Ich beschloß, die Behandlung an ihren Füßen und Beinen zu beginnen. Als ich meine Hände um ihre Fußgelenke legte, breitete sich von den Zehen her über ihre Beine, den Rücken hinauf und die Arme hinunter ein Zucken und Zittern aus. Ich fühlte, wie mein Kraftfeld vollkommen Besitz nahm von dem ihrigen und wußte, daß ich dabei Janes gesamtes negatives Potential ins Gegenteil umkehren und sie bald in einen meditativen Zustand versinken würde. Ich muß an dieser Stelle darauf hinweisen, daß dies sowohl in physischer als auch in mentaler Hinsicht für den Patienten völlig ungefährlich ist, sofern die Behandlung von einem kompetenten Heiler ausgeführt wird, der über ein gewisses Maß an psychologischen Kenntnissen verfügt.

Ich stand nun hinter Jane, deren ganzer Körper immer noch heftig zitterte, obwohl sie offensichtlich eingeschlafen war. Sie blieb etwa fünf Minuten lang in diesem Zustand, und in dieser Zeit setzte ich mein gesamtes spirituelles und physikalisches Kraftfeld ein, um all die aufgestauten Gefühle freizusetzen, an denen sie zu zerbersten drohte. Nach der Behandlung berichtete sie mir dann auch, es habe sich so angefühlt, als ob sich in ihrem Bauch vulkanische Energie gesammelt habe, die dann auch zum Ausbruch kam. »Mir war«, so sagte sie, »als ob ich innerlich vor Wut und Haß kochte, als ob sich in mir etwas Hartes, Festes zusammenballte. Ich war mir sicher, daß der Teufel selbst in meinen Körper gefahren sei und ich innerlich explodieren würde.« In dem Maße, wie diese Gefühle von Haß und Zorn anschwollen, begann sie noch heftiger zu zucken, bis sie schließlich aufschrie und ein für mich körperlich wahrnehmbarer Schwall an Energie aus ihr herausschoß. Das Ganze dauerte etwa fünfzehn bis zwanzig Minuten.

Was geschah, war eine Freisetzung von Gefühlen des Zorns und der Frustration, die Jane seit ihrer Kindheit in sich aufgestaut hatte. Man hatte sie nämlich gelehrt, anderen Menschen gegenüber niemals ihren Ärger zum Ausdruck zu bringen. Sie wuchs so zu einer Erwachsenen heran, deren Körper zum Bersten mit Zorn und Wut angefüllt war. Diese negative Energie wurde mit der Zeit immer größer. Erst unlängst hatte sie eine ziemlich unangenehme Scheidungsaffäre hinter sich gebracht, und die damit einhergehenden Gefühle von Eifersucht, Haß und Frustration hatten ihr übriges zu den bereits in ihr aufgestauten negativen Gefühlen getan. Auf diese Weise hatte die Wut in ihr so sehr überhandgenommen, daß sie sich in körperlichen Schmerzen äußerte. Aufgrund der während ihrer Kindheit anerzogenen Verhaltensmuster zeigte sie dies jedoch nie. Nach außen hin wirkte sie vielmehr immer freundlich und liebevoll. Ein emotional weniger gefestigter Mensch hätte in ihrer Situation sicherlich längst einen Nervenzusammenbruch erlitten, wäre depressiv geworden oder hätte irgendein anderes psychisches Trauma entwickelt. Wäre sie physisch nicht so stark gewesen, hätte die von diesen Gefühlen ausgehende intensive negative Energie durchaus Krankheitsbilder wie multiple Sklerose, Krebs, Hautprobleme oder andere mehr hervorbringen können. In ihrem Fall aber hatte sie diese Energie so lange unter Verschluß gehalten, bis diese sich schließlich in Form von Schmerzen ein Ventil schuf. Durch die völlige Freisetzung dieser Emotionen im Rahmen der Heilbehandlung konnte Jane fortan ein zufriedenes Leben frei von allen Beschwerden führen. Erstmals war sie in der Lage, in ihrem Herzen ihre Liebe zu ihren Eltern zu entdecken, die alten Verletzungen zu vergessen und den Blick von der Vergangenheit in die Zukunft zu richten.

Wäre das, was mir bei Jane gelungen ist, vor zweitausend Jahren geschehen, so hätte man mich sicherlich als Teufelsaustreiber gefeiert. Wäre es vor zweihundertfünfzig Jahren geschehen, so hätte man mich auf dem Scheiterhaufen verbrannt, weil man in mir den Teufel selbst gesehen hätte. Doch wie dem auch sei – heute kommen immer mehr Menschen mit emotionalen Problemen zu mir, die zwar tief in ihrem Unterbewußtsein vergraben sind, aber dennoch ihren inneren Frieden und ihre Lebensqualität beeinträchtigen. Blieben sie unbehandelt, würden diese uralten Traumen den Betreffenden immer wieder in die Quere kommen und sie daran hindern, glücklich und zufrieden leben zu können.

Bei allen so gelagerten Fällen kommt es auf jene spirituelle Einsicht an, die es dem Heiler ermöglicht, die Symptome seiner Patienten so zu lesen wie ein anderer ein Piktogramm. Das Unterbewußtsein kann sich nicht mit Worten ausdrücken und ist so darauf angewiesen, sich über Bilder oder Handlungen mitzuteilen. Demzufolge sollten Symptome immer als Botschaften gedeutet werden. Das Ganze ist vergleichbar mit einem Kreuzworträtsel. Auf welches Problem hätten Sie bei einer beruflich extrem erfolgreichen Frau von neununddreißig Jahren getippt? Sie war unverheiratet, hatte keine offensichtlichen sozialen oder persönlichen Schwierigkeiten, wenngleich sie auch oftmals berufsbedingt unter Streß stand. Ihre Symptome waren extreme Menstruationsbeschwerden und ein geschwollener Unterbauch. In den vergangenen Monaten waren ihre Schmerzen immer unerträglicher geworden – eine Tatsache, die mit ihrem aufgeblähten Bauch in Zusammenhang zu stehen schien. Die Ärzte vermuteten zunächst, daß die Ursache in einem Fibrom oder einer Zyste zu suchen sei, doch die entsprechenden Untersuchungen ergaben keinen diesbezüglichen Befund. Der Uterus war um ein Mehrfaches größer als normal, und die Gebärmutterwand war hart und verspannt. Das einzige, was die Ärzte im Krankenhaus empfehlen konnten, war eine Hysterektomie, also eine operative Entfernung der Gebärmutter.

Dies war der Stand der Dinge, als sie sich an mich wandte, um zu sehen, ob ich den Grund für ihre Beschwerden finden könnte. Eigentlich war die Sache ziemlich eindeutig, doch was ich in ihren Symptomen las, erschien mir zunächst so unwahrscheinlich, daß ich es ignorierte. Bei einem zweiten Gespräch kam ich jedoch zu exakt dem gleichen Ergebnis. Es handelte sich hier um eine Scheinschwangerschaft. Unbewußt sehnte sich diese Frau verzweifelt nach einem Baby; doch aus materiellen Gründen und logischer Überlegung heraus hatte sie diesen Wunsch völlig aus ihren Gedanken verdrängt. Wie hätte sie Kind und Beruf vereinbaren können, so hatte sie sich gesagt. Schließlich war sie nicht verheiratet und hatte keine Beziehung, die für die Gründung einer Familie geeignet erschien.

Leider schert sich das Unterbewußtsein jedoch nicht im geringsten um so unwichtige Dinge wie logische Überlegungen. Und weil die ihm anvertraute Frau bereits neununddreißig Jahre alt war und damit in ein Alter kam, wo das Kinderkriegen problematisch wird, hatte es den extremen Weg gewählt, eine Scheinschwangerschaft zu erzeugen. Die Frau selbst sagte mir, daß sie wirklich sehr gern ein Kind hätte, dies aber aus praktischen Gründen absolut unmöglich sei. Noch während wir über die Situation und ihre Symptome sprachen, fing der Unterbauch, der in der Tat so aussah, als sei sie im achten Monat schwanger, abzuschwellen an. Das Unterbewußtsein hatte seine Botschaft endlich an die Adressatin bringen können und war damit der Verantwortung enthoben, sie daran zu erinnern, daß es höchste Zeit für sie sei, wenn sie wirklich ein Baby haben wollte.

Ich erinnere mich auch noch an den Fall einer anderen Frau, die mit starken Schmerzen in den Füßen zu mir kam. Trotz ärztlicher Behandlung waren die Schmerzen so stark, daß sie kaum noch gehen konnte. Dies war ein klassisches Beispiel für ein psychosomatisch bedingtes Krankheitsbild. Auf meine Frage, wann die Beschwerden zum erstenmal aufgetreten seien, meinte sie: »Vor sechs Jahren.« Daraufhin fragte ich sie, welches Problem oder Trauma es vor sechseinhalb Jahren in ihrem Leben gegeben habe. »Keines«, entgegnete sie.

Nun bin ich als Heiler in der Lage, Dinge, an die sich meine Patienten nicht erinnern können, in Erfahrung zu bringen, indem ich mich an den spirituellen Teil ihres Bewußtseins wende. Ich fragte also noch einmal. Was ist vor sechseinhalb Jahren geschehen? Schließlich mußte ich darauf bestehen, daß sie es mir sagte. Ich hätte es ihr auch selbst sagen können, da ich es ohnedies wußte, doch es war wichtig, daß sie selbst es mir sagte.

Schließlich gestand sie mir ein – wenn sie es auch kaum über sich bringen konnte, darüber zu sprechen –, daß ihr Mann sie vor sechseinhalb Jahren wegen einer anderen Frau verlassen hatte. Dies war für sie eine bittere Erniedrigung gewesen. Sie hatte große Wut und Eifersucht verspürt, versicherte mir aber, daß dies überhaupt nichts mit ihren Fußbeschwerden zu tun haben könne, da sie vor drei Jahren noch einmal geheiratet habe. Ihr neuer Partner sei ein wunderbarer Mann, mit dem sie sehr glücklich sei, und die Vergangenheit habe sie weit hinter sich gelassen.

Da fragte ich sie, ob sie jemals über das Scheitern ihrer ersten Ehe geweint habe, und sie meinte: »Auf keinen Fall. Ich hätte mir ihm gegenüber nie anmerken lassen, wie sehr er mich verletzt hat.« An diesem Punkt unserer Sitzung stellte ich mich hinter sie und gab ihr eine konventionelle Heilbehandlung, um eine völlige Entspannung von Geist und Seele zu bewirken. Als ich dies tat, brach sie völlig zusammen und schluchzte etwa zwanzig Minuten lang. Als unsere Zeit schließlich abgelaufen war und sie zur Tür ging, sagte sie plötzlich: »Meine Schmerzen sind völlig verschwunden!« Das war Anfang 1990. Seither hat sie keine Probleme mehr mit den Füßen gehabt.

Die Botschaft ihres Unbewußten lautete: Du mußt weinen und über diese Sache sprechen, um die Verletzung loszuwerden. Bis du es tust, wirst du die Verletzung in deinen Füßen spüren. Warum ausgerechnet in den Füßen? Nun, das ist eine andere Geschichte.

Psychosomatische Beschwerden können viele Ursachen haben. Sie können ein Hilfeschrei sein, wie in Toms Fall, oder Ausdruck für ein emotionales Trauma, wie in den gerade eben beschriebenen Fällen. Die Symptome können allerlei Formen annehmen; sie reichen von Krämpfen bis Krebs.

Selbst Herzprobleme können psychosomatisch bedingt sein. Ein Beispiel hierfür lieferte ein Mann, den ich hier Brian nennen möchte. Er war als selbständiger Unternehmer einmal sehr erfolgreich gewesen, doch die Rezession und die finanziellen Belastungen hatten ihn in extremen Streß gebracht, bis er schließlich einen Herzanfall erlitt. Der Mann erholte sich zwar gut, doch er blieb sehr schwach, und jede körperliche Arbeit war ihm unmöglich geworden. Selbst ein kleiner Spaziergang im Garten ließ ihn schwer atmen und verursachte ihm Herzrasen.

Was ihn besonders ärgerte, war die Tatsache, daß ihm die Ärzte gesagt hatten, er sei jetzt physisch völlig wiederhergestellt und seine derzeitigen Probleme seien einzig und allein auf Streß zurückzuführen. Die wiederkehrenden Schmerzen und anderen physischen Symptome seien lediglich psychosomatischer Natur. Dies aber konnte er überhaupt nicht akzeptieren. »Man geht doch nicht her und verursacht sich selbst eine Herzattacke und Atemlosigkeit«, so meinte er. Als die Ärzte ihm rieten, zum Psychiater zu gehen, hatte er es satt und beschloß, sich statt dessen an einen Heiler zu wenden. Dies war also die Situation, der ich mich gegenübersah. Ich fuhr mit meinen Händen über und durch sein elektromagnetisches Feld und konnte überhaupt nichts Ungewöhnliches feststellen. Ich kam im Prinzip zu demselben Schluß wie die Ärzte, nämlich daß er das Interesse an seinem Geschäft verloren hatte, sich jedoch davor scheute, seinen Geschäftsfreunden und Mitarbeitern mitzuteilen, daß er sich von der Arbeit zurückziehen wollte. Sein Unterbewußtsein hatte sich loyal gezeigt und ihm die passende Ausrede geliefert. Doch wie sollte ich ihm die Wahrheit beibringen?

Ich ließ die Sache ein paar Wochen lang schleifen, zumal er mir bereits nach der ersten Sitzung berichtete, daß er sich sehr viel besser fühle. Er meinte sogar, er habe eine phantastische Woche gehabt. Seine Schmerzen waren vergangen, und er hatte im Garten spazierengehen können. Die zweite Woche war weniger gut; er fühlte sich zwar immer noch besser als vor seinem ersten Besuch bei mir, doch sein Zustand an sich hatte sich nicht geändert. In der dritten Woche war alles beim alten. Er war wieder dort angelangt, wo er vor seiner ersten Behandlung gewesen war. Natürlich war er enttäuscht, daß sich die anfänglichen Erfolge nicht hatten festigen können. Dies war meine Chance, ihn nun mit seinem wahren Problem zu konfrontieren.

»Das überrascht mich eigentlich nicht«, meinte ich. »Wissen Sie, Ihr Unterbewußtsein hat mittlerweile herausgefunden, wie es mich austricksen kann. Wenn die unbewußten Schutzmechanismen allzu ausgeprägt sind, kommt es oftmals vor, daß sie das unterlaufen, was Ihnen eigentlich Hilfe bringen soll. Ganz gleich, wie man Sie auch behandeln würde, mit Medikamenten oder mit geistiger Heilung, letztendlich hätte alles nichts gebracht. Nicht Sie, der Betroffene, sind es, der das Problem verursacht – es ist Ihr Unterbewußtsein.«

»Wollen Sie damit sagen, daß ich doch zum Psychiater gehen muß?« fragte er. Worauf ich entgegnete, daß ich dies nicht für notwendig hielte, nachdem ich sein Problem nun erkannt habe. Bei ihm ginge es ganz offensichtlich darum, daß er sich seiner beruflichen Verantwortung nicht gewachsen fühlte. »Und warum wollen Sie sich unbedingt dagegen wehren?« fragte ich ihn. Alle seine gesundheitlichen Probleme standen in direktem Zusammenhang mit seiner Arbeit, und so wäre es doch nur sinnvoll, seinen Betrieb zu verkaufen und sich in den Ruhestand zu begeben. Er befolgte meinen Rat, und wenige Monate später teilte er mir am Telefon mit, daß sich sein Leben völlig verändert habe. Er war jetzt körperlich voll wiederhergestellt, und zwar vor allem, seit er aus der Gegend und der Umgebung weggezogen war, die sein Problem verursacht hatten.

Verdrängte Kindheitstraumen

Warum, so fragt man sich, werden eigentlich Symptome erzeugt, um auf Traumen aufmerksam zu machen? Warum wird eine seelische Verletzung überhaupt verdrängt, wenn das Unterbewußtsein sie später dann doch mit gesundheitsschädigenden Symptomen wieder in unser Blickfeld rückt? Dies klingt ja geradezu, als wollten wir ein höchst sonderbares Versteckspiel veranstalten. Die meisten emotionalen und physischen Traumen, die wir verdrängen, entstehen vor dem elften oder zwölften Lebensjahr. Danach muß etwas ausgesprochen Schreckliches passieren, bevor das Unterbewußtsein dieses »verschluckt« und vor unserem bewußten Gedächtnis versteckt. Später im Leben passiert etwas, das das Unterbewußtsein daran erinnert, daß ein ähnlicher Unfall schon einmal stattgefunden hat. Um uns zu schützen oder zu warnen, produziert es dann Symptome, die sich auf die Vergangenheit und den vergessenen Unfall beziehen.

Emotionale Traumen

Wir alle sind uns darin einig, daß unser Charakterkern in der frühen Kindheit geformt wurde, das Ergebnis der Konditionierung während unserer ersten Lebensjahre ist. Wenn wir das zehnte Lebensjahr erreicht haben, sind die meisten unserer

Gefühle bereits in unseren Charakter eingeprägt. Betrachten wir beispielsweise ein Kind, dem man immer wieder sagt, es solle nur ja nichts anfassen. Bekommt es dies oft genug zu hören, wird es mit der Zeit zurückhaltend werden und aufhören, neue Spielsachen und schließlich auch als Erwachsener im Berufsleben neue Methoden auszuprobieren.

Ich erinnere mich noch gut daran, wie einmal eine Mutter mit ihrem Sohn zu mir in die Praxis kam. Ted war elf Jahre alt und ging seit acht Monaten auf die höhere Schule. Er hatte Schwierigkeiten, Freundschaften zu schließen. Ich bat ihn, mir seine Probleme zu schildern. Für einen Elfjährigen konnte er sich auffällig gut ausdrücken. Er meinte, zunächst habe auf seiner neuen Schule alles ziemlich gut angefangen. Er hatte einige Freunde gefunden und gehörte gleichzeitig zu einem Kreis von sechs Kindern, die er alle bereits von seiner alten Schule her kannte.

Das Problem hatte etwa drei Monate später angefangen, als ein neuer Junge in die Gruppe kam. Ted konnte nicht sagen, warum, doch er fühlte sich durch diesen Neuankömmling bedroht. Ich fragte, ob er von diesem herumkommandiert werde. Doch dies war offensichtlich nicht das Problem. Eigentlich mochte er den Jungen sogar, denn es machte Spaß, mit ihm zusammenzusein, weil er immer zu Scherzen aufgelegt war, allerhand Blödsinn im Kopf hatte und alle oft zum Lachen brachte. Gerade dies aber war es, wodurch Ted sich bedroht fühlte. Aus einem ihm selbst unbekannten Grund war er überzeugt, daß ihn die anderen Jungen nun nicht mehr haben wollten. Ohne daß Ted es sich erklären konnte, löste der neue Junge in ihm ein Gefühl der Einsamkeit und des Unerwünschtseins aus.

An diesem Punkt unseres Gesprächs stand ich auf, stellte mich hinter den Jungen und legte ihm meine linke Hand in Stirnmitte – also zwischen und über den Augen – auf. Dies versetzte ihn in einen Bewußtseinszustand, bei dem starke Gefühle aus der Vergangenheit an die Oberfläche kommen können. In diesem Zustand zwischen Schlafen und Wachen forderte ich ihn nun auf, sich an das erste Mal zu erinnern, an dem er solche Gefühle erlebt hatte. Nach wenigen Sekunden meinte er, daß er so etwas erlebt habe, als er noch sehr klein gewesen war. Seine Mutter, sein Vater und seine Schwester hätten im Wohnzimmer miteinander gespielt (Teds Schwester ist vier Jahre älter), und er durfte nicht mitspielen. Er fühlte sich ausgeschlossen und wurde auch sonst nicht weiter beachtet. Ich fragte ihn, warum er nicht einfach auf die anderen zugegangen sei und nicht mitgespielt habe.

»Das war doch unmöglich«, entgegnete er. »Ich bin damals doch erst vier Wochen alt gewesen.« Anschließend berichtete er unter Tränen von einem weiteren Erlebnis, bei dem er von aller Welt unbeachtet in seiner Wiege lag. Die anderen lachten und hatten Spaß, doch niemand kümmerte sich um ihn und ließ ihn mit dabeisein. Damals war er erst wenige Monate alt gewesen.

Etwas später, so erinnerte er sich, wurde er in einer Baby-Tragetasche auf dem Rücksitz des Autos abgestellt, von wo aus er überhaupt nichts sehen konnte. Sein Vater machte irgendeine Bemerkung über etwas, was draußen auf einem Feld zu sehen war, und alle lachten. Doch niemandem fiel es ein, ihm zu erklären, was so lustig war, oder ihn auf andere Weise mit einzubeziehen. Wieder ein anderes Mal nahm ihn seine Mutter zum Einkaufen mit. Sie hatte versprochen, daß sich jedes Kind selbst ein Spielzeug aussuchen dürfte. Seine Schwester, so sagte er, habe allein im Geschäft herumlaufen und mit den ausgestellten Spielsachen spielen dürfen. Er aber mußte im Kinderwagen sitzen bleiben, und seine Mutter suchte das Spielzeug für ihn aus.

»Konntest du denn schon laufen?« fragte ich.

»Das nicht«, entgegnete er entrüstet. »Aber ich konnte krabbeln!«

Und so berichtete der Junge von einem Erlebnis nach dem anderen, etwa zwanzig Minuten lang, bis er bei einer Zeit angelangt war, in der er etwa zwanzig Monate alt war. Er konnte jetzt laufen und war sehr zufrieden mit sich selbst, besonders wenn seine Schwester mit ihrer Freundin in den Garten kam, um ihr voller Stolz zu zeigen, daß ihr kleiner Bruder nun auch auf eigenen Füßen stehen konnte. Dann aber gingen die Schwester und ihre Freundin in den Wald, der sich am Gartenende anschloß. Und wiederum durfte er nicht mit dabeisein. Er konnte hören, wie sie lachten und spielten, doch ihn wollten sie nicht haben.

Nach diesem Erlebnis muß er wohl immer mit dabeigewesen sein, denn er konnte sich an keine weiteren Situationen erinnern, wo man ihn ausgeschlossen hatte. Ich nahm meine Hand von seiner Stirn und fragte ihn, wie er sich nun fühle. Er strahlte über das ganze Gesicht.

»Mit meinen Freunden ist alles in Ordnung, nicht wahr? Es liegt an mir.« Von diesem Augenblick an hatte er keinerlei Probleme mehr in der Schule, und er fühlte sich auch nicht mehr ausgeschlossen, wenn gelacht und gescherzt wurde. Doch denken Sie nur, was geschehen wäre, wenn man diesen Jungen niemals zu mir gebracht hätte und er diesen Blick in die Vergangenheit nicht hätte tun können. Er wäre nie in der Lage gewesen, voller Begeisterung und Freude zu kommunizieren. Seine Eltern hatten möglicherweise nicht wissen können, was er dachte und fühlte, als er noch so klein war, doch ihr unabsichtliches Tun hatte den Grundstein für die Verhaltensweisen und Gefühle seines späteren Lebens gelegt. Noch bevor Ted zwei Jahre alt war, war er so konditioniert, daß er sich immer dann ausgeschlossen fühlte, wenn andere Spaß hatten oder lachten.

In einem anderen Fall wird deutlich, wie vorsichtig Erwachsene mit beiläufigen Bemerkungen sein müssen, wenn Kinder zugegen sind, die noch nicht unterscheiden können, was ernst und was scherzhaft gemeint ist.

Ich wurde gebeten, einem Mädchen im Teenageralter zu helfen, das Probleme mit dem Einnässen hatte. Auch tagsüber mußte sie ständig zur Toilette gehen, und man hätte ihren Zustand schon beinahe als Inkontinenz bezeichnen können. Sie war bei mehreren Ärzten und Psychologen gewesen und hatte schon die verschiedensten Ratschläge und Behandlungsmethoden ausprobiert, doch nichts hatte geholfen. Sie kam in Begleitung ihrer Mutter zu mir, die mir das Problem schilderte. Ich bat das Mädchen, die Augen zu schließen, und stellte ihm dann mehrere Fragen zur Kindheit. Als sie tief in den veränderten Bewußtseinszustand (hypnotischer Zustand) eingetaucht war, fragte ich sie, was ihr als kleines Kind so große Angst eingejagt hätte. Da erinnerte sie sich daran, wie sie mit drei Jahren wegen einer Magenoperation im Krankenhaus gelegen hatte und eine der Krankenschwestern im Spaß zu ihr gesagt hatte: »Mach Pipi für 'nen Pfennig, oder du mußt platzen!« Dieser kurze und scheinbar unbedeutende Satz hatte ihr angst gemacht – Angst, daß ihre Blase platzen würde, wenn sie nicht immer leer sei. Nun war es offensichtlich, warum ihr Unterbewußtsein ihrer Blase es nicht erlaubte, das Wasser zu halten. Nachdem der Grund des Einnässens ins Bewußtsein gebracht worden war, verschwand das Problem. Dies zeigt, wie vorsichtig Eltern und andere mit der Betreuung von Kindern befaßte Erwachsene mit dem sein müssen, was sie vor ihren Schützlingen sagen.

Ich könnte ein ganzes Buch nur mit den Geschichten von Menschen füllen, die zu mir kamen, weil ihr Leben durch die unabsichtlichen Worte und Handlungen liebender Eltern ruiniert war. Lassen Sie mich hier noch ein weiteres Beispiel anführen:

Eine verheiratete Frau Mitte Fünfzig – wir wollen sie hier Jill nennen – suchte mich auf, weil sie ein viel zu geringes Selbstwertgefühl besaß. Stets hatte sie das Gefühl, an allen Schwierigkeiten in ihrem Leben selbst die Schuld zu tragen. Wann immer irgend etwas danebenging, fühlte sie sich verantwortlich. Und weil sie glaubte, der Liebe nicht wert zu sein, konnte sie auch in ihrem Liebesleben keinerlei Spaß und Freude empfinden. Für viele Menschen ist gerade dies ein so großes Problem.

Mit derselben Technik wie oben beschrieben – also indem ich meine Hand auf einem Punkt über und zwischen den Augen auflegte – ließ ich Jill in den veränderten Bewußtseinszustand eintauchen und forderte sie auf, zu dem Augenblick zurückzukehren, an dem ihr dieses Gefühl zum erstenmal begegnet war. Sofort fiel ihr ein, wie sie einmal im Spätherbst von der Schule nach Hause gegangen war. Sie muß damals etwa acht Jahre alt gewesen sein. Ihr Schulweg führte sie über einen abgelegenen, wenig begangenen Weg. Plötzlich trat ein Mann von hinten auf sie zu, drückte sie in die Sträucher und vergewaltigte sie. Nach etwa zwanzig Minuten ließ er sie gehen, drohte ihr aber mit schrecklichen Dingen, falls sie irgend jemandem von dem Zwischenfall erzählen sollte.

Als sie schließlich zu Hause ankam, war es ziemlich spät, und es dämmerte schon. Sie stürzte in die Küche, um ihrer Mutter zu berichten, was geschehen war. Doch ihre Mutter glaubte, ihre Tochter wolle ihr nur irgendeine Ausrede für ihr Zuspätkommen auftischen, und ließ sie gar nicht erst ausreden, sondern schimpfte nur: »Was meinst du eigentlich, wie spät es ist? Um die Uhrzeit noch draußen herumzuwandern ist ganz schön gefährlich. Nachts kann einem Mädchen auf einem dunklen Weg allerhand zustoßen ... Wenn dir etwas passiert, hast du es dir ganz allein zuzuschreiben!«

Was hätte Jill da noch tun können? Sie hatte selbst schuld gehabt. Und so wurde sie als kleines Mädchen von acht Jahren dazu verurteilt, sich für den Rest ihres Lebens schmutzig und schuldig zu fühlen, weil sie wußte, daß etwas Unrechtes geschehen war, und glaubte, dafür verantwortlich zu sein. Denn hatte ihre Mutter es ihr nicht selbst so gesagt? Ihr Unterbewußtsein unterdrückte sogleich die Erinnerung an dieses traumatische Erlebnis, doch fortan war sie überzeugt, daß sie der Liebe und Zuneigung anderer Menschen nicht würdig sei und für alles, was in ihrem Leben schiefging, selbst die Verantwortung trug. Man kann der Mutter eigentlich keinen Vorwurf machen. Wie viele unüberlegte Dinge sagen wir zu unseren Kindern, die ihre Gefühle dann ein Leben lang beeinflussen! Glücklicherweise ist es nie zu spät, sich von einer beengenden Konditionierung zu befreien, die uns während unserer Kindheit auferlegt wurde. Konditionierung dieser Art festigt sich für gewöhnlich vor unserem elften Lebensjahr. Nach diesem Zeitpunkt scheinen wir in der Lage zu sein, selbständig zu denken und abzuwägen, so daß das Unterbewußtsein Erinnerungen an unangenehme Begebenheiten nicht mehr so leicht verdrängen kann. Doch selbst bei Erwachsenen kann es vorkommen, daß ganze Sequenzen ihres Lebens aus der Erinnerung »verlorengehen«, wenn diese allzu schmerzlich und unerträglich sind. Autounfälle sind wohl das deutlichste Beispiel für solche Traumen.

Körperliche Traumen

Die Fälle, über die ich soeben berichtet habe, führen uns vor Augen, inwieweit unsere Verhaltensweisen und Gefühle durch frühe seelische Traumen beeinflußt sein können. Die folgenden Fallstudien zeigen, wie ein traumatisches Erlebnis in der frühen Kindheit physische Symptome verursachen kann.

Mehr als einmal habe ich in meiner Praxis erlebt, daß sich

Ekzeme und Schuppenflechte – beides Hauterkrankungen, bei denen sich auf der Haut stark juckende Flecken zeigen – als direkte Folge einer in der Kindheit erfahrenen körperlichen Züchtigung einstellen können. So kam eine Frau mit Schuppenflechte an Armen und Beinen zu mir, die einst in der Schule von Halbstarken verprügelt worden war. In einem anderen Fall wies ein Mann, der als Kind von seinem Vater geschlagen worden war, an verschiedenen Körperstellen krankhafte Hautveränderungen auf. Keines der Opfer erinnerte sich vor der Behandlung an diese Zwischenfälle, und in beiden Fällen verschwanden die Symptome, nachdem der Grund für ihr Auftreten erkannt war. Ebenfalls in beiden Fällen zeigte sich das Krankheitsbild erstmals gegen Ende der zweiten Lebensdekade, als das Unterbewußtsein Anlaß zu der Vermutung hatte, daß der Betreffende erneut in eine ähnliche Situation gelangen könnte.

Ich will hiermit keineswegs sagen, daß Ekzeme und Schuppenflechte ausnahmslos die direkte Folge von Kindesmißhandlung seien. Doch in manchen Fällen sind sie eben doch darauf zurückzuführen. Es gibt Dutzende von Gründen für Hautausschläge. Manche Patienten kamen mit Ekzemen an den Händen zu mir. In einem besonderen Fall hatte eine Frau von Kindheit an immer wieder an den Händen Verletzungen oder anderweitig verursachte Schmerzen erlitten: sie verbrannte sich, wurde von Insekten gestochen, erhielt Schläge und so weiter. Als sie schließlich heiratete und selbst Kinder hatte, löste dies in ihrem Unterbewußten Erinnerungen an ihre eigene Kindheit aus, und so bildeten sich Bläschen an ihren Händen. Ein andermal suchte mich ein Mann auf, dessen Hände äußerst schmerzhafte Entzündungen aufwiesen, nachdem er angefangen hatte, auf dem Bau zu arbeiten. Die Symptome hatten angefangen, als er ein Gebäude abriß, in dem er als Kind so glückliche Momente erlebt hatte, während er sein jetziges Leben zu Hause als wenig freudvoll empfand. Sein Unterbewußtsein wollte einfach nicht zulassen, daß er das Haus zerstörte, das ihm während seiner Kindheit als Zufluchtsort gedient hatte. Als Ergebnis entwickelte er einen Ausschlag an den Händen – laut Diagnose der Ärzte eine Reaktion auf eben jenen Kalkmörtel, der das alte Gebäude zusammenhielt.

Geburtstraumen

Es ist überraschend, wie viele Menschen mich wegen Depressionen oder panischer Ängste aufsuchen, die infolge eines Geburtstraumas entstanden sind. Meiner Erfahrung nach sind viele Fälle von postnataler Depression darauf zurückzuführen, daß die Mutter ihre eigene Geburt als äußerst schwierig und beängstigend erfahren hatte. Das Erlebnis wurde dann, wie alle anderen Kindheitstraumen auch, von einem überfürsorglichen Unterbewußtsein verdrängt, das die Erinnerung daran erst wieder an die Oberfläche treten ließ, als die Frau nun selbst Kinder zur Welt brachte.

Dies gilt ganz besonders für Frauen, die ähnliche Wehenprobleme erleben wie ihre Mütter damals bei ihrer Geburt. Wenn nun eine solche Frau ihre Kinder auf die Welt bringt, setzt das Unterbewußtsein einen Teil der Erinnerungen an ihr eigenes vor so vielen Jahren bei der Geburt erfahrenes Trauma sowie die damit einhergehenden Gefühle frei. Problematisch an der Sache ist, daß ein teilweise wiederbelebtes Trauma sich nicht wieder verdrängen läßt. So leidet die junge Mutter tage-, wochen-, monate- oder gar jahrelang unter panischen Ängsten, Atemlosigkeit und einer Neigung zum Weinen – unter einem Zustand also, den man gemeinhin als Depression oder Streß bezeichnet.

Erst kürzlich kam eine Frau zu mir in die Praxis; wie sie mir sagte, leide sie unter Streß. Sie habe Herzrasen, so erklärte sie weiter, und ihr Arzt habe ihr Betablocker verordnet. Darüber hinaus war ihr Krankheitsbild von starker Emotionalität und häufigem Weinen geprägt. Sie war oft kurzatmig und fühlte sich ganz allgemein geschwächt und abgeschlagen. Ich sah bereits zu diesem Zeitpunkt, daß es sich hier um einen relativ einfachen Fall handelte, und so stellte ich mich ohne weitere Erklärungen hinter die Patientin, um ihr eine normale Heilbehandlung zu geben, das heißt, ich hielt meine Hände über ihren Kopf. Ich konnte die Kraft fühlen, die aus mir in sie einströmte. Sie fing sogleich schwer zu atmen an. Ihre Atmung war schnell und flach, ihr Herz raste wie wild, und sie machte sich ganz steif. Nach etwa fünf Minuten kam ein langgezogener Schrei über ihre Lippen. Anschließend schrie sie noch ein paarmal kurz auf, um dann erneut einige lang anhaltende Schreie von sich zu geben. Danach verfiel sie in Schluchzen. Dabei rang sie nach Atem, als müsse sie ersticken. Ich ließ all dies aus ihr herauskommen; dieser Vorgang muß etwa fünfzehn Minuten lang gedauert haben. Nachdem ich sicher war, daß alle Gefühle freigesetzt waren, beendete ich die Heilbehandlung.

»Was um Himmels willen ist geschehen?« fragte sie.

»Gab es Schwierigkeiten bei Ihrer Geburt?«

»O ja«, antwortete sie. »Ich soll dabei fast gestorben sein. Aus irgendeinem Grunde lag ich mit den Füßen nach unten und wollte nicht herauskommen.«

»Nun, Sie haben das soeben noch einmal durchlebt«, erklärte ich ihr. »Sie litten unter einem Geburtstrauma, und all die Symptome, die Sie mir beschrieben haben, wurden durch die panische Angst ausgelöst, die Sie bei Ihrer Geburt durchgemacht haben. Was mich nun interessiert, ist zu erfahren, was die Symptome gerade jetzt ausgelöst hat. Haben Sie vor kurzem selbst ein Baby bekommen?«

Auf diese Frage hin erzählte sie mir, daß sie vor dreieinhalb Jahren ein Mädchen bekommen hatte, das auf genau dieselbe Weise wie sie zur Welt gekommen war. »Es war einfach schrecklich«, sagte sie. Das war es also. Bei der Entbindung ihrer Tochter war ein Teil ihres eigenen Geburtstraumas an die Oberfläche gekommen. Die Symptome, die sich daraufhin eingestellt hatten, begleiteten sie über die ganzen dreieinhalb Jahre hinweg. Man hatte sie zunächst als postnatale Depression, später einfach als Depression diagnostiziert. Die Symptome würden sie ihr ganzes Leben lang geplagt haben, hätte sie nichts unternommen, um die ihnen zugrunde liegenden Emotionen zu verarbeiten.

»Wie fühlen Sie sich jetzt?« fragte ich, doch eigentlich erübrigten sich diese Worte. Ihr Gesichtsausdruck verriet, in welch ausgezeichneter Stimmung sie war. Ihre gequälte, müde, verängstigte Miene war verflogen. Sie glühte richtiggehend vor Begeisterung.

»Ich kann es gar nicht glauben«, meinte sie. »Nun bin ich noch nicht einmal eine halbe Stunde hier und fühle mich wie neu geboren. Es geht mir einfach großartig!«

In diesem Zusammenhang erscheint es mir wichtig, darauf hinzuweisen, daß nicht nur die Mutter bei einer schwierigen Geburt einiges mitzumachen hat, sondern daß auch das Kind oftmals panische Ängste durchsteht. Es erlebt seine Geburt in vielen Fällen als etwas Schreckliches, und anders als die Mutter, die sich in der Regel schnell wieder von den Qualen erholt, kann das Baby ein Trauma davontragen, unter dem es möglicherweise sein ganzes Leben lang leidet. Man sollte in diesem Zusammenhang auch darauf achten, worüber man in Gegenwart der Schwangeren spricht und was das Baby im Mutterleib mit anhören muß. Gespräche über schwierige Geburten, Kaiserschnitte und so weiter müssen das ungeborene Kind in Panik versetzen. Ich meine, wenn schon vor der Geburt gesprochen werden muß, dann sollte es die werdende Mutter sein, die mit dem Baby in ihrem Bauch redet und es beruhigt.

Für dieses muß es auch höchst beunruhigend sein, wenn die Eltern sich unbedingt ein Mädchen wünschen, es aber ein Junge ist. Dies gilt vor allem dann, wenn sie überall herumerzählen, daß ihr Ungeborenes ganz sicher ein Mädchen werden wird. Dieser Junge dürfte sich schon jetzt zurückgestoßen fühlen, bevor er überhaupt geboren ist. Dieses Gefühl des Zurückgestoßenseins wird sich in seinen Charakter einprägen, und das Unterbewußtsein wird es im späteren Leben in seine Entscheidungen mit einbeziehen. Viele zweifeln vielleicht daran, daß ein ungeborenes Baby Gespräche mit anhören, sich eine Meinung bilden kann und zu Gefühlen fähig ist, wenn es noch nicht einmal auf der Welt ist. Doch es vergeht kaum eine Woche, in der ich nicht mindestens einem Menschen begegne, dessen Charakter durch extreme Emotionen vor der Geburt entscheidend mitgeprägt wurde. Immer wieder sage ich zu meinen Patienten, daß im Vergleich zum Geborenwerden das Sterben denkbar einfach ist.

Psychosomatische Schmerzen

Als psychosomatisch werden Schmerzen oder Beschwerden immer dann bezeichnet, wenn es keine offensichtliche Krankheit oder Verletzung gibt, die diese Schmerzen verursachen könnte. Für meine Zwecke unterscheide ich zwischen drei Arten von psychosomatischem Schmerz. Da gibt es erstens den Schmerz, der zur Gewohnheit wird. Das ist der Fall, wenn ein Schmerz fortdauert, noch lange nachdem der Grund verschwunden ist. Dies passiert gewöhnlich, wenn der Schmerz über lange Zeiträume hinweg heftig gewesen war. Mit der zweiten Art von Schmerz haben wir es immer dann zu tun,

wenn die Ursache hierfür so schrecklich war, daß das Unterbewußtsein das Opfer stets warnt und erinnert, wenn es sich
erneut in eine ähnliche Situation zu begeben droht. Bei der
dritten Art existierten zur Zeit des Schmerzerlebnisses intensive Gefühle von Angst, Schuld oder Leid anderer Art.

In den ersten zwei Fällen reicht es oftmals aus, eine logische,
bewußte Verbindung zwischen dem gegenwärtigen Schmerz
und dem der ursprünglichen Verletzung zugrunde liegenden
Problem herzustellen, um Heilung zu bewirken. Die dritte Art
von Schmerz dagegen läßt sich nicht so leicht behandeln. Wir
haben es hier mit tiefen verdrängten Gefühlen zu tun, und so
bedarf es vieler Zeit und eines eingehenden Verständnisses
der unbewußten Verhaltensweisen, um die Probleme in die
Erinnerung zurückzurufen und den Schmerz so zu beseitigen.
Wie immer möchte ich einige Fallstudien zur Erläuterung
heranziehen.

Schmerz, der zur Gewohnheit wird

Wenn ein Mensch über lange Zeit hinweg unter sehr starken
Schmerzen gelitten hat und die Ursache hierfür schließlich
festgestellt und beseitigt wird, nimmt gelegentlich das Gehirn
diese Tatsache nicht zur Kenntnis, und der Betroffene hat
weiterhin Schmerzen, obwohl eigentlich gar kein Grund mehr
dazu besteht.

In vielen Fällen wirft man Ärzten und Heilern nur deswegen
Versagen vor, weil sie den Betroffenen nicht von Schmerzen
erlösen können, die das Gehirn lediglich auszuschalten vergessen hat. Ich erinnere mich vor allem an den Fall eines Mannes,
der sich mehreren Operationen am Knie unterzog, um sich von
Schmerzen zu befreien, die er laut Aussage der Ärzte eigentlich
gar nicht hätte haben dürfen. Der Patient war wütend, daß man
ihm keinen Glauben schenkte, und die Ärzte meinten, er bilde

sich das Ganze nur ein. Dabei handelte es sich hier um nichts anderes als einen defekten Schalter im Gehirn, jenen Schalter nämlich, den wir als Gewohnheit bezeichnen.

Die Abläufe in unserem Gehirn folgen bestimmten Programmen, und diese werden unbeeinflußt von unserem Wachbewußtsein immer wieder von vorn abgespult. Nehmen wir einmal an, in unserem Auto ist der Blinkerhebel links und der Scheibenwischer rechts vom Lenkrad plaziert. Wenn wir nun plötzlich einen anderen Wagen fahren, in dem diese beiden Schalter vertauscht sind, wie oft betätigen wir dann den Scheibenwischer, wo wir doch eigentlich blinken wollen? Wir handeln nach einer Gewohnheit, einem Programm im Gehirn, das nicht an die geänderten Verhältnisse angepaßt wurde. Etwa ein oder zwei Tage lang bereitet uns diese Umstellung Probleme; dann hat sich das Gehirn neu programmiert und funktioniert wieder richtig. Was aber geschieht, wenn wir gar nicht merken, daß etwas mit dem Programm in unserem Gehirn nicht stimmt?

John war achtundzwanzig, körperlich in Hochform und sportlich aktiv. Er hatte Schmerzen im linken Knie unmittelbar unterhalb der Kniescheibe. Nachdem zwei Heilbehandlungen keinerlei Erfolg gebracht hatten, wurde mir klar, daß die Ursache wohl nicht in einer Verletzung, sondern in etwas anderem zu suchen sei. Die Schmerzen im Knie waren so gut wie permanent vorhanden, schienen ihn aber im Sport nur dahingehend zu beeinträchtigen, daß er keine Distanzen von mehr als einer Meile am Stück laufen konnte. Diese Angabe klang mir irgendwie zu präzise und lieferte mir genau den Hinweis, nach dem ich zur Entschlüsselung des Problems gesucht hatte.

»Es fängt also immer richtig an weh zu tun, wenn Sie eine Meile gelaufen sind«, vergewisserte ich mich noch einmal.

»Ja, immer«, erwiderte er. »Ich kann bis zu einer Meile laufen, ohne daß die Schmerzen stärker wären als gewöhnlich, doch ab dann scheint es mir gerade um dieses bewußte bißchen zuviel zu sein.«

Da endlich drangen wir zum Kern der Sache vor. Um seine Kondition zu steigern, war John joggen gegangen und hatte dabei seine Strecke jede Woche ein Stückchen verlängert. Er wollte an irgendeinem Marathonlauf teilnehmen und trainierte dafür auf seinem örtlichen Sportplatz. Eines Abends, nachdem er acht Meilen auf der Bahn gelaufen war (man beachte auch hier die Präzision der Streckenangabe), sackte ihm plötzlich das Knie weg. Was genau passierte, weiß ich nicht, doch irgend etwas war mit den Bändern geschehen, und er bekam Schmerzen an der besagten Stelle unterhalb der Kniescheibe. Diese Schmerzen waren damals schier unerträglich gewesen; John hatte sich einer langwierigen Behandlung unterziehen müssen und sogar eine Zeitlang im Krankenhaus gelegen. Monate später hatte man ihn als völlig geheilt entlassen, doch er hatte weiterhin diese permanenten Schmerzen.

»Es ist in etwa so wie Zahnschmerzen«, meinte er, »und wenn ich eine Meile gelaufen bin, tut es wirklich höllisch weh.«

»Woher wissen Sie, daß es genau eine Meile ist, wenn es anfängt, so weh zu tun?«

»Weil es an der Bahn eine Markierung gibt.«

»Und woher wußten Sie damals, als Sie diese Schmerzen zum erstenmal hatten, daß Sie genau acht Meilen gelaufen waren?«

»Nun, weil ich gerade zum achten Mal an der Ein-Meilen-Markierung vorbeigekommen war.« Ich konnte mich des Eindrucks nicht erwehren, daß er bei dieser Frage noch eine Bemerkung vor sich hin murmelte.

»Ihr Problem ist lediglich, daß Ihr Gehirn umprogrammiert werden muß«, sagte ich.

Und dann erklärte ich ihm, daß es für ihn so wichtig geworden war, eine bestimmte Anzahl von Runden zu laufen, daß die Ein-Meilen-Markierung zu einer Art Fixpunkt in seinem

Verstand geworden war. Er hatte sich so intensiv auf die Strecke konzentriert, daß sein Gehirn damals, als ihm beim Passieren der Markierung das Knie weggesackt war, sowohl die absolvierte Meile als auch die Schmerzen registriert und abgespeichert hatte. Die Meile wurde also zu einem Teil seiner Gewohnheit. Sein Knie war mittlerweile völlig in Ordnung. Die Schmerzen, die er verspürte, waren einzig und allein auf seinen gewohnheitsmäßigen Laufrhythmus und das Passieren der Ein-Meilen-Markierung zurückzuführen. Jetzt brauchte er nichts anderes zu tun, als logisch zu denken und zur Kenntnis zu nehmen, was das Unterbewußte ihm zu sagen versuchte. Mittels suggestiver Therapie stellte ich sicher, daß er seinen Gewohnheitsschmerz ablegte, und so war er schon kurze Zeit später gesundheitlich völlig wiederhergestellt.

Dies ist ein typischer Fall für körperliche Schmerzen, die der Gehirn-Computer dadurch verursacht, daß er eine Schmerzerfahrung in sein Programm aufnimmt. Weiß man erst einmal, woran es liegt, ist es ganz einfach, dem Betroffenen zu helfen. Für einen Heiler ist dies um so leichter, wenn er die Symptome richtig zu deuten oder die tieferen Gedanken seines Patienten zu lesen weiß. Unsere Ärzte haben diese Chance nicht, Beschwerden wie die oben beschriebenen zu verstehen, zu diagnostizieren oder zu heilen. Sie behandeln oft an einem Tag so viele Patienten wie ich an fünf Tagen. Und ganz gleich, wie gut oder fürsorglich ein Arzt auch sein mag, was die Menschen am meisten brauchen, ist Zeit. Doch leider ist genau dies das einzige, was Ärzte nicht haben.

Der Schmerz als Warnsignal

Die folgende Geschichte soll uns verdeutlichen, welcher Unterschied zwischen einem zur Gewohnheit gewordenen Schmerz und einem Schmerz besteht, den das Unterbewußtsein hervorbringt, um den ihm anvertrauten Körper auf die Situation aufmerksam zu machen, die er schon einmal als schmerzvoll erlebt hat, damit sie sich nicht wiederholt.

Im März sprach eine zweiunddreißigjährige Frau bei mir vor, die laut eigenen Aussagen etwa seit ihrem zwanzigsten Lebensjahr unter Schmerzen im Lendenwirbelbereich litt. Ihr Arzt ging davon aus, daß es sich hier um einen Bandscheibenschaden handle, der ihr bei kalter Witterung im Winter Probleme bereitete. Die Schmerzen verschwanden nämlich immer, wenn es im Frühling wieder wärmer wurde, stellten sich jedoch stets im Spätwinter wieder ein. Die Schmerzen waren so unerträglich, daß sie sich auf den Fußboden legen mußte, um schlafen zu können. Ich fragte sie, ob sie Kinder habe, und sie berichtete, daß sie einen vierzehnjährigen Jungen habe. Daraufhin wollte ich wissen, in welchem Monat dieser geboren sei.

Sie sah mich verwundert an und meinte: »Ende Februar, warum?«

Ohne auf ihre Frage zu antworten, fuhr ich fort: »Und wo lagen Sie, als Sie Ihr Baby zur Welt brachten?«

»In einem Bett.«

»War es eine schwere Entbindung?«

»Ja, sehr schwer«, antwortete sie. An der nachdenklichen Art, wie sie dies sagte, war abzulesen, daß sie zu verstehen begann, worauf ich hinauswollte. Vierzehn Jahre lang hatte ihr Unbewußtes sie in jedem Februar gewarnt, auf sich zu achten und daran zu denken, wie es ihr damals vor vierzehn Jahren im Februar ergangen war. Ist es verwunderlich, daß das Unterbewußtsein ihr im Februar keine Ruhe gegönnt hatte, vor allem, wenn sie sich in ein Bett legen wollte? Es dauerte nur eine Viertelstunde, bis ich ihr das plausibel gemacht hatte. Dann bat ich sie, aufzustehen, herumzugehen und mit den Händen die Zehen zu berühren. Sie konnte all dies mühelos tun, obwohl sie noch fünfzehn Minuten zuvor nicht dazu in der Lage gewesen wäre.

Was war geschehen? Ihr Unterbewußtsein hatte es aufgegeben, sie schützen zu wollen, denn die Symptome, die es auf so zuverlässige Weise hervorgebracht hatte, waren verstanden worden. Die junge Frau war in nur fünfzehn Minuten von ihren Schmerzen erlöst worden, und ich hatte mich dazu nicht einmal aus meinem Stuhl erheben müssen.

Wie wir gesehen haben, bringt das Unterbewußtsein manchmal Symptome hervor, um Schmerzen zu vermeiden, die es aufgrund einer früheren Erfahrung erwartet. Ich habe nie verstehen können, warum Menschen unbedingt Ski fahren müssen. Was sie daran finden, auf zwei gewachsten Holzlatten in eisiger Kälte einen Berg hinunterzurutschen und dabei allerhand Knochenbrüche oder Verstauchungen zu riskieren, ist mir ein Rätsel. Wenn es wenigstens nichts kosten würde, könnte ich es ja noch begreifen, doch es ist auch noch so teuer!

Ich kenne zumindest einen Menschen, der in diesem Punkt meine Ansicht heute teilt. Am ersten Morgen seines ersten Skiurlaubs stand er in der Früh um neun auf einer Schweizer Piste. Mittags war er bereits wieder in seinem Hotel und hatte sein Bein in Gips. Er hatte sich das Schienbein unmittelbar oberhalb des Fußgelenks gebrochen. Er hatte nur dagestanden und den Ausführungen des Skilehrers zugehört. Nach einer Weile sollte er losfahren, doch irgendwie kamen seine Ski dabei über Kreuz, und er stürzte. Seinen eigenen Worten nach hatte er unbeschreibliche Schmerzen. Es kam ihm so vor, als habe er sich den ganzen Fuß abgerissen. Noch nie hatte er solche Schmerzen gehabt.

Der Unfall lag mittlerweile ein paar Jahre zurück, und offensichtlich war die Verletzung gut ausgeheilt. Das einzige Problem bestand darin, daß sein linkes Bein – also dasjenige, das er sich gebrochen hatte – immer wieder von der Taille abwärts

bis in die Zehen taub wurde. »Es ist so, als sei es völlig abge-
storben«, so formulierte er es. Er hatte dies überhaupt nicht
mit seinem damaligen Skiunfall in Verbindung gebracht.
Warum auch? Die damalige Verletzung war ja völlig ausgeheilt. Er teilte die Ansicht der Ärzte, daß er sich im Rücken
einen Nerv gequetscht haben mußte. Er machte sich deswegen
solche Gedanken um sein Bein, weil er mehrmals fast gefallen
wäre und beruflich viel auf den Füßen sein mußte. Er hatte
keine Probleme, solange er in Bewegung war, doch wenn er
eine Weile stehen mußte, wurde sein Bein taub. Ob ich wohl
etwas für ihn tun könne?

Während der ersten Sitzung führte ich meine Hände über seinen Rücken, konnte aber nichts Ungewöhnliches feststellen.
Also fragte ich ihn in der darauffolgenden Woche, ob er schon
einmal einen Unfall gehabt hätte, worauf er mir in allen Einzelheiten von seiner Skiverletzung berichtete. Dabei fielen mir
zwei Dinge auf: zum einen war er nur eine Viertelstunde auf
der Piste gewesen, als der Unfall passierte. Und zum anderen
wurde sein Bein immer dann taub, wenn er etwa zehn Minuten lang still dagestanden hatte. Ich bat ihn also, während der
folgenden Woche darauf zu achten, wie lange genau er stehen
konnte, bis sein Bein taub wurde. Als er wiederkam, meinte er,
es seien jedesmal zwölf Minuten gewesen.

Daraufhin erklärte ich ihm, daß sich der Unfall etwa dreizehn
Minuten nach der Ankunft auf der Piste ereignet haben mußte. Er habe damals derart unerträgliche Schmerzen erlitten,
daß sich sein Unterbewußtes ganz genau gemerkt hatte, wie
lange er auf den Beinen gewesen war, bevor sie einsetzten.
Um sicherzustellen, daß er nie wieder derart extreme Schmerzen würde erleiden müssen, übernahm sein Unterbewußtsein jedesmal das Kommando, sobald er zwölf Minuten lang
gestanden hatte, und schnitt jedes Gefühl aus dem Bein ab.
Seinem Bein selbst fehlte überhaupt nichts; das Problem

lag lediglich in seinem überfürsorglichen Unterbewußtsein. Nachdem das Unterbewußtsein seine Botschaft an das Bewußtsein hatte übermitteln können, achtete es nicht mehr darauf, wie lange er stand, und er hatte nie wieder Probleme mit seinem Bein. Heilen bedeutet also, sich auf die tieferen Gedanken eines Menschen einzustellen und dessen Symptome mit Hilfe von Intuition zu entschlüsseln.

Der Schmerz, der aus einem Trauma hervorgeht

Wie oben erwähnt, können psychosomatische Schmerzen auch ein Symptom eines Traumas sein. Von seiten des Heilers bedarf es allerdings großer geistiger Aufmerksamkeit und tiefer spiritueller Einsicht, um dies zu erkennen.

Während eines meiner Vorträge ist es mir zum erstenmal bewußt geworden, daß Schmerzen als Symptom eines Traumas auftreten können. Die Veranstaltung war ein voller Erfolg gewesen, und die anschließende Diskussion hatte nicht wie geplant eine, sondern drei Stunden gedauert.

Am Ende des Abends kam eine Frau auf mich zu und fragte, ob ich nicht etwas gegen ihre Rückenschmerzen tun könne. Sie war etwa fünfunddreißig Jahre alt und litt offensichtlich unter akutem Schmerz etwa in Rückenmitte. Ich legte meine Hände auf die betroffene Stelle, woraufhin sie anfing, sich nach vorn zu beugen, sich zu winden und sich dann wieder nach hinten zu lehnen; und das alles auf eine eher unkontrollierte, unwillkürliche Weise. Nach etwa fünfzehn Minuten entspannte sich ihr Körper auf einmal, und sie sagte, all ihre Schmerzen seien verschwunden. Das war im Oktober, und irgendwie wußte ich, daß sie im darauffolgenden Jahr um die gleiche Zeit wieder zu mir kommen würde. Ich gab ihr also meine Karte und sagte: »Sollten Sie mich je wieder brauchen, machen Sie einen Termin mit mir aus.« Ich hörte tatsächlich erst im September des folgenden Jahres wieder von ihr. Sie kam in Begleitung ihres Mannes in meine Praxis und berichtete mir, daß sie seit meiner Behandlung im vergangenen Oktober keinerlei Rückenschmerzen mehr gehabt hätte, daß diese jedoch in der letzten Woche wiedergekommen seien. Ich bat sie, Platz zu nehmen. Und während ich ihren Rücken behandelte, kam ich auf die von mir vermutete Ursache für ihre Schmerzen zu sprechen.

Zunächst einmal fragte ich sie, ob sie jeden Herbst diese Schmerzen habe, was sie bejahte. Die Schmerzen schienen dann den ganzen Winter über bis in den Frühling hinein anzuhalten, und dies muß wohl seit Jahren so gewesen sein. Sie mußte ganz offensichtlich als kleines Mädchen einen Unfall gehabt haben, der sich im Herbst ereignet hatte, als sich die Blätter verfärbten. Und dieser Unfall, der vielleicht nach außen hin nicht einmal allzu gravierend erschien, hatte in ihr eine schreckliche Angst ausgelöst. Nach diesem Erlebnis hatte ihr Unterbewußtes jede bewußte Erinnerung daran verdrängt, doch jedesmal im Herbst, wenn sich die Blätter verfärbten, reagierte das Unterbewußtsein, indem es Warnsignale für eine drohende Gefahr aussandte. Und dies verursachte ihr Rückenschmerzen.

Meine Patientin konnte zunächst mit dieser Erklärung überhaupt nichts anfangen. Sie meinte, daß sie die Farben des Herbstes liebe, und sie konnte sich an nichts erinnern, das ihr jemals Angst eingejagt hätte. Dennoch versprach sie mir, zu Hause mit ihrem Vater darüber zu sprechen, denn ihre Mutter war in der Zwischenzeit verstorben. Ein paar Stunden später rief sie mich an und erzählte mir die ganze Geschichte, an die sich ihr Vater noch in allen Einzelheiten erinnerte. Als sie etwa zwei oder drei Jahre alt war, hatte sie mit ihrer Familie einen Ausflug zum Schloß Windsor unternommen. Damit sie besser sehen konnte, hatte ihr Vater sie auf eine Umfassungsmauer gehoben. Von hier aus hatte sie einen wunderbaren Blick, und das goldene Farbenspiel des herbstlichen Laubes war herrlich anzusehen. Nur einen Moment lang hatte sich ihr Vater umgedreht, um etwas zu ihrer Mutter zu sagen, und dabei ihre Hand losgelassen. In diesem Augenblick aber war sie gestolpert und von der Mauer gefallen.

Instinktiv hatte ihr Vater nach dem gegriffen, was er zu fassen bekam, als er sie in die Tiefe stürzen sah. Er erwischte sie an den Haaren und am Kragen ihres Mantels und zog sie daran wieder in die Höhe. Sie war weiß wie die Wand. Auch ihrem Vater muß ein ganz schöner Schreck in die Glieder gefahren sein – vielleicht war er womöglich etwas grün um die Nase geworden –, und die Tochter hatte die Stimme verloren. Sie wurde zum Arzt gebracht, der ihnen riet, nicht über den Unfall zu sprechen, in der Hoffnung, daß sie den Zwischenfall und ihre Angst bald vergessen und so ihre Stimme wiederfinden würde, was denn auch tatsächlich ein paar Tage später geschah.

Das Erlebnis selbst verblieb jedoch im Speicher des Unterbewußtseins, und dieses erinnerte sie prompt jedesmal im Herbst daran, sobald sich die Blätter verfärbten. Mit den Schmerzen wollte ihr Unterbewußtes sagen: Paß auf, es ist wieder Herbst geworden, sei vorsichtig. Die Rückenschmerzen selbst waren wohl bei dem Sturz entstanden, wenn auch jegliche körperliche Verletzung inzwischen längst ausgeheilt war. Glücklicherweise hatte sie sich immer gegen eine Operation gewehrt, denn diese hätte nichts gebracht und sie schon gar nicht von ihren psychosomatischen Schmerzen befreien können. Nachdem das Erlebnis erst einmal ins Bewußtsein geholt worden war, hatte sie keinerlei Beschwerden mehr.

Und noch etwas anderes muß man in diesem Zusammenhang wissen. Wäre ein auf Schuld basierendes emotionales Trauma mitbeteiligt gewesen, hätte sich die Behandlung ihrer

Beschwerden sicherlich schwieriger gestaltet, und zwar ganz unabhängig davon, ob es sich hierbei um berechtigte oder unberechtigte Schuldgefühle gehandelt hätte. Diese Art der direkten Heilung ist nur bei rein physisch verursachten Problemen möglich. Wären also Schuldgefühle oder andere auf Angst basierende Gefühle beteiligt gewesen, so hätte die Patientin die Begebenheit in Form eines physischen, emotionalen oder gedanklichen Wiederbelebens erneut durchleben müssen. Die Heilung hätte dann automatisch alle verdrängten Einzelheiten freigesetzt, sofern dies notwendig gewesen wäre. Hierfür wären aber unter Umständen mehrere Behandlungen erforderlich gewesen.

Krebs

Die Krankheit, vor der die Menschen wohl am meisten Angst haben, ist Krebs. Hierfür gibt es zweierlei Gründe: zum einen hält man sie so gut wie immer für tödlich, und zum zweiten haben die entsetzlichen Symptome, unter denen die Sterbenden zu leiden haben, zu einer Tabuisierung des Wortes selbst geführt. Dies ist alles andere als hilfreich, denn in vielen Fällen wird Krebs durch ein seelisches Problem oder Trauma verursacht, über das ebenfalls nicht gesprochen wird, vor allem weil es absolut unüblich ist, vergangene Schwierigkeiten im Leben mit derzeitigen gesundheitlichen Problemen in Zusammenhang zu bringen. Wenn ich einem Patienten die Hintergründe seiner Krankheit erkläre und ihm aufzeige, welche Lösungsmöglichkeiten es für ihn gibt, fängt er in der Regel an, sich zu entspannen. Unwissen ist die häufigste Ursache für Angst, und Angst löst Schmerzen aus.

Krebs ist normalerweise keine Folge einer Krankheit oder eines ererbten genetischen Fehlers, sondern entsteht dadurch, daß eine normale Körperzelle in eine Art Urzustand zurückfällt; anders formuliert, diese Zelle weigert sich, sich zu spezialisieren und sich beispielsweise zu einer Leber- oder Blutzelle zu entwickeln. Dies sollte an und für sich noch kein Problem darstellen. Da diese absonderliche Zelle – eine unter Millionen – keine speziellen Fähigkeiten aufweist, die ihr eine Existenzberechtigung geben würden, wird sie in der Regel vom körpereigenen Abwehrsystem vernichtet. In manchen Fällen aber läßt der Körper eine solche Zelle wachsen, und je einfacher der Zelltyp, desto schneller erfolgt die Teilung, und desto schwieriger wird die Behandlung. Das Unterbewußtsein setzt diese unspezialisierten Zellen gewissermaßen als Notrufe ein.

Ein Tumor ist etwas anderes als ein Krebs, denn eine Tumorzelle unterscheidet sich nicht von der Zelle, von der sie stammt. Tumorzellen behalten ihre Spezialisierung bei und teilen sich daher langsamer, sind einfacher zu behandeln und breiten sich nicht so leicht in andere Teile des Körpers aus. Krebszellen dagegen sind sehr einfach und primitiv; sie wachsen so schnell und unkontrolliert, daß sie dem Körper wesentlich mehr Nährstoffe entziehen, um mit ihrem Wachstum Schritt zu halten, als normale Zellen mit kontrollierter Vermehrung. Die unkontrollierte Ausbreitung von Krebszellen zeigt, daß sich diese nicht darum scheren, in welche Körperteile sie eindringen. Sie breiten sich so schnell aus, daß sie – falls unbehandelt – dem Körper alle Nährstoffe rauben, so daß dieser verfällt und schließlich stirbt.

Über die Art der Behandlung von Krebs sind Ärzte und Heiler unterschiedlicher Meinung. Der Arzt, dem ein ganzes »Waffenarsenal« zur Verfügung steht, plädiert für die aggressive Bekämpfung. Er glaubt, daß man Krebs mit den Mitteln der Chirurgie herausschneiden, mit Medikamenten vergiften oder mit Strahlen zerstören müsse. Doch nach einem über sechzigjährigen Kampf hat die Medizin den Krieg immer noch nicht gewonnen und ist weit davon entfernt, den Krebs besiegt zu haben. Gelegentlich kommt es auch vor, daß sie mit ihrer Behandlung mehr Schaden als Nutzen anrichtet. Auch die Heiler können keine spektakulären »Durchbrüche« für sich in Anspruch nehmen, wenn sich auch unsere Erfolge mit denjenigen der orthodoxen Medizin in etwa die Waage halten; doch zumindest fügen wir den Schmerzen und Erniedrigungen, die diese Krankheit mit sich bringt, keine weiteren hinzu.

Heiler bekämpfen das Problem unter Mithilfe des Kranken selbst. Anders als die orthodoxe Medizin, die eine Beteiligung des Patienten beinahe als Einmischung in fremde Angelegenheiten betrachtet, sind Heiler auf dessen Kooperation angewiesen, um überhaupt mit der Behandlung beginnen zu können. Der Betroffene und die ihm innewohnende geistige Kraft sind es, die diese Schlacht entweder verlieren oder gewinnen werden. Der Patient ist es, der am meisten zu verlieren oder zu gewinnen hat. Und da er es ist, der in direkter Kommunikation mit diesem wildgewordenen, idiotischen Heer von Zellen steht, muß auch er diesen gegenübertreten, sich mit ihnen auseinandersetzen, sie am weiteren Vormarsch hindern und schließlich dazu bringen, wieder zu ihrer eigentlichen Rolle zurückzufinden, und ihnen helfen, zu einer spezialisierten Zelle zu werden. Dazu muß der Patient in Kommunikation mit dem Oberbefehlshaber des Heeres, dem Unterbewußten, treten. Der Heiler hilft dem Patienten dabei, führt ihn und gibt ihm Kraft, so daß er wieder die uneingeschränkte Herrschaft über seinen Körper übernehmen kann.

Warum die Zelle ihre »Sondertour« gewählt hat, muß zunächst ursächlich festgestellt werden, und dies führt uns zurück zu den psychosomatischen Symptomen. Auch bei Krebs gilt es, die Ursache zu beseitigen und nicht die Symptome. Meine

Erfahrung hat mich gelehrt, daß in vielen Fällen ein Trauma am Anfang einer Krebskrankheit steht. Ich erinnere mich noch sehr deutlich an den Fall einer Frau, die an Krebs sterben wollte, nachdem ihr Mann sie verlassen hatte. Sie war überzeugt davon, daß er zu ihr zurückkehren würde, wenn sie an Krebs erkrankte. Die Diagnose Krebs wurde ihr gestellt, nachdem er sie verlassen hatte, und sie erklärte mir ganz offen, daß sie keinen Sinn im Leben sähe, wenn nicht ihr Mann zu ihr zurückkäme. Leider tat er dies nicht, und so zeigte keinerlei Behandlung, ganz gleich ob orthodoxer oder unorthodoxer Art, den geringsten Erfolg. Die Heilbehandlung linderte die Schmerzen – die körperlichen Schmerzen, wohlgemerkt –, doch nichts konnte den Schmerz in ihrer Seele erreichen.

Jahr für Jahr behandle ich viele Krebspatienten, und ich will nicht behaupten, Wunder vollbracht zu haben, wenn ich auch in den meisten Fällen eine Linderung der Schmerzen bewirken konnte. Die Betroffenen sind dann in der Lage, ihren Körper zu verlassen und in eine friedlichere Welt frei von Furcht und der schrecklichen Erniedrigung einzugehen, die ein mit Medikamenten vollgepumpter Körper zu erleiden hat.

Durch seelische Traumen bzw. Schockerlebnisse oder eine negative Lebenseinstellung verursachter Krebs läßt sich nur schwer behandeln. Bis das ursächliche Trauma erkannt ist, kann ich als Heiler bestenfalls darauf hoffen, Schmerzen und Angst zu lindern und dem Patienten ein Gefühl der inneren Ruhe zu vermitteln. Kann das verborgene emotionale Trauma nicht identifiziert und vom Unterbewußtsein ins logische Bewußtsein gebracht werden, so läßt sich bestenfalls ein Stillstand erzielen, in dem sich der Zustand des Patienten bei regelmäßiger Behandlung weder verbessert noch verschlechtert. Erst wenn der innere seelische Konflikt beigelegt ist, wird eine Heilung wahrscheinlich.

Eine Frau von Ende Vierzig kam zu mir zur Behandlung. Sie hatte sich bereits drei Jahre zuvor einer Mastektomie unterzogen, und nun waren Metastasen festgestellt worden. Diesmal waren von ihrem neuen-alten Problem die Lungen betroffen. Wie viele andere Menschen in ihrer Verfassung hatte auch sie stark abgenommen, denn der unersättliche Hunger der bösartigen Zellen hatte zu einer völligen Auszehrung ihres übrigen Körpers geführt.

Ich empfehle in solchen Fällen generell die Einnahme hoher Dosen von mit Vitamin C angereicherter Glukose (etwa fünf Kaffeelöffel pro Tag). Der Grund für diese Maßnahme ist einfach der, daß der Körper all seine Kraft und Fähigkeit zu kämpfen verliert, wenn er nicht mehr Energie bekommt, als die Krebszellen verbrauchen. Vitamin C empfehle ich, weil es gewisse Beweise dafür gibt, daß dieses in hoher Dosierung das Wachstum bösartiger Zellen verlangsamt. Jedes Mittel, das dies bewirken kann und weder süchtig macht noch unerwünschte Nebenwirkungen hat, ist eine wertvolle Hilfe.

An dieser Stelle möchte ich darauf hinweisen, daß ich keine Patienten annehme, die nicht unter ärztlicher Überwachung stehen oder es ablehnen, ihrem Arzt von ihren Besuchen bei mir und der von mir durchgeführten Behandlung zu berichten. Ich empfinde es als äußerst positiv, daß mich so viele Ärzte an ihre Patienten weiterempfehlen.

Doch kommen wir zu der lungenkrebskranken Frau zurück. Ihr Problem war emotionaler Art. Sie war in einer streng religiösen Familie erzogen worden, in der Sex außerhalb der Ehe als etwas absolut Verbotenes galt. Um Gehorsam zu erzwingen, wurde in ihrer Religion mit der Behauptung gedroht, Gott würde keine außerehelichen Beziehungen dulden, und wer sich auf sie einließe, sei der ewigen Verdammnis preisgegeben.

Nun hatte die Frau leider bei der Wahl ihres Ehemannes keine sehr glückliche Hand bewiesen und war in einem Augenblick der Not für viele Jahre eine tiefe emotionale und physische Bindung zu einem anderen Mann eingegangen. Ein Jahr konnte sie diese Beziehung leben, ohne daß jemand etwas davon bemerkt hätte. Mit der Zeit konnte sie das Problem überwinden, das sie veranlaßt hatte, Liebe außerhalb ihrer Ehe zu suchen, und danach führte sie eine glückliche Ehe. Die Gedanken an ihren einstigen Fehltritt aber machten ihr eines Tages doch so zu schaffen, daß sie schließlich von ihren Schuldgefühlen regelrecht übermannt wurde.

Sie war überzeugt, gesündigt zu haben. Wenn ich sie auch in gewissem Maße davon überzeugen konnte, daß Gott sie weder verdammt noch vergessen habe, konnte sie sich nicht von dem Gedanken befreien, daß sie gegen ihre eigene Integrität gesündigt hatte. Dies war die Ursache für ihren Krebs. Im Unterbewußten war sie dabei, sich selbst zu entstellen. Einst war sie eine schöne Frau gewesen, doch jetzt glaubte sie, aufgrund ihres Fehltritts häßlich zu sein. Ganz gleich, wieviel man ihr auch zuredete oder sie zu überzeugen versuchte, wieviel Liebe oder Heilung man ihr schenkte, nichts konnte die Frau daran hindern, sich durch ihre Schuldgefühle zu zermürben.

Mir sind in meiner Praxis jährlich viele Fälle von Brustkrebs begegnet, und den betroffenen Frauen war so gut wie ausnahmslos eines gemeinsam – sie litten unter mangelndem Selbstwertgefühl und sahen keinen Sinn mehr im Leben. Manche haben sich nach vielen Jahren des aktiven Dienstes von ihrer Arbeitsstelle verabschiedet. Bei anderen sind die Kinder erwachsen geworden und brauchen ihre Mutter nicht mehr. Die Ehemänner gehen voll und ganz in ihren neuen gesellschaftlichen Aktivitäten oder in einem geschäftigen Alltag auf und lassen die Mutter mit dem Gefühl allein, ihre Aufgabe in der Familie sei nun beendet. So werden die Symptome des

Brustkrebses zu einem unbewußten Schrei nach einer Aufgabe im Leben. Wenn die Ursache nicht erkannt und behandelt wird, setzt das Unterbewußte oftmals seinen Kampf um Aufmerksamkeit fort, indem es Metastasen bildet.

Es gibt auch Fälle, in denen Frauen erkranken, nachdem sie von ihrer Mutter oder ihrem Vater fortgezogen sind und sich nun Vorwürfe machen, diese im Stich gelassen zu haben. Erst vor kurzem kam eine Frau zu mir, der man viele Jahre zuvor eine Brust abgenommen hatte. Daraufhin machte sich der Krebs in der zweiten Brust breit, so daß sie sich einer zweiten Mastektomie unterziehen mußte. Nun ging ihr Unterbewußtsein dazu über, Metastasen in ihrer Lunge und in den Knochen zu bilden. In dieser Situation wurde ich hinzugezogen. Bei unserer zweiten Sitzung führten wir ein langes Gespräch, in dem ich erfuhr, daß die Frau unmittelbar vor ihrer ersten Krebskrankheit in einen anderen Teil des Landes umgezogen war und ihre Eltern allein zurückgelassen hatte. Sie konnte sich mit dieser Tatsache überhaupt nicht anfreunden, doch ihr Mann war aus beruflichen Gründen zu diesem Umzug gezwungen gewesen. Die zweite Krebskrankheit fiel in die Zeit, unmittelbar bevor ihre zwanzigjährige Tochter das Haus verließ, um ins Ausland zu gehen. Nun schien die Frau alles verloren zu haben. Diesmal würde ihr Unterbewußtsein den Verlust nicht einfach hinnehmen.

Sie war an einem Punkt angelangt, an dem die Ärzte nichts mehr für sie tun konnten. Als ich ihr erklärte, welche Rolle sie in ihrem Krebsgeschehen hatte, und sie die Zusammenhänge erkannte, verbesserte sich ihr Zustand sofort. Die Zeit wird zeigen, ob sie sich wirklich auf ihre neue Situation eingestellt hat. Doch wie sie sagte: »Vor allem eines habe ich bei Ihnen gelernt: daß es Hoffnung gibt. Ich selbst bin mein Heiler.«

Ich habe viele Erfolge bei Menschen zu verbuchen, die aufgrund ihrer Krebskrankheit verloren schienen, und sie alle sagen das gleiche: »Sie haben mir Hoffnung gegeben, als alles hoffnungslos erschien, indem Sie mich den Sinn haben erkennen lassen.«

Angst

Natürlich ist Brustkrebs nicht in allen Fällen auf ein Gefühl des Abgelehntwerdens oder der eigenen Wertlosigkeit zurückzuführen. Ich erinnere mich an eine junge Frau, bei der ein bösartiger Knoten aus der Brust entfernt worden war. Es sah so aus, als sei alles gutgegangen, und es gab keinen Anlaß, mit weiteren Problemen zu rechnen. Doch schon kurze Zeit später wurden Krebszellen in ihren Lymphdrüsen entdeckt. Die Ärzte konnten keinen Grund hierfür nennen, zumal die Frau erst achtundzwanzig Jahre alt war, in ein paar Monaten heiraten wollte und offensichtlich allen Grund hatte, sich ihres Lebens zu freuen.

Wie so oft bei der geistigen Heilung kamen jedoch auch diesmal mit der Zeit die tieferen Gefühle zum Vorschein. Die junge Frau erzählte mir, daß sie seit vielen Jahren mit ihrem Freund zusammenlebe und dieser sie von Anfang an hatte heiraten wollen. Sie hatte sich jedoch anfangs dagegen gewehrt, weil sie sich seiner sicher sein wollte; dann verschob sie die Hochzeit noch einmal, um Geld für den Kauf eines Hauses zu sparen. Immer fielen ihr neue Gründe ein, um den Tag der Eheschließung hinauszuzögern. Der wahre Grund für ihr Zögern, den sie sich nur nie zuvor eingestanden hatte, bestand darin, daß sie meinte, der zusätzlichen Verantwortung nicht gerecht werden zu können. Bei genauerem Hinsehen zeigte sich nämlich, daß sie sich davor fürchtete, die Verantwortung für eine Familie zu übernehmen.

Der Gedanke, Kinder zu bekommen, machte ihr so viel Angst, daß das Unterbewußtsein ihr einen neuen Vorwand zur

Verzögerung geliefert hatte, nachdem ihr selbst nichts anderes mehr eingefallen war: Krebs. Weil ihre Angst mit Kindern und dem Nähren zu tun hatte, äußerte sich die Angstbotschaft in der Brust. Die Ärzte hatten die physischen Symptome auf chirurgischem Wege beseitigt, doch an der Ursache hatten sie nichts geändert. So schuf das Unterbewußtsein einfach neue Symptome, indem es immer neue Krebszellen produzierte – diesmal in den Lymphknoten auf derselben Seite, auf der auch die Brust erkrankt war. Die Ärzte hätten die Symptome immer wieder beseitigen können, solange der Körper durchgehalten hätte; doch das Unterbewußtsein hätte dennoch versucht, seine Botschaft zu übermitteln, und hätte so lange weitere Metastasen gebildet, bis diese schließlich entschlüsselt und verstanden wurde.

Sobald die Frau erkannte, daß ihre unausgesprochenen Ängste die Ursache für ihre Erkrankung waren, verschwand der Krebs. Die Hochzeit wurde noch einmal verschoben, jedoch nur so lange, bis sie ihre Angst davor, Kinder zu bekommen und großzuziehen, beigelegt hatte.

Fatalismus

Ein anderer interessanter Fall begegnete mir in einem Mann von Mitte Vierzig. Er hatte etwa zwölf Monate vor seinem Besuch in meiner Praxis die Diagnose Lungenkrebs erhalten. Wie so viele andere kam auch er nicht deshalb zu mir, weil er von geistiger Heilung so sehr überzeugt war, sondern weil er nicht wußte, an wen er sich noch wenden sollte. Seine Ärzte hatten alles in ihrer Macht Stehende getan, und aus irgendeinem Grund konnte man ihm keine weitere Chemo- oder Strahlentherapie mehr verordnen. Man hatte ihm gesagt, er habe noch etwa drei Monate zu leben. Er kam auch zu mir, weil seine Frau darauf bestanden hatte, und nicht, weil er glaubte, daß eine Heilbehandlung ihm helfen könne.

Warum er ursprünglich an Krebs erkrankt war, konnte ich nie feststellen, doch eines stand fest: Wenn ich ihn nicht davon überzeugen konnte, daß er über die drei Monate hinaus leben könnte, die die Ärzte ihm gegeben hatten, würde sich diese Voraussage erfüllen. Ich brauchte ein paar Wochen, bis ich ihn genau kennengelernt hatte, und während dieser Zeit nahm ich die übliche Glukose- und Heilbehandlung vor, um seinen Zustand zu stabilisieren. Nachdem ich alles über sein Leben in Erfahrung gebracht hatte, was ich wissen mußte, fing ich an. Mein Ziel war es, seine Einstellung zu ändern. Ich möchte diesen Patienten hier John nennen. Unser Gespräch, das ich hier in stark gekürzter Form wiedergebe, sah etwa wie folgt aus:

»Als Sie noch ein Kind waren, gehörten Sie nicht gerade zu den Schlauesten, nicht wahr, John?«

»Ja, da haben Sie recht«, antwortete er.

Er bestätigte, daß seine Eltern keine besonderen schulischen Leistungen von ihm erwartet hatten, und so hatte er sie auch nicht enttäuscht.

Als er zu arbeiten anfing, stellte niemand besondere Anforderungen an ihn, und so war man auch nicht überrascht, daß nichts Besonderes aus ihm wurde. Sein Leben lang hatte er immer genau das getan, was die anderen für ihn vorausgesagt hatten. Sein Problem war, daß er niemanden enttäuschen oder vor den Kopf stoßen wollte. Und so hatte es auch niemanden sonderlich überrascht, daß er seiner Familie jetzt Probleme bereitete, indem er krank wurde.

An diesem Punkt entschloß ich mich dazu, ihn direkt zu konfrontieren.

»Sagen Sie mir, John, es ist wohl sehr wichtig für Sie, sich an der Meinung anderer Menschen zu orientieren, anstatt mit ihnen zu diskutieren; und so sind Sie jetzt sogar einer Meinung mit den Ärzten, wenn diese Ihnen sagen, daß Sie in zehn Wochen sterben werden. Das stimmt doch, oder?«

Nach einer langen Pause antwortete John: »Ich werde wohl keinen ... Arzt dadurch glücklich machen, wenn ich für ihn sterbe.«

Aber ich ließ nicht locker. »Doch das ist es, was sie von Ihnen erwarten, und Sie tun immer, was man von Ihnen erwartet.«

Als John schließlich sprach, spürte man an seiner Stimme, wie sich Wut in ihm regte: »Dann muß ich wohl ein paar Menschen ärgern, denn ich werde nicht sterben, um irgend jemandem einen Gefallen zu tun!«

Johns Krebs bildete sich zurück, und er lebte noch zwei Jahre lang glücklich und zufrieden. Dann erlitt er einen seelischen Schock, dessen Ursache nichts mit seiner Familie zu tun hatte, und der Krebs kehrte zurück. Diesmal war er nicht in der Lage, sich mit seinem Lebenswillen gegen die Krankheit zu wehren.

Wie er und viele andere es formulierten: »Sie haben mir vor allem eines gesagt: daß ich die Krankheit besiegen konnte. Daß ich meinen Körper und dessen Erhaltung selbst in der Hand hatte.« Leider haben die Ärzte meistens nicht gelernt, so zu denken. So verbreitet sich die Ansicht, daß der Körper ihres Patienten *ihrer* Kontrolle untersteht, und wenn ihre Mittel versagen, glauben sie, daß man nichts mehr für diesen Körper tun kann.

Positive Ergebnisse

Wie bereits gesagt, ist Krebs nur in einigen Fällen auf seelische Ursachen zurückzuführen. Doch viel Leid könnte vermieden werden, wenn man sich der Behandlung von ursächlichen Traumen widmen würde, bevor man auf die komplexen Methoden der Chemie und Chirurgie zurückgreift.

Selbst Krebskrankheiten, die keine seelischen Ursachen zu haben scheinen, sprechen oft sehr gut ohne weitere medizinische Therapie auf das Handauflegen an. Wegen eines so gelagerten Falles wurde ich von einer Frau um Hilfe gebeten, die ein Krebsgeschwür oben auf dem Kopf hatte. Es hatte sich über mehrere Monate hinweg entwickelt, und als sie schließlich zu mir kam, hatte es einen Durchmesser von eineinhalb bis zwei Zentimetern erreicht und bildete eine einen Zentimeter hohe Erhebung auf der Kopfhaut.

In der Regel behandle ich Patienten, die unter Krankheiten wie Krebs leiden, nur dann, wenn diese bereits in ärztlicher Behandlung sind oder unmittelbar nach ihrem Besuch bei mir einen Arzt aufsuchen. In diesem Fall jedoch hatte die Frau eine Phobie vor Ärzten, besser gesagt, vor Krebs und der damit einhergehenden ärztlichen Behandlung, und so ließ ich mich darauf ein, sie an drei Tagen hintereinander jeweils eine halbe Stunde lang zu behandeln. Für eine eingehende Besprechung schien kein Anlaß zu bestehen, und so machte ich mich sofort an die Heilung, indem ich die mittleren Finger meiner linken Hand direkt über das Krebsgewebe hielt. Die Heilbehandlung dauerte jeweils etwa zwanzig Minuten.

Am Morgen nach ihrem dritten Besuch rief sie mich an, um mir mitzuteilen, daß das entartete Gewebe soeben abgefallen war. Ich empfing sie ein weiteres Mal und konnte mich so selbst vergewissern, daß in der Tat nichts mehr zu sehen war außer einer kleinen Vertiefung dort, wo sich das Krebsgeschwür befunden hatte. Innerhalb weniger Monate war die Stelle völlig ausgeheilt. Ich habe mehrere Fälle von Hautkrebs behandelt, und die meisten sprachen außerordentlich gut auf die Heilbehandlung an.

Innerer Krebs dagegen ist nur sehr selten heilbar. Dennoch gibt es Menschen, die mit großem persönlichem Mut und Entschlossenheit gegen ihre Krankheit kämpfen und alle Gesetze der Medizin und Biologie widerlegen. Als Beispiel sei hier eine Frau um die Siebzig erwähnt, an die ich mich noch deutlich erinnere. Sie kam zu mir im Einverständnis ihres Arztes. Sie hatte Magenkrebs, und man hatte ihr gesagt, daß man nichts mehr für sie tun könne. Ich behandelte sie einmal wöchentlich, und gleich nach unserer ersten Sitzung hatte sie keine Schmerzen mehr. Sie verzichtete auf die Einnahme jeglicher Schmerzmittel mit dem kategorischen Hinweis darauf, daß sie ja keinerlei Schmerzen habe.

Sie kam erstmals im Oktober zu mir, und in ihrem Fall handelte es sich eindeutig um Krebs im fortgeschrittenen Stadium. Man ging davon aus, daß sie Weihnachten nicht mehr erleben würde. Wir unterhielten uns über das Leben und wie wir von dieser Welt in eine andere gehen, und ich wies sie – wie ich dies bei allen tue, die sich um Hilfe an mich wenden – darauf hin, daß ich nichts versprechen könne. Dennoch rang sie mir ein Versprechen ab: Ich sollte ihr helfen, die Zeit bis zur Hochzeit ihrer Enkeltochter zu überstehen, die für den September des folgenden Jahres geplant war. Das waren noch zehn Monate.

Nun, sie schaffte es: Auf den Fotos von der Hochzeit ihrer Enkeltochter sieht man inmitten einer glücklichen Gesellschaft eine ebenso glückliche alte Dame; sie stützte sich noch nicht einmal auf einen Stock. Eine oder zwei Wochen später ging sie ins Krankenhaus, und in der zweiten Nacht, die sie dort verbrachte, entschlief sie friedlich – ohne Angst, ohne Schmerzen, ohne Medikamente.

6 Die Programmierung

Hypnose

Mancher Leser wird inzwischen erkannt haben, daß bei der Heilung ein Großteil Hypnose mitspielt. Nur sehr wenige Heiler, mit denen ich gesprochen habe, sind jedoch bereit, diese Tatsache zu sehen. Sie wollen dem Ganzen eher etwas Mystisches oder Spirituelles verleihen. Wenn die Heilung auch einen tieferen spirituellen Aspekt beinhaltet, so muß doch in aller Deutlichkeit darauf verwiesen werden, daß Heiler und Hypnotiseure – oder, besser gesagt, Hypnotherapeuten – sehr viel gemeinsam haben. Der einzige Unterschied zwischen beiden besteht darin, daß der eine es weiß und der andere nicht. Der Hypnotiseur beschränkt sich weitgehend auf das Reich der Emotionen und macht sich kaum einen Gedanken über seine heilerischen Fähigkeiten. Der Heiler hingegen empfindet es geradezu als beleidigend, wenn man ihm unterstellt, mit Hypnose zu arbeiten. Dabei verschließt er die Augen vor den Vorteilen, die sich ihm böten, wenn er nur von seinem hohen Roß heruntersteige.

Franz Anton Mesmer, geboren 1734 in Iznang, einem kleinen Dorf am deutschen Ufer des Bodensees, begründete den sogenannten Mesmerismus, den Vorläufer der komplexeren Kunst der Hypnose. Mesmer glaubte an viele der Dinge, von denen hier in diesem Buch die Rede ist. In seiner Weise war er ein Heiler. Auch er behandelte durch Streichberührungen mit den Händen wie viele Heiler, wenngleich der Begriff »spirituell« nicht zu seinem Vokabular gehörte. Für ihn war alle Heilung physikalischen oder mentalen Ursprungs. Es war Mesmer, der in die Medizin den Begriff vom »animalischen Magnetismus«[1] einführte.

---

[1] 1779 veröffentlichte Mesmer seine *Abhandlungen über die Entdeckung des tierischen Magnetismus;* Anm. d. Ü.

Ungeachtet seiner zwei Doktortitel in Medizin und Philosophie standen die Kollegen den meisten seiner Theorien ablehnend gegenüber. (In den zweihundertfünfzig Jahren seit seiner Geburt hat sich in dieser Hinsicht nur wenig geändert; auch heute noch sind Wissenschaftler und Akademiker seinen Lehren gegenüber ausgesprochen skeptisch.) Mesmer ging davon aus, daß der Körper von einem bio-magnetischen Feld umgeben sei. Mit der Anwendung von Magneten konnte er in der Tat beeindruckende Heilerfolge erzielen, darunter bei Epilepsie, Hysterie und Depressionen. Seine Behandlungsmethode bestand darin, seinem Patienten Hufeisen auf den Körper, und zwar insbesondere auf die Fußsohlen und die Brust, aufzulegen. Er glaubte, daß man die geistige oder physische Gesundheit eines Menschen positiv oder negativ beeinflussen könne, wenn man in das Fließmuster des den Körper umgebenden Magnetfeldes eingreifen würde. Aufgrund der feindseligen Haltung seiner Kollegen, die die Tatsache, daß er ein blindes Mädchen nicht mit Hilfe von Magneten hatte heilen können, als Beweis dafür werteten, daß er Quacksalberei betreibe, mußte er Wien verlassen und flüchtete nach Paris.

In Paris benutzte er einen Apparat, der im wesentlichen aus einem runden Zuber aus Eichenholz mit magnetisiertem Wasser bestand. Die Leute saßen rings um diesen Zuber und hielten sich an den Händen, während Mesmer umherging und mit seinen Händen über sie strich oder sie mit seinem Blick fixierte – wahrscheinlich das erste Beispiel für eine Gruppentherapie. Dies spielte sich in den 1780er Jahren ab, lange bevor es die Theorien der Biochemie oder Biophysik gab. Wenn wir aber Mesmers Praktiken mit modernen Heilmethoden und den Theorien von den elektromagnetischen Feldern vergleichen, müssen wir zugeben, daß er vielleicht gar nicht so weit von der Realität entfernt war.

Sein Erfolg war so groß, daß er schließlich dazu überging,

Gruppen von bis zu einhundert Teilnehmern gleichzeitig zu behandeln. Dabei wandte er eine sonderbare Art von Gruppentherapie an, bei der jeder der Beteiligten sich an einem der Seile festhielt, die von einem magnetisierten Baum herunterhingen. Viele der so Behandelten berichteten nachher, völlig oder zumindest weitgehend von ihren Beschwerden befreit worden zu sein. Mesmer gründete schließlich die »Société de l'harmonie« (Harmoniegesellschaft), eine engagierte Vorläuferin der zweihundert Jahre später ins Leben gerufenen Holistic Medical Association[1]. Die orthodoxe Medizin aber ließ kein gutes Haar an ihm, und jeder, der sich auf seine Seite stellte oder in späteren Jahren seine Theorien verfocht, mußte damit rechnen, aus der Ärzteschaft ausgeschlossen zu werden. Diese Engstirnigkeit warf die Heilkunst wahrscheinlich um zweihundert Jahre zurück.

Erst in jüngster Zeit wurde die Heilung als das akzeptiert, was sie ist, nämlich im großen und ganzen eine Möglichkeit für die breite Masse, sich gegenseitig zu einer besseren Gesundheit zu verhelfen. Daß das Handauflegen Auswirkungen auf das elektromagnetische Feld des behandelten Menschen hat, steht zweifelsfrei fest. Wir alle beeinflussen die Menschen, mit denen wir in näheren Kontakt kommen, beziehungsweise werden von ihnen beeinflußt. Sind unsere gedanklichen Kräfte stark genug oder besteht bereits eine harmonisierende Bindung, können wir sogar dann Einfluß auf andere Menschen nehmen, wenn diese weit von uns entfernt sind. Ist eine Idee gut und für die Gesellschaft von Vorteil, so wird sie sich mit der Zeit durchsetzen, ganz gleich, was ihre Gegner aus ihrem eigenen Interesse heraus auch sagen oder tun mögen. Dies hat sich bei der Heilung und bei vielen anderen Therapieformen gezeigt.

[1] Dt.: Vereinigung für ganzheitliche Medizin; Anm. d. Ü.

Was ist ein hypnotischer Zustand? Diese Frage kann eigentlich niemand genau beantworten. Wir wissen nur, daß in der Hypnose aus irgendeinem Grund das Bewußtsein eingeengt ist und so für Suggestionen empfänglich wird und deren Inhalte, Anweisungen in das Unterbewußtsein dringen können, ohne zuvor einer kritischen Analyse durch den Verstand unterzogen worden zu sein. Ohne die Überwachung durch das abwägende und logisch denkende Bewußtsein nimmt das Unterbewußtsein alle Anweisungen, die man ihm suggeriert, ohne zu hinterfragen an, behält sie und handelt danach, wenn die Situation es erfordert. Der hypnotische Zustand ist induziert, wenn ein Mensch mit einem starken elektromagnetischen Feld das Feld eines anderen neutralisiert, der es zuläßt, und damit dessen normale logische Denkprozesse ausschaltet. In seinem Buch *The Body Electric* berichtet Dr. Robert O. Becker von einem amerikanischen Arzt, der Hypnose gegen Schmerzen einsetzt und der den Nachweis erbracht hat, daß das negative Potential im Stirnbereich in dem Maße an Negativität verliert, wie der Patient tiefer in Trance versinkt. In der Tat, so sagt er weiter, kann das Potential auf Null zurückfallen, wenn der Umkehrstrom nicht stark genug ist. Interessanterweise geschieht genau dies während einer Anästhesie. Im Prinzip besteht also wenig Unterschied zwischen einer hypnotischen und einer chemischen Anästhesie. In beiden Fällen werden die negativen Potentiale in den Gliedmaßen schwächer oder völlig aufgehoben, wenn die Wirkung der Anästhesie einsetzt. In tiefer Anästhesie kommt es sogar zu einer Umkehrung dieser Potentiale.

Den Ausführungen von Dr. Becker zufolge suggerierte der amerikanische Arzt seinem Patienten, daß er nun keine Schmerzen im Arm habe, woraufhin sich das Potential dieses Armes umkehrte. Die erzielte Wirkung unterschied sich in nichts von derjenigen nach einer Injektion von Prokain. Er stellte ebenfalls fest, daß der Patient, wenn er sich im wachen Zustand auf den Arm konzentrierte, größere Schmerzen verspürte und das Potential weiter in den negativen Bereich fiel. Dies zeigt nach seiner Ansicht ziemlich eindeutig, daß Hypnose tatsächlich den Schmerz blockiert und nicht nur den Patienten daran hindert, auf ihn anzusprechen. Dies beweist, daß das Gehirn Schmerzempfindungen ausschalten kann, indem es die Strompotentiale des Körpers wandelt.

Suggestibilität

Ich weiß, das alles klingt hochtechnisch, obwohl dies eigentlich kein Fachbuch sein soll. Dennoch halte ich es für wichtig, auf die Parallelen zwischen Hypnose, Heilung und medikamentöser Anästhesie hinzuweisen. Sie alle führen gleichermaßen zu veränderten Gehirnpotentialen. Dies sollten sich all jene vergegenwärtigen, die in Hörweite von Patienten in Narkose oder während einer Heilbehandlung arbeiten.

Der Hypnotiseur ist sich der Tatsache bewußt, daß alles, was er dem hypnotisierten Patienten sagt, von dessen Unterbewußtsein kritiklos angenommen und als Basis für künftiges Handeln genutzt wird, doch andere in Heilberufen tätige Menschen sind sich darüber nicht immer im klaren. Achtlose Gespräche im Operations- oder Heilbehandlungsraum, die geführt werden, noch bevor der Patient wieder voll ins normale Bewußtsein zurückgekehrt ist, können unsagbaren Schaden anrichten. Ein anästhesierter Patient wird sein Handeln nach der von seinem Unterbewußten mit angehörten Information ausrichten. Es sollte also unbedingt bedacht werden, daß ein Patient zwar nach außen hin schlafend oder tagträumend erscheinen mag, sein Unterbewußtes jedoch tatsächlich alles registriert, was es zu hören bekommt. So sollten in Gegenwart eines Patienten während Behandlung oder Pflege immer nur positive Kommentare abgegeben werden. Auf diesem Weg können Selbstheilungskräfte eines Patienten über dessen Suggestibilität wesentlich aktiviert werden.

Und wie verhält es sich mit Heilern? Sie sind sich völlig der Tatsache bewußt – oder sollten es zumindest sein –, daß sie das elektromagnetische Feld ihres Patienten beeinflussen, wenn ich auch glaube, daß viele nicht wissen, wie sie dies tun oder welche Wirkung ihr eigenes stärkeres Feld auf dasjenige der in ihrer Obhut Stehenden hat. Ich habe gesehen, wie Heiler ihre Hände um die Stirn ihres Patienten legten und diese dadurch in einen tiefen Entspannungszustand versetzten. Wer immer eine Heilbehandlung am eigenen Leib erlebt hat, wird bestätigen können, wie entspannend sie ist. Wer an die Heilung glaubt, das heißt, wer sich von der Behandlung einen Nutzen verspricht, der wird auch davon profitieren. Dies ist eine allgemein bekannte Tatsache. Und wer nicht glaubt, profitiert auch nicht.

Ich spreche hier nicht von dem, was man gemeinhin als »psychologischen Gewinn« bezeichnet. Der Nutzen ist vielmehr äußerst real, denn während der Heilbehandlung reduziert der Heiler tatsächlich den Stromfluß im Gehirn seines Patienten und läßt diesen so in einen veränderten Bewußtseinszustand eintauchen (in eben jenen Zustand, in dem wir uns unmittelbar vor dem Einschlafen befinden). Damit induziert der Heiler unwillentlich eine hypnotische Trance, in der sich der Patient, der eine Linderung seiner Schmerzen oder die Besserung eines körperlichen oder seelischen Leidens erwartet, in gewisser Weise selbst die Suggestion gibt. Der Heiler hilft seinem Patienten dabei, in einen sanften, manchmal auch tiefen hypnotischen Zustand zu gehen, und der Patient speist daraufhin seine eigenen Erwartungen und Hoffnungen direkt in das eigene Unterbewußtsein ein.

Ich kenne keine natürlichere, grundlegendere und nutzbringendere Art der Behandlung, sofern der Heiler nicht Kommentare oder Ratschläge erteilt, während sich der Patient noch in irgendeiner Weise in Trance befindet. Einmal mußte ich mit anhören, wie ein Heiler zu einem Patienten, der gerade aus dem durch die Heilbehandlung veränderten Bewußtseinszustand kam, sagte: »Sie werden mit Ihrer Hand wahrscheinlich Ihr ganzes Leben lang Probleme haben.« Nachdem er dies sagte, wird er sie nun bestimmt haben! Das Unbewußte des Patienten wird mit Sicherheit auf eine Suggestion reagieren, die ihm mit solcher Überzeugung dargeboten wird. Dennoch habe ich von Ärzten noch viel krassere Dinge gehört, wenn diese mit Patienten sprachen, die sich im Schockzustand befanden, beispielsweise nachdem man ihnen die Diagnose Krebs gestellt hatte oder während sie nach einer Operation zu sich kamen.

Ich habe auch schon erlebt, wie Heiler zu ihren Patienten sagten: »Es wird wahrscheinlich ein oder zwei Tage lang weh tun. Doch am Dienstag sollten Sie alles überstanden haben.« Und was geschieht in solchen Fällen? Der Patient wird sich melden und dem Heiler mitteilen, daß er völlig recht hatte. Sie hatten so lange Schmerzen, bis sie am Montag abend zu Bett gingen, doch am Dienstag morgen waren sie völlig verschwunden. Woher wußte der Heiler das? Er hat es nicht gewußt. Er hat seinem Patienten lediglich, ohne es zu wollen, diese Suggestion mit auf den Weg gegeben. Allein die Tatsache, daß er es sagte, führte dazu, daß er recht behalten sollte. Ich weiß dies, weil ich es selbst ausprobiert habe, um diese Theorie zu erhärten. Ich machte Bemerkungen wie: »Sie werden keinerlei Schmerzen haben. Nur am Donnerstag, in vier Tagen also, wird es ein paar Stunden lang weh tun, doch das geht wieder vorbei.« Und glauben Sie mir, es tut dem Ego mehr als gut, in der darauffolgenden Woche zu hören, wie gut man sei, wo doch alles genau so gekommen ist, wie man es vorausgesagt hatte.

Diese Erkenntnis aber ist alles andere als neu. Schon Jesus sagte vor zweitausend Jahren: »Dein Glaube hat dich gesund gemacht.«

Sich die Suggestibilität eines Menschen zunutze zu machen, um dessen Einstellung seiner eigenen Gesundheit gegenüber zu verbessern, ist in der Regel die Aufgabe des Hypnotherapeuten. Wenn auch diese sich in der Regel vornehmlich emotionalen Problemen widmen, steigt die Zahl derer, die sich auch mit der physischen Heilung befassen.

Welche Rolle kommt in diesem Zusammenhang nun den Ärzten zu? Diese tragen große Verantwortung, nicht nur für die von ihnen verordnete Behandlung, sondern auch für die Wahl ihrer Worte. In vielen Fällen können Worte viel rascher und effektiver töten oder heilen, als es eine Krankheit oder die Behandlung selbst fertigbringen. Wer im Sprechzimmer des Arztes die Mitteilung erhält, daß er an Krebs oder multipler Sklerose oder einer anderen schrecklichen Krankheit leidet, der verfällt sofort in eine Art Schockzustand.

Wird der Betroffene von Chirurgen oder Ärzten im weißen Kittel ohne böse Absicht in einem Fachjargon angesprochen, dem er akustisch kaum folgen, geschweige denn ihn begreifen kann, so fühlt er sich oftmals unbedeutend, klein und hilflos. Der Schock wird so groß, daß man dann nur noch Schlüsselworte wie »Krebs«, »ernst« und »drei Monate« aufnimmt. In einer solchen Situation befindet sich der Patient in einer Art Trance; das heißt, sein logisches Bewußtsein wird umgangen, der bewußte Wille ausgeschaltet beziehungsweise eingeengt, und die Schlüsselworte gelangen auf direktem Wege in das Unterbewußtsein. Das logische Bewußtsein wird durch den mit Angst und Schock einhergehenden Streß außer Gefecht gesetzt. Der Betreffende kann dann nicht mehr logisch denken, und in dem Maße, wie der Intellekt abschaltet, dringen die Schlüsselworte direkt in das Unterbewußte vor – in jenen Bereich des Gehirns also, der dafür verantwortlich ist, daß die erhaltenen Anweisungen auch befolgt werden.

So programmiert der Arzt den Computer seines Patienten, ohne es zu wollen, auf Selbstzerstörung. Indem er einem Menschen, der unter Schock steht, Prognosen liefert, sorgt er dafür, daß sich diese auch realisieren. Nachdem er die Zeitbombe mit einer Abfolge von Befehlen scharf gemacht hat, ohne Anweisungen zu deren Abschaltung zu geben, startet er eine Reihe von Behandlungen, die nur selten erfolgreich, immer aber grauenvoll, schmerzhaft und menschenunwürdig sind.

Die Worte, die Ärzte in solchen Situationen ihren Patienten gegenüber verwenden, können töten oder heilen, beängstigen oder beruhigen. Ich will diesen Punkt nicht weiter ausführen, wenn er mir auch sehr am Herzen liegt. Ich möchte das Gesagte lediglich anhand eines klassischen Beispiels verdeutlichen:

Eine Frau rief mich an, um einen Termin wegen ihrer steifen Schulter zu vereinbaren. Beschwerden wie diese lassen sich manchmal in wenigen Minuten beheben, manchmal aber, besonders wenn sie seit längerem bestehen, kann die Behandlung auch mehrere Sitzungen erfordern. Hier hatte ich es mit einem der leichteren Fälle zu tun. Nach etwa fünf Minuten konnte die Frau ihre Schulter wieder ganz normal bewegen. Nachdem wir einen Termin für ein halbstündiges Gespräch vereinbart hatten und die Zeit noch längst nicht abgelaufen war, fragte ich sie, ob sie darüber hinaus noch andere Probleme habe. In diesem Augenblick fiel mir auf, daß ihr linker Arm auffällig steif war, obwohl ich sie doch soeben an der rechten Schulter behandelt hatte. Daraufhin erzählte sie mir, daß sie etwa drei Jahre zuvor einen leichten Schlaganfall erlitten habe und ihr Arm seither gelähmt sei. Sie habe damals noch andere Symptome gehabt, doch diese seien mit der Zeit mehr oder weniger verschwunden, und nur die Lähmung im Arm sei zurückgeblieben.

Ich umfaßte den betroffenen Arm, und mir fiel auf, daß sich dieser für einen gelähmten Arm erstaunlich leicht anfühlte. In einem normalen Arm fließt elektrischer Strom, und er ist umgeben von einem elektromagnetischen Feld, das der Schwerkraft entgegenwirkt. Wenn bei einem Schlaganfall Nerven beschädigt werden und der Stromzufluß in einen Körperteil unterbrochen wird, bricht normalerweise das elektromagnetische Feld in diesem Bereich zusammen, und der betreffende Körperteil fühlt sich ausgesprochen schwer an. Die Leichtigkeit des Armes ließ folglich darauf schließen, daß alle Nervenfunktionen in Ordnung waren, und ich konnte keinerlei Grund sehen, warum die Beweglichkeit des Armes beeinträchtigt sein sollte.

Ich hob also den betroffenen Arm sanft nach oben bis über den Kopf, während ich das elektromagnetische Feld der Patientin mit dem meinen unterstützte. Nun bat ich sie, ihren Arm über ihren Kopf zu halten. Dann holte ich mir einen kleinen Hocker, setzte mich direkt vor sie, sah ihr fest in die Augen und sagte: »Senken Sie Ihren Arm.« Und sie tat, wie ich ihr geheißen hatte.

Ich hielt weiter ihren Blick und wies sie an, ihren gelähmten Arm über den Kopf zu heben, und auch dies tat sie. Hier mußte ich lachen. Sie schaute verdutzt, erhob sich dann von ihrem Stuhl und fing an, im Zimmer herumzutanzen und ihren Arm hin und her zu schwenken, wobei sie erklärte, Gott habe durch mich ein Wunder bewirkt und ich sei wirklich ein geistiger Heiler. In diesem Augenblick wurde mir mulmig, denn ich sah schon Hunderte von Schlaganfallpatienten vor meiner Tür Schlange stehen, die sich alle eine Wunderheilung von mir erhofften – so eine Art Lourdes für arme Leute ... Und so war mir sehr daran gelegen, ihr das Ganze möglichst schnell zu erklären.

Zum Zeitpunkt ihres Schlaganfalls war sie wahrscheinlich in einen Schockzustand geraten, in dem das logische Denken abgeschaltet war und sie alles annahm, was der zuständige Arzt in seinem weißen Kittel zu ihr sagte. Dieser freundliche Mann hatte wahrscheinlich beiläufig zu ihr gesagt: »Diesen Arm werden Sie wohl nicht mehr benutzen können.« Da sie sich aber in einem durch einen Schock verursachten hypnotischen Zustand befand, hatte ihr Unterbewußtes diesen Satz als Anweisung gespeichert. Und so hielt dieses selbst dann noch hartnäckig an dieser Anweisung fest, nachdem der Schock und die Symptome des Schlaganfalls längst vergangen waren. Erst als jemand anderes mit größerer Autorität oder mentaler Kraft kam und diese Anweisung aufhob, konnte sie wieder die Kontrolle über ihren Arm gewinnen. Dies ist bei weitem kein Einzelfall. Es sind mir viele dieser Art begegnet. Wäre es infolge des Schlaganfalls zu irgendwelchen physischen Schäden gekommen, so hätte ich natürlich nicht helfen können. Ist erst einmal ein bleibender Schaden entstanden, kann ich nichts tun, um die Situation zu ändern, und es ist schlichtweg falsch, wenn Heiler behaupten, durch sie selbst oder durch Gott sei eine Wunderheilung möglich geworden, wo dies nicht der Fall ist. Ich bin davon überzeugt, daß in jedem einzelnen Fall, wo ein Aufenthalt in Lourdes tatsächlich eine Heilung bewirken konnte, der Erfolg einzig und allein darauf zurückzuführen war, daß der Glaube an die Wirkkraft des heiligen Wassers stärker war als die Situation, die die Lähmung hervorgerufen hat. Wer nach Lourdes fährt, wird durch seinen Glauben geheilt, der die während eines Schockerlebnisses aufgenommene Überzeugung oder Suggestion bricht. Auf ähnliche Weise können bei bestimmten Formen von Gottesdiensten, in denen sich die Gemeinde in einen hypnotischen Begeisterungszustand hineinsteigert, verschiedene emotionale oder schockinduzierte Leiden geheilt werden.

Selbst auf die Gefahr hin, exkommuniziert, gesteinigt, auf dem Scheiterhaufen verbrannt oder anderen Peinigungen unterzogen zu werden, die all jenen drohen, die heutzutage Zweifel an solchen Glaubenssätzen anmelden, bin ich der kategorischen Überzeugung, daß Gott sich nicht dazu entschließt, dem einen Menschen zu helfen und dem anderen nicht, nur weil dieser einer anderen Religion angehört. Ich habe erlebt, wie Menschen im wahrsten Sinne des Wortes »ihr Bett nahmen und gingen«, doch alles, was ich für mich in Anspruch nehmen kann, ist, daß ich das innere Bedürfnis dieser Menschen nach Liebe und Verständnis erkenne und fühle. Dies und nichts anderes versetzt mich in die Lage, anderen zu helfen.

In Situationen, in denen Emotionen zur Hysterie übersteigert werden, kann es immer zu einer Auflösung und Befreiung von Traumen kommen. Typische Beispiele hierfür sind bestimmte religiöse oder evangelikale Zusammenkünfte. Ob es sich nun um Großveranstaltungen auf Wembley-Stadion-Niveau oder um kleine Gruppentreffen handelt, auf jeden Fall werden die Teilnehmer über Gebete und Musik in einen hypnotischen oder hysterischen Zustand geführt, der bei bestimmten Menschen die Auflösung von Traumen bewirkt. In dem Augenblick, wo es zu einer Wiederbelebung des Traumas kommt, überträgt das Unterbewußte dem logischen Verstand wieder die volle Verantwortung für den Körper, und die psychosomatischen Beschwerden werden geheilt. Dies ist jedoch mit zweierlei Gefahren verbunden. Zum einen kann es sein, daß das Trauma nur teilweise wiederbelebt wird und der betreffende Mensch in einen Zustand seelischen Ungleichgewichts verfällt. Zum anderen könnte die Gemeinde, die in einen emotional stark aufgeladenen Zustand gebracht wurde, in einen hypnoseähnlichen Zustand eintauchen. Damit ist sie in hohem Maße anfällig für Suggestionen ihres Predigers. Dies sind die perfekten Voraussetzungen für Gehirnwäsche. Hitler war ein Meister dieser Kunst.

Priester, Prediger und religiöse Führer können unbedacht oder auch zum Teil berechnend großen Schaden anrichten, indem sie den empfänglichen und unreifen Mitgliedern ihrer Gemeinden vom Jüngsten Tag und anderen Horrorvisionen erzählen. Eine durch Angst verursachte Krankheit zählt sicherlich zu den wichtigsten unsere Gesundheit beeinträchtigenden Faktoren, und wer oder was aus welchem Grund auch immer in einem anderen Menschen Angst auslöst, ist schuld daran, daß dessen Gesundheit leidet.

Phobien

Ich mache keinen Unterschied zwischen Phobien, Depressionen und emotionalem Streß oder Allergien. Sie alle haben ein und denselben Ursprung: eine unbewältigte Angst, die zur Unterdrückung von Gefühlen führt; diese machen dem Opfer auf die eine oder andere Weise so lange zu schaffen, bis sie schließlich wiederbelebt und losgelassen werden.

In Annes Fall handelte es sich um eine Angst vor Federn, eine sogenannte Pteronophobie. Ich stellte mich hinter Anne und ließ sie sich ein oder zwei Minuten lang entspannen. Als ich fühlte, daß ich ihre Gehirnwellenfrequenz so weit reduziert hatte, daß sie sich in dem gewünschten veränderten Bewußtseinszustand befand, bat ich sie, sich an das erste Mal zu erinnern, wo sie diese Angst vor Federn empfunden hatte. Ihr Unterbewußtsein war nur allzu bereit, die angstbesetzten Gedanken herauszulassen, die die negativen Gefühle hervorgerufen hatten. Sie erinnerte sich ziemlich deutlich daran, wie man sie als dreijähriges Mädchen in ein Gebäude voll mit Truthähnen geführt hatte, wo gerade für Weihnachten geschlachtet wurde. Sie beschrieb die Szene mit graphischer Genauigkeit aus ihrer Sichtweise als kleines Kind. Sie stand bis zu den Knien in Federn, Federn wirbelten vor ihrem Gesicht herum, sie hatte das Gefühl, in Federn zu ersticken. Anne hatte schreckliche Angst, daß die Truthähne, die noch immer frei umherliefen und ihr doppelt so groß vorkamen wie sie selbst, sie angreifen würden. Sie mußte mit ansehen, wie die Tiere in panischer Angst davonliefen, bevor man sie fing und auf ziemlich barbarische Weise tötete. Und dann gab es noch mehr Federn, Federn, überall Federn. Man lachte sie aus, als sie wie versteinert dastand und schrie; und dann erinnerte sie sich noch, wie man ihr sagte, sie solle sich nur nicht so anstellen. Nach einiger Zeit schließlich nahm sie irgend jemand auf den Arm und brachte sie ins Freie.

Dem Unterbewußtsein fiel es nicht schwer, diese Erinnerung zu verdrängen, doch wann immer es mit irgend etwas konfrontiert wurde, was wie eine Feder aussah, reagierte es mit Warnsignalen in Form von Panik und Angst. Nachdem das Kindheitstrauma ans Licht gekommen war, konnte aus Anne, dem Kind, Anne, die Erwachsene, werden. Die Erinnerung wurde in den richtigen Kontext gestellt und verursachte keine weiteren Probleme. Ist die Ursache einer Phobie erst einmal ins Gedächtnis zurückgekehrt und losgelassen worden, hört diese auf zu existieren.

Agoraphobie

Eine weitere, ziemlich häufig vorkommende Phobie ist die sogenannte Agoraphobie, die Angst vor freien Plätzen. Im speziellen Fall meiner Patientin Alice traten die Symptome erstmals auf, als sie bereits Mitte Vierzig war und plötzlich feststellte, daß sie jedesmal in Panik geriet, wenn sie aus dem Haus gehen mußte oder von einem Geschäft auf die Straße kam. Da etwa sechs Monate zuvor ihr Vater gestorben war, ging man davon aus, daß das Ganze eine Folge des Schocks über diesen Verlust gewesen sei. Der Zustand dauerte viele Jahre an, bis Alices Weg sie schließlich in meine Praxis führte. Bis dahin hatte sie alle üblichen Formen von psychologischer Beratung, medikamentöser Behandlung sowie diverse andere Therapien hinter sich, doch nichts hatte geholfen. Ihren eigenen Worten zufolge nahm die Phobie ihr die ganze Lebensfreude. Sie hatte einen Punkt erreicht, wo sie keinen Schritt mehr vor die Tür setzte. Ihre Freunde besuchten sie nicht mehr, und ihre Ehe war stark in Mitleidenschaft gezogen.

Die besondere Schwierigkeit bei emotionalen Problemen besteht in der Tatsache, daß man sie nicht sehen kann. Wenn die Freunde des Betreffenden also nicht am eigenen Leibe erfahren haben, worum es dabei geht, werden sie wohl kaum großes Verständnis aufbringen. Ihre üblichen Ratschläge lauten: »Reiß dich zusammen« oder »Mach dich doch nicht lächerlich«, doch diese können nichts fruchten, weil wieder einmal unser guter, alter Freund, das Unterbewußtsein, das Steuer in der Hand hält. Das Unterbewußtsein aber ist durch vergangene Erfahrungen konditioniert und immun gegen logische Argumente. Ich hielt meine Hände über Alices Kopf und ließ sie so in einen veränderten Bewußtseinszustand eintreten. Bereits nach fünf Minuten konnte sie sich daran erinnern, wann sie zum erstenmal auf der Straße in Panik geraten war. Ihr Vater hatte sie als Vierjährige zum Einkaufen in die nahe gelegene Stadt mitgenommen. Dabei hatte sie irgendwie ihren Vater aus den Augen verloren und war auf die Straße hinausgetreten. Versuchen Sie einmal, sich vorzustellen, was ein vierjähriges Kind in einer solchen Situation empfindet. Der

Bürgersteig, die Geschäfte, die Autos – all das erscheint aus der Perspektive eines kleinen Kindes um ein Mehrfaches größer. Und plötzlich wird es sich bewußt, daß es ganz allein ist, völlig auf sich gestellt, auf einer riesigen, breiten Straße, an allen Seiten überragt von ernst dreinschauenden, unbekannten Menschen, die es alle eilig zu haben scheinen. Es muß sich einfach unsicher fühlen. Man fühlt sich so klein, wenn man von Menschen umgeben ist, die wie Riesen wirken. Man sieht ringsum nichts als Beine. Und man verliert das Gefühl für Entfernungen, weil man nicht über die Menschen hinwegblicken kann.

Interessanterweise war Alices erster Gedanke in dieser Situation nicht: »Wo ist mein Vater?«, sondern: »Woher bekomme ich etwas zu essen, wo werde ich schlafen, wer bringt mich ins Bett?« Meine Erfahrung hat mich gelehrt, daß Menschen beim Wiederbeleben eines Kindheitstraumas nur selten zuerst an ihre Eltern denken. Ihre Gedanken sind fast ausnahmslos auf Fragen des Überlebens gerichtet. Bis Alice von ihrem Vater gefunden wurde, war sie bereits in einem Stadium der absoluten Panik. Die Sorge darüber, wie sie allein zurechtkommen sollte, war kaum noch zu bewältigen. Die Panik legte sich natürlich in dem Augenblick, wo Alice ihren Vater sah. Sie erhielt die übliche Strafpredigt, und zum Schluß fügte der Vater hinzu: »Und wenn du mich wieder einmal verlierst, dann warte innen an der Tür auf mich.« Der Zwischenfall war schon bald vergessen. Doch nicht von unserem immer achtsamen Freund, dem Unterbewußtsein. Als Überwachungsinstanz, die für unser Überleben verantwortlich ist, liegt es ständig auf der Lauer und vergißt nichts. Und als Alices Vater vierzig Jahre später starb, erinnerte sich das Unterbewußte in aller Deutlichkeit daran, was das letztemal geschehen war, als sie von ihm getrennt war. Damals, als Vierjährige, war Alice in Panik ausgebrochen, und das Unterbewußte speicherte die nach diesem Erlebnis erhaltenen Anweisungen sorgfältig ab. Die Anweisung lautete: Wenn ich meinen Vater verliere, muß ich immer drinnen bleiben oder in Panik geraten.

Das Unterbewußte macht sich nicht viel aus Kleinigkeiten wie einem Altersunterschied. Es hat seine Anweisungen. Wenn ich von meinem Vater getrennt werde, muß ich drinnen bleiben. Als Alices Vater starb, sagte jemand zu ihr: »Es tut mir leid, daß Sie Ihren Vater verloren haben.« Damit hatte das Unterbewußtsein sein panikauslösendes Stichwort erhalten. Fortan tat es alles, was in seiner Macht stand, um Alice so lange daran zu hindern, ins Freie zu gehen, bis der Vater gefunden war. Auch in diesem Fall genügte es, daß sich Alice – die Erwachsene – an das Ereignis erinnerte und die Zusammenhänge verstand, um das Unterbewußtsein zur Aufgabe seiner Verantwortung für diese Situation zu bewegen. Danach konnte Alice ihre Phobie schnell ablegen.

Soweit dazu, wie man anderen Menschen helfen kann, ihre Phobie loszuwerden. Was aber, wenn der Heiler selbst unter einer Phobie leidet? Man scheint gemeinhin anzunehmen, daß allein die Tatsache, daß ich Heiler bin, genügt, um sicherzustellen, daß ich niemals krank bin oder jedes Leiden schnell überwinden kann, indem ich mich selbst behandle. Doch leider ist dies nicht so einfach. Ich wünschte, es wäre so. Wenn meine Beine schmerzen, ich mir ein Gelenk verstauche oder Rückenschmerzen habe, ist es sehr schwer, meine eigenen Hände auf die betroffene Körperstelle aufzulegen. Und außerdem kann ich mit meinem eigenen Energiepotential kaum in mein eigenes Energiepotential eingreifen. Eine physische Heilung, wie sie weiter oben beschrieben ist, kommt also eigentlich bei mir nicht in Frage. Aus diesem Grunde arbeite ich mit Selbsthypnose, um mich zu heilen.

Dies klingt schwieriger, als es ist, denn im Grunde handelt es sich hier um nichts anders als eine Art von Meditation. Ich verlasse meinen Körper im spirituellen Sinne und sehe mich aus der Ferne (mehr hierzu erfahren Sie in Teil III). Von hier aus bin ich sehr wohl in der Lage, meinem »entfernten« Körper Heilenergien zu schicken. Dies ist sehr effektiv. Es kommt natürlich darauf an, sich selbst von außerhalb sehen zu können, und der beste Zeitpunkt für eine solche Behandlung ist der Augenblick unmittelbar vor dem Einschlafen. Fühlen Sie in dem Moment des Hinübergleitens in den Schlaf, wenn Ihnen dies gelingt, wie Ihr Körper immer schwerer wird, doch halten Sie Ihren Geist wach! Wenn Sie das schaffen, haben Sie sich selbst erfolgreich in tiefe Hypnose versetzt, und in diesem Zustand ist alles möglich. Wenn Sie nun ein physisches oder emotionales Problem haben, dann können Sie dies im Zustand der Selbsthypnose analysieren. Lassen Sie mich zur Erläuterung von etwas berichten, das mir selbst begegnet ist. Meines Wissens habe ich vor nichts Angst, schon gar nicht vor dem Sterben. Ich war immer der Ansicht, daß das, was mit meinem Körper geschieht, nachdem ich das Interesse an ihm verloren habe, eigentlich nicht mein Problem ist. Ob Beerdigung oder Feuerbestattung, ist in Wirklichkeit ohne Belang. Ich werde ja ohnehin nicht dabeisein, und solange nur jemand dafür sorgt, daß mein weniges Hab und Gut weggeräumt wird, mache ich mir darüber einfach keine weiteren Gedanken. Aber im Frühjahr 1992 änderte sich das auf einmal. Ich kann nicht sagen, warum, doch ich dachte plötzlich, daß es womöglich nicht so gut wäre, sich verbrennen zu lassen.

Zuerst erkannte ich nicht einmal, daß sich meine Einstellung geändert hatte. Das Ganze geschah auf so allmähliche, subtile, aber auch ganz bestimmte Art und Weise. Je mehr ich darüber nachdachte, desto vehementer rührte sich in mir der Widerstand gegen eine Feuerbestattung. Bis dahin war es mir nicht in den Sinn gekommen, mich zu fragen, warum ich überhaupt darüber nachdachte. Die Wochen vergingen, und der Gedanke, mich verbrennen zu lassen, erschien mir immer abstoßender. Schließlich beschloß ich, an die Medizinische Fakultät in Nottingham zu schreiben und meinen Leichnam der Forschung zur Verfügung zu stellen. Wirklich alles, dachte ich, wäre besser, als verbrannt zu werden. Ich setzte mich also hin und schrieb einen, wie mir schien, ziemlich guten Brief angesichts der Tatsache, daß ich meinen Körper der Wissenschaft anbot, obwohl noch mindestens vierzig Jahre vergehen würden, bevor man mit einer Lieferung rechnen konnte!

In diesem Augenblick erkannte ich auf einmal, was mit mir los war. Dies waren die Symptome einer Phobie, und so mußte ich mich zuallererst fragen, was meine Ängste ausgelöst hatte. Ich setzte mich also zum erstenmal hin und dachte über das Ganze nach. Ich trug dieses Gefühl seit etwa drei Monaten in mir. Was war also etwa drei oder vier Monate zuvor geschehen? Es mußte irgend etwas gewesen sein, das mit Feuerbestattungen oder Verbrennungen zu tun hatte. Ich hatte an keiner Beerdigung teilgenommen, ich wußte von niemandem, der verbrannt worden war. Oder doch? Meine Schwiegertochter hatte sich etwa um diese Zeit die Handflächen am Grill verbrannt, so daß sie im Krankenhaus behandelt werden mußte. Es war nichts Ernstes, doch sie mußte sich in ärztliche Behandlung begeben, und man hatte ihre Hände bandagiert. Darum also hatte mir mein Unterbewußtsein eine Warnung geschickt. Aber warum nur?

Da gab es nur eines, was ich tun konnte. Ich mußte mein bisheriges Leben durchforschen. Ich versetzte mich also wie zuvor beschrieben in Selbsthypnose und ließ meine Erinnerungen Revue passieren. Ich wußte, daß es sich hier um ein Kindheitstrauma irgendeiner Art handeln mußte, und weil ich innerlich bereits darauf eingestellt war, brauchte ich nur wenige Minuten, um herauszufinden, worin meine Angst vor Verbrennungen begründet war.

Im Alter von etwa vier oder fünf Jahren rutschte ich aus und fiel in einen offenen Kamin, in dem ein Kohlenfeuer brannte. Im Fallen streckte ich natürlich die Hände aus, um mich abzustützen, und kleine Hände verbrennen sehr leicht. Meine Mutter stand dabei und riß mich schnell hoch, doch ich hatte mir bereits schwere Verbrennungen an den Handflächen zugezogen. Es war eine sehr beängstigende Erfahrung. In dem hypnotischen Zustand durchlebte ich den Zwischenfall noch einmal, und während ich fiel, durchzuckte mich in panischer Angst der Gedanke: »Ich will nicht verbrannt werden!«

Damit hatte ich die Verbindung hergestellt. Nachdem ich davon erfahren hatte, daß sich meine Schwiegertochter die Handflächen verbrannt hatte, schickte mein Unbewußtes die Panikmeldung »Ich will nicht verbrannt werden!« zu mir herauf. Es vergaß aber, mir gleichzeitig zu sagen, daß sich diese Botschaft auf jene Situation bezog, die ich damals als kleines Kind bei meinem Sturz ins Feuer erlebt hatte. Ich deutete sie folglich entsprechend meinem jetzigen Alter und brachte das Verbranntwerden mit Feuerbestattung in Verbindung. Hätte ich meine Gefühle nicht durch logische Überlegung und Wiederbeleben freisetzen können, hätte ich wahrscheinlich für den Rest des Lebens panische Angst davor gehabt, einmal verbrannt zu werden. Doch wie es im Moment aussieht, ist der medizinischen Wissenschaft leider eine der interessantesten Sammlungen alter Knochen verlorengegangen.

Allergien

Ich habe festgestellt, daß Allergien in vielen Fällen nichts anders als eine Form von Phobie sind. Bei mehreren meiner Patienten stellte sich heraus, daß ihre allergische Reaktion auf Zucker oder Milch direkt auf ein Kindheitstrauma zurückzuführen war, auf das sie irgendwann einmal in ihrem späteren Leben reagierten.

Ich erinnere mich an einen Patienten, der mich wegen seiner Milchallergie aufsuchte. Er hatte seit sieben Jahren damit zu tun, und die Allergie hatte derart extreme Ausmaße angenommen, daß er sich völlig milchfrei ernähren mußte. Da ein Großteil unserer heutigen Nahrungsmittel Milchprodukte der einen oder anderen Art enthält, erwies sich dies als äußerst kompliziert. Er berichtete mir, daß sich die Allergie zum erstenmal bemerkbar machte, nachdem ihn seine Frau verlassen hatte. Mit Hilfe der üblichen Heiltechniken konnte er sich Erinnerungen an seine frühere Kindheit ins Gedächtnis zurückrufen, unter anderem daran, wie seine Mutter seinen Vater verlassen hatte, als er nur wenige Monate alt war. Der Vater war Alkoholiker geworden. Er »hing an der Flasche«, wie es hieß. Die Verbindung war schnell hergestellt. Im Unterbewußtsein des Kindes hatte sich eingeprägt, daß der Vater seine Frau verloren hatte, weil er zuviel aus der Flasche getrunken hatte. Angesichts seines Alters war es nur natürlich, daß der Junge annahm, sein Vater würde Milch aus dieser Flasche trinken. Nun machen wir einen Zeitsprung um vierzig Jahre nach vorn. Die Frau verläßt ihn, er will sie zurückhaben, sein Unterbewußtes erinnert sich an die frühere Situation und beginnt, sich gegen alle Milchprodukte zu wehren. Es handelt sich hier also um einen unbewußten Wunsch, die Ehe zu retten. Dies kann man natürlich mit dem logischen Verstand niemals nachvollziehen, doch ist die Verbindung erst einmal hergestellt, beginnt sich die Allergie zu legen. Das Unterbewußte hat seine Botschaft überbracht. Dies ist beileibe kein Einzelfall. Es sind mir mehrere dieser Art begegnet.

Alkoholismus

Meine Erfahrung hat gezeigt, daß auch der Alkoholismus in vielen Fällen ein angstbedingtes Leiden ist. In der Regel behandle ich keine Alkoholiker, weil diese Hilfe von Spezialisten brauchen und mir die entsprechende Ausbildung fehlt. Wie auch immer, eines Tages rief mich eine Frau an und bat mich, ihr bei der Lösung ihres Alkoholproblems zu helfen. Etwas an ihrer Geschichte paßte nicht zu den Problemen, die normalerweise im Zusammenhang mit Alkohol bestehen, und so erklärte ich mich bereit, sie zu empfangen. Sie kam pünktlich am Freitag abend zur vereinbarten Zeit in meine Praxis.

Sie berichtete, daß sie mit dem Trinken angefangen hatte, kurz nachdem sie ihr Kind zur Welt gebracht hatte. Es fiel ihr auf, daß es ihr nicht recht war, wenn Verwandte oder Freunde kamen, um sie zu besuchen und das Baby in Augenschein zu nehmen, und das Ganze nahm groteske Formen an, als sie selbst ihren Mann daran hindern wollte, das Kind zu sehen. Sie hatte ein richtiggehendes Programm entwickelt, um sicherzustellen, daß das Kind im Bett war, bevor der Vater von der Arbeit nach Hause kam, und erst wieder aufstand, nachdem er morgens aus dem Haus gegangen war.

Natürlich gelang ihr das nicht immer. Manchmal bestand ihr Mann darauf, sein Kind zu sehen, und sie konnte ihm auch nicht verwehren, das Wochenende mit ihm zu verbringen. Erst dann fiel ihr auf, daß sie jedesmal etwas zu trinken brauchte, wenn irgend jemand außer ihr selbst – auch ihr Mann – bei dem Baby war. In dem Maße, wie das Kind älter wurde, konnte sie immer weniger vermeiden, daß es mit Mitgliedern der Familie, mit Freunden oder Nachbarn in Kontakt kam und daß diese mit ihm spielten. Und so trank sie immer mehr.

»Es half alles nichts«, sagte sie. »Jedesmal, wenn jemand ins

Haus kam, griff ich zur Flasche. Vor allem, wenn der Besucher wieder gegangen war.«

Als sie zu mir kam, war sie bereits eine echte Alkoholikerin, oder etwa nicht? Als wir uns in die Kindheitsgeschichte vertieften, wurde deutlich, daß ihre Mutter oft vergessen hatte, ihr die Flasche zu geben, vor allem, wenn jemand zu Besuch gekommen war. Dies geschah dermaßen oft, daß sie eine regelrechte Aversion gegen alle Besucher entwickelte. Als Baby assoziierte sie schnell Besuch mit dem Vorenthalten von Nahrung. Dreiundzwanzig Jahre später bekam sie selbst ein Kind. Und ihr Unterbewußtes sagte: »Ich erinnere mich noch daran, wie es ist, ein Baby zu sein. Immer wenn Besuch da ist, bekomme ich keine Flasche.«

Unglücklicherweise ist das Unterbewußte nicht in der Lage, dem Alter entsprechend eine Flasche zu differenzieren und zu typisieren. Nachdem die Phobie erst einmal durch die Ankunft des Babys und die damit verbundenen Assoziationen an eigene frühkindliche Erlebnisse ausgelöst worden war, sehnte sich das mittlerweile erwachsen gewordene Opfer jedesmal nach einer Flasche, wenn jemand zu Besuch kam. Doch ein Schluck aus der Flasche ist für einen Erwachsenen, der die unterbewußten Sehnsüchte nicht zu deuten weiß, gleichbedeutend mit Alkohol. Als die Patientin diese Zusammenhänge verstanden hatte, war ihr Problem gelöst.

Gefühle

Gefühle sind eingespeicherte Reaktionen auf gegenwärtige oder vergangene Situationen. Bei fast allen unseren Gefühlen handelt es sich um programmierte Antworten. Dieses Programm wurde in unserer frühesten Kindheit erstellt. Eines der am meisten gesundheitsschädigenden Gefühle, die dem Menschen mit auf den Weg gegeben werden können, ist Angst. Angst zu haben ist gut und richtig, wenn sie uns ermöglicht, aus einer lebensbedrohenden Situation zu fliehen oder uns vor Gefahren zu schützen – wenn sie uns also beispielsweise davor warnt, als kleine Kinder Beeren im Wald zu essen oder mitten im Straßenverkehr zu spielen. Wenn uns aber beigebracht worden ist, unterbewußt mit Angst auf die Meinung, die ein anderer von uns hat, zu reagieren, dann haben wir eine schlimme Reaktion in unser Unterbewußtsein eingebaut.

Ängste sind deswegen so problematisch, weil sie uns daran hindern, aktiv zu handeln. Sie wirken wie eine Bremse und halten uns davon ab, uns in neue Situationen zu begeben. Dabei haben meistens nicht wir selbst, sondern andere die Hand am Bremshebel. Wie viele von Ihnen, die Sie dieses Buch lesen, würden wohl gerne noch heute etwas völlig Neues in ihrem Leben anfangen, tun es aber nicht, weil sie die Meinung der anderen fürchten. Das ist Angst. Angst vor dem, was die anderen von Ihnen denken könnten. Angst, abgelehnt zu werden.

Ich verbringe einen Großteil meiner Zeit damit, meine Patienten zu beraten und ihnen zu helfen, Probleme zu überwinden, die sie daran hindern, ihr Leben voll auszukosten. Ich würde sogar noch weiter gehen und sagen, daß viele der Menschen, die sich mit Streß oder emotional bedingten Depressionen an mich wenden, nur deswegen leiden, weil sie Angst davor haben, bei ihren Mitmenschen schlecht dazustehen.

In dem Augenblick, wo Ihr Partner, Ihr Freund oder die Bekannten, vor allem aber Ihr Feind erkennen, daß Sie in irgendeinem Bereich Ihres Lebens auf seine Zustimmung angewiesen sind, werden Sie moralisch erpreßbar und damit zwangsläufig zum Sklaven.

Ablehnung ist etwas, was wir schon sehr früh in unserem Leben kennenlernen. Sie alle erinnern sich an Sätze wie: »Tu das nicht, oder Papa wird böse«, »Wenn du das tust, regt sich Mama auf«, »Laß das, sonst wird dein Lehrer wütend«, »Mach das nicht, denn was würde der Arzt sagen?« oder hundert andere ähnliche Aussagen, die samt und sonders darauf abzielen, Ihre Gefühle und Emotionen so zu programmieren, daß Sie nichts tun, womit ein anderer nicht einverstanden sein könnte. Ohne sich dessen bewußt zu sein, wurden Sie auf »Inaktivität« programmiert, denn was auch immer Sie tun mögen – irgend jemand irgendwo auf der Welt wird sicher etwas dagegen haben. Doch das ist sein Problem, nicht Ihres. Wenn es jemandem nicht gefällt, was Sie tun oder sagen, dann ist das, was er empfindet, völlig ohne Belang, solange Sie damit nicht direkt gegen seine Interessen verstoßen. Um Sie wieder »auf den rechten Weg« zu bringen, wenn Sie sich doch einmal dazu durchringen, die angstgeprägten Verhaltensmuster abzulegen, wird man Ihnen sagen, wie egoistisch und rücksichtslos Sie seien. Ich dagegen behaupte, daß derjenige egoistisch ist, der emotionale Erpressung betreibt – so etwas zu sagen ist aber nichts anderes.

Dieser Zusammenhang wurde mir schon sehr früh in meinem Leben vor Augen geführt. Ich war damals etwa sieben Jahre alt und mit ein paar Freunden unterwegs. Es war ein regnerischer Tag, und nachdem wir eine Weile über die Felder gestreift und bis zu den Knien voll Schlamm waren, beschlossen wir, zu einem meiner Freunde nach Hause zu gehen, um dort etwas zu trinken. Natürlich vergaßen wir, die schmutzigen Gummistiefel auszuziehen. Wir gingen schnurstracks in die Küche und hinterließen dabei eine herrliche Schmutzspur. Verständlicherweise war die Mutter meines Freundes alles andere als begeistert.

Sie schrie so etwas wie: »Macht, daß ihr rauskommt, ihr Schmutzfinken!« Wir suchten das Weite, ohne uns zu entschuldigen. Ihre Körpersprache verriet, daß Flucht die einzig mögliche Alternative war. Zu guter Letzt rief sie uns noch hinterher: »Kinder machen mich einfach krank!«

In unserem damaligen Alter waren unsere Überlebenskünste noch nicht voll entwickelt, und so passierte uns das gleiche noch einmal im Haus eines anderes Freundes. Diesmal jedoch war die Reaktion eine völlig andere. Wir waren zu dritt und trampelten mit unseren schlammverschmierten Gummistiefeln quer über den blankgescheuerten Küchenfußboden, doch anstatt uns anzuschreien und uns Schimpfworte an den Kopf zu werfen, lachte die Mutter dieses Freundes nur, wies jedem von uns einen Küchenhocker zu und servierte uns Getränke und Kekse. Dann zog sie uns unsere Gummistiefel aus und sagte lächelnd: »Also gut, Jungs. Der Eimer steht in der Ecke, der Putzlappen liegt unter der Spüle. Ihr habt den Dreck reingeschleppt, da schafft ihr ihn auch wieder raus.«

Ich lernte damals eine wichtige Lektion. Nicht wir waren es, die die erste Mutter wütend und krank gemacht hatten; sie hatte sich selbst dazu entschlossen, wütend und krank zu werden. Letztere Mutter dagegen zog es vor, es von der lustigen Seite zu nehmen und zu lachen. Ich begriff, daß wir selbst unsere Emotionen wählen. Niemand macht uns wütend, neidisch, eifersüchtig, traurig oder glücklich. Wir entscheiden für uns selbst, wie wir fühlen; wir entscheiden, welches Gefühl für uns am besten ist. Das Problem ist nur, daß die meisten von uns als Kinder emotional so programmiert wurden, stets zu versuchen, die Reaktionen unserer Mitmenschen vorherzusehen und alles zu vermeiden, was negative Reaktionen zur Folge haben könnte. In manchen Menschen ist diese Konditionierung derart stark ausgeprägt, daß sie sich ihr ganzes Leben lang darüber Gedanken machen, was die anderen wohl denken oder tun. Sie sorgen sich um Reaktionen, die außerhalb ihres Einflußbereiches liegen. Das ist Angst; und sie ist die Bremse normaler Kreativität.

Wie sieht es nun mit Ihren eigenen Gefühlen und Emotionen aus? Wie viele Menschen haben mir gesagt, daß sie von einem Freund beleidigt wurden! Doch dies ist nicht der Fall. Sie haben sich vielmehr dazu entschlossen, beleidigt zu sein. Wir wählen uns unsere Gefühle. Niemand wählt sie für uns aus. Positive Emotionen helfen uns dabei, gesundheitsschädigende Gedanken zu vermeiden. Der wohl bedeutendste Faktor im Spiel ums Überleben ist das Vermeiden negativer Gefühle. Lassen Sie uns einige solcher Emotionen beziehungsweise Gefühle im Detail betrachten.

Angst

Wie ich schon gesagt habe, handelt es sich hier wohl um die am stärksten gesundheitsschädigende aller Emotionen. In den meisten Menschen ist sie ständig präsent. Sie kleiden sich so, daß sie nicht negativ auffallen, haben dann Angst, daß ihnen dies womöglich nicht gelungen sein könnte. Später machen sie sich ständig Gedanken, weil jemand etwas gesagt hat, was sie – möglicherweise falsch – dahingehend gedeutet haben, daß sie auf eine Weise gehandelt hätten, die nicht akzeptabel war. Aus dieser Falle führt kein Weg heraus, wenn man nicht den Computer umprogrammiert und ihn dazu bringt, mit positiven Gedanken zu reagieren. Tut man es nicht, wird die Angst früher oder später das System an der einen oder anderen Stelle zusammenbrechen lassen.

Wut

Dieses Gefühl wählen wir, um unserer Angst zu begegnen. In dem Versuch, mit unserer Angst zurechtzukommen, weisen wir anderen Schuld zu. Dr. Wayne Dyer schreibt in seinem

190

Buch *Your Erroneous Zones*: »Das einzige Mittel gegen Zorn ist, den Satz ›Wenn du mir nur ähnlicher wärest‹ aus unserem Inneren zu streichen.« Nachdem wir das Programm, ängstlich zu sein, in uns eingespeichert haben, versuchen wir, dieses mit einem Programm von Zorn zu überlagern. Wir versuchen, anderen Schuld zuzuweisen, weil wir Angst, Schuldgefühle oder andere negative Emotionen in uns tragen. Doch einen negativen Gedanken mit einem weiteren auslöschen zu wollen, ist auf keinen Fall eine Lösung.

Wir dürfen nie den Kernpunkt aus den Augen verlieren: daß es egal ist, was andere Menschen tun oder denken. Wenn Sie also wütend oder verärgert sind, machen Sie niemand anderen dafür verantwortlich. Sie selbst sind es, der sich für Wut oder Ärger entschieden hat, anstelle das Geschehene zu ignorieren oder zumindest emotionsfrei darauf zu reagieren. Wut setzt Bioelektrizität in großen Mengen frei. Und warum sollten andere Menschen denken wie Sie oder das tun, was Sie von ihnen erwarten? Aufgestaute Wut oder deren aggressiveren Bruder, Haß, im Herzen zu tragen, wird zwangsläufig großes Leid mit sich bringen.

Es mag sein, daß Ihnen jemand einen Stein in den Weg gelegt hat, doch wird es etwas ändern, wenn Sie sich darüber aufregen? Ich bezweifle es. Und wie, glauben Sie, wird der andere auf Ihr Ungehaltensein reagieren? Er wird genau die gleiche Reaktion zeigen wie Sie selbst: Er wird wütend sein und von Ihnen erwarten, sich so wie er zu verhalten. Und so geht das immer weiter. Ein jeder erwartet, daß sich der andere ändert, damit er seiner Angst aus dem Weg gehen kann. All diese negativen Gefühle verursachen Krankheiten und Gesundheitsstörungen und lassen damit das normale Programm zusammenbrechen.

Eifersucht

Auch Eifersucht ist ein Gefühl, das auf Angst vor Verlust basiert. In dem Versuch, diese Angst in uns zu beseitigen, knüpfen wir die Liebe, die wir schenken, an gewisse Bedingungen. Die Liebe ist es, die der Eifersüchtige zu verlieren oder nicht zu bekommen fürchtet. Eifersucht ist dem Grunde nach unangemessen, denn der Eifersüchtige hat Angst, etwas zu verlieren, von dem er tief in seinem Inneren weiß, daß es ihm ohnehin nicht gehört. Um seine Verlustangst zu überwinden, setzt er wiederum Angst als Waffe ein. »Ich liebe dich, wenn ...« Befreit man die Liebe von allen Bedingungen, so wird der Eifersucht jede Basis entzogen.

Liebe sollte immer bedingungslos sein. Ist sie es nicht, ist es keine Liebe. Man liebt einen Menschen nicht, solange man noch »vorausgesetzt, daß ...« sagt oder denkt. Eifersucht ist eine qualvolle Emotion, die die Seele zerfrißt. Sie vergiftet die Gedanken und damit den Körper, und wer sich zu ihr entschließt, geht den Weg der Krankheit. Sie sollten sich lieber von Ihrer Leidenschaft lösen, als sich so lange in Eifersucht zu verzehren, bis Ihr Gesicht zum Spiegel Ihrer verzerrten Gedanken und Ängste wird.

Schuld und Sorge

Schuld und Sorge treten oft als Paar auf, denn der Mensch fühlt sich oft schuldig wegen vergangener Gedanken oder Handlungen und sorgt sich anschließend darüber. Auch diese beiden Gefühle basieren auf Angst. Auf der Angst vor dem, was man getan hat und was andere wohl aufgrund dessen tun oder denken werden. Was für eine Zeitverschwendung!

»Sie haben gut reden«, so höre ich Sie sagen, »doch es gelingt mir einfach nicht, mir keine Gedanken darüber zu machen, was ich getan habe oder tun werde.« Warum gelingt es Ihnen nicht? Ganz einfach, weil Ihr Unbewußtes, Ihr Autopilot, Ihr Computer, während Ihrer Kindheit so programmiert wurde, daß Sie wissen, was Angst ist, und Sie sich so zu dem entwickelten, was man einen zivilisierten Menschen nennt. Nun will ich beileibe nicht gegen die Moral und ein auf Selbstdisziplin basierendes zivilisiertes Verhalten zu Felde ziehen. Diese Selbstdisziplin aber sollte auf der Liebe für unsere Mitmenschen und nicht auf der Angst vor ihnen basieren. Es gibt kein negatives Gefühl, das nicht auf Angst gegründet wäre, und jedes einzelne ist ausnahmslos ein Selbstzerstörungsmechanismus. Man wird schon in frühester Kindheit darauf programmiert, Angst zu haben, damit man besser kontrolliert werden kann. Lassen Sie Ihre Angst los, und Sie werden wieder unabhängig denken!

Woche für Woche werde ich Zeuge, wie Patienten sich selbst durch negative Gefühle wie Eifersucht, Neid und Wut sowie Schuldgefühle oder, um es mit einem Wort zu sagen, Angst zerstören. Denken Sie an all die Fälle, die ich bisher beschrieben habe, die ihre Ursache im Unterbewußten haben: sie alle sind auf die eine oder andere Weise auf Angst zurückzuführen. Was besonders schlimm ist, ist die Tatsache, daß diese Angst von Generation zu Generation weitergetragen wird. Wie man es selbst gelernt hat, vermittelt man es anderen. Viele Patienten kommen völlig verzweifelt und mit Krankheiten von Arthritis über Magenprobleme bis hin zu Herz- und Atembeschwerden zu mir und erzählen mir dann während der Heilbehandlung, daß ihre Kinder, ihre Eltern oder ihre Freunde die Schuld trügen, daß sie so niedergeschlagen und deprimiert seien. »Und das nach alldem, was ich für sie getan habe!« Was sie da tun, ist nichts anderes als moralische Erpressung!

Was auch immer in diesen Menschen vorgeht – sie haben ihre

Emotionen selbst gewählt, um Macht über die Gefühle beziehungsweise Emotionen ihrer Kinder oder Freunde auszuüben. Sie hätten sich auch für Liebe und Zufriedenheit entscheiden können, doch sie taten es nicht. Und ganz gleich, wie sehr sie den anderen auch die Schuld zuschieben, es ändert nichts an der Tatsache, daß sie sich deswegen so fühlen, wie sie sich fühlen, weil sie es sich selbst so ausgesucht haben; die Art ihrer Gedanken spiegelt sich in ihrem allgemeinen Gesundheitszustand. Wir sind nichts als ein Spiegelbild dessen, was wir denken. Angst in all ihren Erscheinungsformen ist destruktiv. Es gibt nur eine konstruktive und gesunde Emotion: Liebe. Sie ist es, aus der alle positiven Gefühle der Freude, des Mitgefühls und der Zufriedenheit entspringen.

Was für Gefühle und Emotionen Sie auch immer haben mögen, machen Sie nie einen anderen dafür verantwortlich. Sie haben sich selbst für sie entschieden. Ihre Gedanken sind Ihre Kraft. Sie können Ihr Leben zum Erblühen bringen oder es vernichten. Und so, wie Sie Ihre Gedanken wählen, wählen Sie auch Ihre Gesundheit. Wie Buddha sagte: »Der Geist ist alles. Was du denkst, wirst du.«

Arthritis

Ich habe lange überlegt, in welchem Teil des Buches ich auf dieses Krankheitsbild eingehen sollte. Bei einigen Formen, wie zum Beispiel der rheumatischen Arthritis, kann emotionaler Streß zu drastischer Verschlimmerung führen, während die Arthrose eher auf eine körperliche Verletzung zurückzuführen ist. Es erschien mir jedoch nicht zweckmäßig, die verschiedenen Aspekte der Arthritis in unterschiedlichen Kapiteln dieses Buches gesondert zu beschreiben, und so entschloß ich mich dazu, das ganze Thema an dieser Stelle zu behandeln.

Es gibt viele verschiedene Arten von Arthritis. Ich meine irgendwo gelesen zu haben, daß mittlerweile über vierzig verschiedene Erscheinungsformen identifiziert wurden; sie alle lassen sich jedoch für mich einer der folgenden drei Kategorien zuordnen: rheumatoide Arthritis, Arthrose und Rheumatismus.

Rheumatoide Arthritis

Von allen drei genannten Arten ist die rheumatoide Arthritis sicherlich die schlimmste, denn diese bis hin zur Gelenksteife führende Krankheit äußert sich wahllos mal hier, mal da im Körper. An einem Tag zeigt sie sich in Schmerzen an den Ellbogen, am nächsten sind womöglich die Knie betroffen.

Aus meiner persönlichen Erfahrung weiß ich, daß eine Heilbehandlung bei ausgeprägter Symptomatik nur dann greifbare Ergebnisse bringen kann, wenn sie psychosomatisch ausgerichtet ist. Ansonsten verschafft die Behandlung dem Betreffenden nur kurzzeitige Erleichterung und muß über Wochen oder gar Monate hinweg mindestens einmal pro Woche wiederholt werden, um überhaupt einen bleibenden Nutzen zu erzielen. Ich will damit nicht behaupten, daß andere Heiler nicht in diesem Punkte erfolgreicher sein könnten, und ich bin überzeugt, daß es in unserem Land Kollegen gibt, die ausgezeichnete Ergebnisse bei rheumatoider Arthritis erzielt haben, ohne sich mit den tieferen emotionalen Ursachen, die dieser zugrunde liegen, zu befassen.

Ist das Schlimmste jedoch erst einmal überstanden, kann eine Heilbehandlung enormen Erfolg bringen. Es ist aber zumeist sehr schwer zu erkennen, ob es sich nur um eine vorübergehende Besserung handelt oder die Krankheit tatsächlich überwunden ist. Ich kenne eine achtzigjährige Frau, deren rheumatoide Arthritis immer noch so akut und beeinträchtigend ist wie zwanzig Jahre zuvor. Ich habe aber auch erlebt, wie eine andere Frau ihre Krankheit mit Zweiunddreißig bezwungen zu haben schien. Die Diagnose wurde ihr erstmals gestellt, als sie siebzehn Jahre alt war. Die Ursache war ein Schock gewesen. Mit Sechzehn war sie schwanger geworden, und zwölf Monate später wurde sie schwer krank. Mit Dreißig war sie fast schon ein Krüppel: ihre Gelenke waren völlig steif und ihre Gliedmaßen kaum noch zu etwas nütze. Mit Zweiunddreißig schließlich überwand sie den Schock, den sie sechzehn Jahre zuvor erlitten hatte, und abgesehen von den chronischen Schäden, die an ihren Gelenken entstanden waren, hatte sie keinerlei Schmerzen oder Symptome mehr. An diesem Punkt wurde ich hinzugezogen.

Woche für Woche, Monat für Monat kam die Frau zur Heilbehandlung, und nach etwa zwölf Monaten konnte sie wieder ohne Hilfe gehen, Treppen steigen, ihre Finger, Hände und Arme benutzen. Sie würde zwar für immer die verräterischen Anzeichen dieser schrecklichen Krankheit zeigen, doch sie war schmerzfrei, unabhängig und mobil.

Ich erinnere mich auch an den Fall eines Mädchens, dessen Hand-, Ellbogen- und Schultergelenke sehr stark befallen waren, wenn auch oftmals über lange Zeit hinweg keine Schmerzen und Schwellungen auftraten. Als sie mich in meiner Praxis aufsuchte, war sie gerade in einer solchen beschwerdearmen Phase. Durch die Behandlung war eine sofortige Besserung an den steifen Gelenken festzustellen, die Schmerzen gingen zurück, und eine gewisse Beweglichkeit konnte erreicht werden. Als sie jedoch nach ein paar Wochen zur routinemäßigen Kontrolle kam, waren ihre Gelenke heiß, geschwollen und äußerst schmerzhaft. Aus welchem Grund auch immer war ihre Krankheit mit aller Macht zurückgekommen.

Meine Erfahrung hat mich gelehrt, daß diese Form der Arthritis manchmal von extremen Emotionen wie Eifersucht oder Angst verursacht beziehungsweise verschlimmert wird und mit dem »Verrauchen« dieser Emotionen auch die Symptome abklingen. Ich befragte die junge Frau also, und nach anfänglichem Zögern berichtete sie, daß sie eine fürchterliche Auseinandersetzung mit ihrem Freund gehabt und sich dieser anschließend von ihr getrennt habe. Genau solche Situationen aber sind es, die einen akuten Anfall auslösen können. Nachdem sie sich wieder beruhigt hatte, vergingen auch die schmerzvollen Symptome wieder.

Bei einem späteren Termin entschlossen wir uns, den wahren Grund ihrer Krankheit aufzuspüren. Während einer hypnotischen Trance stellte sich heraus, daß die Frau als junges Mädchen vergewaltigt worden war, und sie konnte die entsprechenden Emotionen nun aus sich herauslassen. Der Angreifer hatte sie während der Tat an den Armen zu Boden gedrückt, und sie hatte mit aller Kraft versucht, sich aus seinem Griff zu befreien. Nach diesem Erlebnis löste jede Emotion oder Auseinandersetzung mit einem Vertreter des anderen Geschlechts in ihr Schmerzen und Schwellungen an Händen und Armen aus. Es handelte sich hier also um eine unterbewußte Reaktion auf eine emotionale Bedrohung. An das schreckliche Erlebnis selbst hatte sie jede Erinnerung verloren, weil ihr Unterbewußtsein jeden Gedanken daran verdrängt hatte. Sie hatte auch nie mit jemandem über diesen Zwischenfall gesprochen. Nachdem sie während der Behandlung die verdrängten Gefühle verarbeitet hatte, kam es meines Wissens zu keinem einzigen weiteren Anfall von rheumatoider Arthritis, und der Fall liegt jetzt bereits einige Jahre zurück.

Rheumatoide Arthritis ist in den meisten Fällen emotional bedingt, wenn dies auch nicht immer leicht zu erkennen ist. Die besten Erfolge erzielt der Heiler wohl dann, wenn es ihm gelingt, die Gefühlszustände wiederzubeleben oder zu identifizieren, die die Symptome verursachen beziehungsweise verursacht haben.

Vor gar nicht langer Zeit suchte eine Frau mich auf, die seit zehn Jahren an rheumatoider Arthritis gelitten hatte. Ihren eigenen Worten zufolge waren vor allem ihre Knie, Handgelenke und der obere Bereich der Wirbelsäule betroffen. Ich fragte sie, was in dem Jahr unmittelbar vor Ausbruch ihrer Krankheit geschehen war. Sie überlegte eine Weile und berichtete mir dann vom Tod zweier ihr sehr nahe stehender Menschen. Doch da war offensichtlich noch etwas, denn nachdem sie scheinbar geendet hatte, stockte sie. So wartete ich, was noch ans Licht kommen würde.

Schließlich erzählte sie mir, daß ein weiterer ihr nahestehender Mensch aus einem Gefühl des Verlassenseins heraus Selbstmord begangen habe. Sie sei an jenem Tag in der Nähe seines Wohnortes gewesen. Jetzt habe sie große Schuldgefühle.

Daraufhin fragte ich sie, ob sie religiös sei. Sie antwortete: »Nein, aber ich wurde katholisch erzogen. Ich glaube zwar immer noch, aber in die Kirche gehe ich nicht mehr.«

»Wenn Sie als Kind etwas Unrechtes getan haben, was haben Sie da gemacht?« fragte ich weiter.

Nach einer langen Pause meinte sie: »Ich habe ein Gebet zu Jesus gesprochen.«

»Und wie haben Sie das gemacht?«

»Ich kniete mich neben mein Bett, faltete meine Hände und neigte meinen Kopf.«

»Verstehen Sie nun, warum Sie genau dort jetzt Schmerzen haben? Ihr Unterbewußtsein will Ihnen sagen, daß Sie beten sollen, um Ihre Schuld zu sühnen – und so haben Sie Schmerzen in Ihren Knien, in den Handgelenken und im oberen Bereich der Wirbelsäule.«

In der darauffolgenden Woche berichtete sie mir, daß alle Schuldgefühle sie verlassen hätten und sie so gut wie keine Schmerzen mehr habe.

Heilung bringt inneren Frieden und Zufriedenheit und kann sich so vorteilhaft auf emotionale Probleme aller Art auswirken; doch die Beschwerden können immer und immer wieder auftreten, bis die Ursache erkannt und verarbeitet ist.

Arthrose

Arthrose ist in den meisten Fällen auf eine Verletzung beziehungsweise Schädigung der Gelenke zurückzuführen, wie sie vor allem bei Sportunfällen entsteht. Sie zu behandeln ist eine dankbare Aufgabe, denn in der Regel ist mit einer hohen Erfolgsrate zu rechnen. Während ich meine Hände über die betroffenen Stellen halte, sind oft geradezu fürchterlich knakkende und krachende Geräusche zu hören – ein Zeichen dafür, daß die versteiften Gelenke anzusprechen beginnen. Doch trotz dieser beunruhigenden Begleitgeräusche ist die Behandlung an sich so gut wie schmerzlos. Es ist, als würde man Zeuge eines Wunders, wenn bereits bei der ersten Behandlung einst völlig unbewegliche Gelenke plötzlich nachgeben und langsam wieder beweglich werden.

In besonders lebhafter Erinnerung ist mir auch der Fall eines Mannes geblieben, der sich während seiner Zeit als Profifußballer eine Arthrose zugezogen hatte. Mittlerweile war er um die Sechzig, und er konnte sich nur noch hinkend über den Golfplatz bewegen. Doch schon nach einer Behandlung konnte er wieder ungehindert eine Runde spielen. Dies war natürlich vorerst etwas Einmaliges, und es bedurfte noch vieler Sitzungen, bevor eine dauerhafte Besserung erreicht war. Trotzdem aber könnte ich viele Beispiele für erfolgreich behandelte Arthrose liefern. Wenn es darum geht, das eigene

Ego zu streicheln, ist dieses Krankheitsbild wohl der absolute Traum eines Heilers.

Das Thema Arthrose würde eigentlich in den ersten Teil dieses Buches gehören, denn die außergewöhnlichen Behandlungsergebnisse sind darauf zurückzuführen, daß der Heiler mit seiner eigenen Bioelektrizität die Muskeltätigkeit des Patienten stimuliert. Viele Heiler werden diese Aussage als ein Sakrileg empfinden, denn sie glauben, daß alle Heilung von Gott komme und Heiler nur Kanal seien. Ohne mich in Diskussionen über diese Frage verstricken zu wollen, möchte ich aber betonen, daß die Energie, die Arthrose heilt, physischer und nicht metaphysischer Natur ist. Und ich bin überzeugt, daß sich durch den Einsatz niederfrequenter Elektrizität exakt dieselben Ergebnisse erzielen lassen würden.

Rheumatismus

Unter Rheuma verstehen die meisten Menschen und auch ich alle Krankheitsbilder, bei denen es, vor allem an den Händen, zu einem höchst schmerzhaften Anschwellen der Gelenke kommt. Leider gehen die meisten Betroffenen erst zum Arzt, wenn es zu spät ist, und machen diesen dann dafür verantwortlich, daß er nichts für sie tun kann. Ein Besuch beim Heiler – und mittlerweile gibt es überall im Land genügend Kollegen, an die man sich wenden kann – sollte auf jeden Fall die gewünschte Linderung bringen. Ich persönlich bin nicht der Ansicht, daß Medikamente eine Lösung sind, zumal diese oftmals ebenso viele neue Probleme schaffen, wie sie beseitigen. Auch verschlissene Hüftgelenke fallen meiner Ansicht nach unter dieses Kapitel. Wie alle Gelenke verschleißen auch Hüftgelenke dann, wenn die sie stützenden und bewegenden Muskeln übermäßig angespannt sind und die Knochen im Gelenk zu fest gegeneinanderpressen. Die hierbei entstehenden Verschleißerscheinungen werden von qualvollen Schmerzen begleitet. Eine Heilbehandlung kann eine verschlissene Hüfte nicht wieder gesund machen. Doch sie kann die das Gelenk umgebende Muskulatur lockern, so daß dieses wieder frei beweglich wird. Ist das Gelenk erst einmal frei, verschwinden damit sehr oft alle Schmerzen.

Ich erinnere mich an den Fall einer Patientin, die in sechs bis acht Wochen zu einer Hüftgelenktransplantation ins Krankenhaus gehen sollte. Sie hatte so starke Schmerzen, daß sie trotz der geplanten Operation zu mir kam, um zu sehen, ob ich ihre Schmerzen nicht bis dahin wenigstens etwas lindern könnte. Sie war in Begleitung, die sie beim Gehen stützte, außerdem benutzte sie noch einen Stock. Ihr Hüftgelenk saß völlig fest, und jede Bewegung war für sie schwierig und äußerst qualvoll.

In Fällen wie diesem umfasse ich das Fußgelenk des Patienten und lasse meine Energie durch dessen Bein nach oben strömen. Bereits nach wenigen Minuten fing ihr Bein an zu zittern und zu zucken, als sich ein Muskel nach dem anderen entspannte. Nach der halbstündigen Sitzung konnte die Frau fast völlig normal gehen und hatte keine Schmerzen mehr. Sie ging daraufhin nochmals zu ihrem Arzt, der sie zu weiteren Untersuchungen schickte. Diese ergaben, daß das Gelenk nun wieder völlig frei beweglich war. Doch diese Bestätigung wäre eigentlich gar nicht nötig gewesen. Die verbesserte Beweglichkeit und die Schmerzfreiheit waren einzig und allein der Tatsache zu verdanken, daß sich die Muskeln gelockert hatten und sich das Gelenk damit wieder frei bewegen konnte. Die Patientin entschloß sich, auf die Operation zu verzichten, und auch heute – drei Jahre später – ist ihre Hüfte immer noch schmerzfrei und voll beweglich.

Ich wurde gelegentlich auch in Fällen von Hüftgelenksteife hinzugezogen, doch hier konnte ich nicht helfen. Dies ist kein

negativer Ansatz. Ich möchte lediglich den Eindruck vermeiden, daß sich alle Hüftgelenkprobleme durch eine Heilbehandlung beseitigen ließen, denn dies ist nicht der Fall.
Richtig ist vielmehr, daß ich in allen Fällen – außer den
extrem schweren – Gelenke lösen kann, so daß eine Operation
manchmal vermeidbar wird. Dies gilt vor allem dann, wenn
mich der Betreffende bereits im Frühstadium seiner Erkrankung aufsucht.

Teil III

Der Schleudersitz:
Spirituelle Heilung

Teil I und Teil II dieses Buches handeln von der lebenspendenden physischen Energie sowie der emotionalen Energie, die erstere beeinflußt. Erst durch die Kombination dieser beiden Energieformen sind wir in der Lage, Leben zu erfahren. Sowohl die physische als auch die emotionale Energie sind Teil der Erfahrung des Lebens, doch wenn wir sterben und in andere Dimensionen eingehen, brauchen wir sie nicht mehr, denn wir werden dann wieder zu Geist-Energie. Geistige Energie ist die Essenz des Gewahrseins; sie ist das, was uns ausmacht. Pflanzliche Materie strahlt eine ähnliche Energie wie unsere Körper aus, doch es fehlt ihr die Emotion, die es ihr ermöglichen würde, ihre naturgegebene Struktur zu verändern. Tiere sind genauso wie wir, doch sie können Emotionen nur innerhalb der Grenzen erfahren, die ihnen die Kapazität ihres Verstandes und ihres Denkvermögens setzt. Auch sie sind Geist-Wesen, doch ihre geringeren emotionalen Kapazitäten schränken ihren Gebrauch von Ausdruck und Gewahrsein ein. Spirituelle Energie ist Gewahrsein, das sich als Liebe ausdrückt, und diese vom Körper getrennte Energie oder dieses Gewahrsein wollen wir im folgenden betrachten.

Das Verlassen des Körpers ist etwa so, als würden wir den Schleudersitz eines abstürzenden Flugzeugs, das uns nicht länger tragen kann, auslösen.

In diesem Teil wenden wir uns der Frage zu, wie der Pilot ohne die schützende Hülle seines Flugzeugs kommuniziert und sein

Leben erfährt. Wir werden sehen, welche Unterschiede es gibt zwischen einer dauerhaften und einer vorübergehenden Trennung von dem Flugzeug, das unsere Welt war. Anschließend werden wir uns mit dem Thema der Reinkarnation befassen und untersuchen, inwieweit sich frühere Leben auf unsere Gesundheit in diesem Leben auswirken können.

7 Den Auslöser betätigen

Ich schätze, daß bis zu zwanzig Prozent der Menschheit über eine zusätzliche Wahrnehmung verfügen, die den übrigen achtzig Prozent fehlt. Dies liegt daran, daß der Geist oder das Bewußtsein nicht völlig mit seinem physischen Körper eins geworden ist. Darum hat er sich seine spirituelle Wahrnehmungsfähigkeit erhalten und kann diese selbständig zusätzlich zur sinnlichen Wahrnehmung nutzen. Auf diese Weise kann der Geist dem Gehirn Informationen liefern, die diesem normalerweise nicht zugänglich wären. Die Frequenz dieser zusätzlichen Wahrnehmung übersteigt die Frequenz der sinnlichen.

Bewußtseinswandel

Wie ich zu Beginn erklärte, verbindet sich ein Geist oder eine Seele mit einem sich entwickelnden Fötus. Jedoch ist ein Geist bis zur Geburt nicht völlig mit dem physischen Körper, in den er eingezogen ist, verschmolzen. Und selbst nach der Geburt dauert es viele Jahre, bis der Geist vollkommen mit der Physis eins geworden ist und so sein spirituelles Gewahrsein verliert. Wie viele Jahre genau es dauert, bis Geist und Körper eins werden, variiert von Kind zu Kind, aber im allgemeinen ist ein Geist mit einem Körper, den er nutzt, nicht vor dem siebenten Lebensjahr eins. Das ist der Grund, warum so viele kleine Kinder von ihren Spielen mit scheinbar nicht vorhandenen Personen erzählen. Diese Personen gibt es, doch nicht für den Erwachsenen, der die getrennte Wahrnehmung des Geistes verloren hat und ausschließlich auf seine sinnliche Wahrnehmung angewiesen ist.

Im Alter, sofern wir uns normal entwickelt haben, löst sich der Geist aus dem Gewebe der Physis, so daß ältere Menschen wieder anfangen, sowohl mit ihrem Geist als auch mit ihrem Sinn wahrzunehmen. Das erklärt, warum es gewöhnlich die über fünfzigjährigen Menschen sind, die von parapsychologischen Phänomenen berichten, und noch ältere bereiter sind, sich für Spiritismus und die Offenbarungen einer größeren Dimension zu öffnen. Heranwachsende, junge Erwachsene und Erwachsene mittleren Alters verfügen in der Regel über keine spirituellen Wahrnehmungen.

Natürlich gibt es wie immer Ausnahmen, und diese sind die zwanzig Prozent, von denen ich eben sprach. Die übersinnliche Wahrnehmung dieser zwanzig Prozent reicht von gering bis vollkommen. Diese zusätzliche Wahrnehmung, die über die sinnliche Wahrnehmung hinausreicht, ist es, die als Hellsehen, Hellhören und so weiter bekannt ist. Das heißt, mit spirituellem Gewahrsein anstatt mit mentalem und körperlichem Bewußtsein wahrnehmen zu lernen. Und das meine ich, wenn ich von Bewußtseinswandel spreche.

Wer sich ein gewisses Maß an spiritueller Unabhängigkeit bewahrt hat, wird es für mehr oder weniger unmöglich halten, diese Tiefe der Wahrnehmung denen zu erklären, denen sie fehlt. Zusätzliche Wahrnehmung erlaubt es einem Menschen, eine größere Dimension zu erfahren. (Eine Dimension ist nichts anderes als ein Band von elektromagnetischen Frequenzen, die die Körpersinne wahrnehmen oder erkennen können.) Geist, der mit einer sehr viel höheren Frequenz schwingt als die Physis, kann elektromagnetische Frequenzen jenseits der physischen Welt erfassen oder wahrnehmen. Wie bereits gesagt, hat sich der Geist bis zum siebenten Lebensjahr derart in dem Körper, den er benutzt, verfangen, daß er die höheren Frequenzen, die einstmals erreichbar waren, nicht mehr erkennen kann. Für Menschen mit spiritueller Wahrnehmung oder spirituellem Bewußtsein stellt sich die Realität vollkommen anders dar. Es kommt natürlich manchmal vor, daß auch Menschen, die total in der Physis gefangen sind, unter Streß für parapsychologische Phänomene empfänglich sind. Das geschieht dann in Form von Geistesblitzen oder Intuition. Diese von Mensch zu Mensch beziehungsweise in ein und demselben Menschen von Augenblick zu Augenblick unterschiedlichen Bewußtseinsgrade sind es, die Anlaß zu dem Glauben gaben, daß es verschiedene Bewußtseinsstufen gibt. Es gibt jedoch nur ein Bewußtsein, und dieses ist in sich vollkommen. Es hat keine unterschiedlichen Stufen. Absolutes Bewußtsein ist spirituelles Bewußtsein. Andere Ebenen des Bewußtseins wie das Unterbewußtsein sind die Archive des denkenden Bewußtseins. Sie sind Teil des Alltagsbewußtseins und dürfen nicht mit spirituellem Bewußtsein verwechselt werden.

Spirituelle Heilung

Viele von uns setzen sich erst dann mit spirituellen Dingen auseinander, wenn sie einen ihnen nahestehenden Menschen verlieren. Ich bin bereits an anderer Stelle auf die physischen Aspekte der Trauer eingegangen, die der Depression sehr ähnlich ist. Diese haben überhaupt nichts mit den spirituellen Aspekten der Trauer zu tun, die auf einer völlig anderen Ebene angesiedelt sind. Als Sie Ihren Partner noch in Fleisch und Blut bei sich hatten, war alles einfach, denn Sie konnten ihm Ihre Liebe über die Körpersinne zum Ausdruck bringen. Sie konnten ihn anlächeln, Sie konnten ihn berühren. Doch nachdem dieser Weg nun versperrt ist, müssen Sie sich auf höhere Ebenen des Bewußtseins begeben und sich selbst der spirituellen Liebe bewußt werden. Wenn Sie danach suchen und spirituelle Liebe und spirituelles Bewußtsein erfahren, werden Sie die Liebe wiederfinden, die Sie für immer verloren glaubten.

Ich habe in meiner Praxis mit unzähligen Menschen zu tun, die über einen Verlust trauern. Sie können in der Regel die Gegenwart der Liebe spüren, die sie für verlorengegangen hielten, und durch die Heilbehandlung sind sie fähig, sich selbst in eine neue Welt des spirituellen Bewußtseins zu erheben. Ich kann Sie beruhigen: dies hat keinesfalls etwas mit Spiritismus zu tun. Heilende Liebe bewirkt einen Bewußtseinswandel, indem sie den Patienten zunächst von der körperlichen zur emotionalen Wahrnehmung führt und ihn dann in dem Maß, wie die Heilung zunimmt, von den emotionalen Blockaden des Unterbewußtseins befreit und zum wahren spirituellen Bewußtsein hinführt. Alle irdischen Probleme und körperlichen Beschwerden werden nunmehr aus der Warte echter spiritueller Sicht betrachtet und als das weggelegt, was sie sind, nämlich vorübergehende Erfahrungen. Das ist spirituelle Heilung, die keiner Erklärung bedarf. Diese Ebene der Heilung kann weder durch Übung noch Logik erreicht werden, und von denjenigen, die fähig sind, eine solch absolut selbstlose Liebe auszustrahlen, gibt es nur wenige. Ihren Erfolg kann man nicht erklären, denn spirituelle Liebe strebt nicht nach Erfolg oder Profit: sie ist einfach da. Menschen mit dieser Gabe strahlen immer und überall Liebe aus. Sie sind nicht unbedingt die Großen und Berühmten dieser Welt, könnten es aber sein; sie können genauso unbekannt sein, außer denen, die um sie herum sind und von ihrem Frieden und ihrer inneren Ruhe angezogen werden.

Warum, so höre ich Sie fragen, bin ich an anderer Stelle in diesem Buch so ausführlich auf die Heilung des Körpers eingegangen und habe dabei psychologische Aspekte ebenso erläutert wie die Einflüsse der elektromagnetischen Felder, wenn spirituelle Heilung die physischen und emotionalen Elemente so leicht umleiten kann, um den Betroffenen von seinem Trauma oder Schmerz zu befreien? Nun, es ist eben so, daß nicht jeder Mensch zu einem Bewußtseinswandel bereit ist. Vielen fehlt ganz einfach der Glaube, oder sie haben nicht ohne weiteres Zugang zu ihrer spirituellen Liebe, die sie über die sinnliche Wahrnehmung und deren falsche Realität hinausblicken ließe. Bei ihnen müssen Körper und Verstand über die physische und mentale Ebene angesprochen werden, und jede Heilung muß logisch nachvollziehbar sein. Ist aber das Wunder der spirituellen Heilung einmal, womöglich sogar unterbewußt, erfahren worden, beginnt der Bewußtseinswandel. Bewußtseinstiefe und Ausrichtung erweitern sich in dem Maße, wie die Seele dafür verantwortlich wird, wie der Mensch sich zum Ausdruck bringt und seine Angstgefühle unter Kontrolle gebracht worden sind.

Zur Erläuterung dieses Punktes bietet sich das Beispiel einer jungen Frau an, die mich wegen ihrer Unfruchtbarkeit aufsuchte. Wie ich schon sagte, ist Unfruchtbarkeit in vielen Fällen lediglich durch Streß verursacht, der dem Menschen mehr Energie abzieht, als griffbereit ist. Verfügt der Körper nicht über ausreichende Ressourcen, um einen heranwachsenden Fötus zu erhalten, ohne der Mutter Schaden zuzufügen, wird eine Schwangerschaft über unterbewußte Kontrollmechanismen entweder ganz verhindert oder der Fötus sofort nach der Empfängnis abgestoßen. Daneben gibt es oftmals aber auch spirituelle Gründe, die verhindern, daß eine Frau schwanger wird. Im folgenden Fall wurde die Schwangerschaft durch eine Mischung aus unterbewußter Ablehnung und spiritueller Unsicherheit verhindert.

Die junge Frau war zierlich gebaut und erschien mir trotz ihrer offensichtlichen Nervosität wegen ihres Besuches bei mir ausgesprochen selbstsicher. Sie war voll berufstätig und hatte einen verantwortungsvollen Posten, der mit hohen Anforderungen verbunden war. Ihr Mann, den ich später kennenlernen sollte, hatte einen sicheren Arbeitsplatz und war ein unkomplizierter, umgänglicher Mensch. Beide wünschten sich sehnlichst ein Baby, doch nachdem sie seit acht Jahren verheiratet waren und von den Ärzten gesagt bekommen hatten, daß kein organischer Grund für ihre Kinderlosigkeit zu erkennen sei, verloren sie langsam den Mut.

Bei unserem ersten Termin wies ich wie üblich darauf hin, wie wichtig es sei, auf eine ausreichende Energieversorgung zu achten, obwohl mir schon zu diesem Zeitpunkt klar war, daß die Unfruchtbarkeit der Frau nichts mit mangelnder Ernährung zu tun hatte. Über mehrere Wochen hinweg kam sie einmal wöchentlich zu mir, und nach und nach stellte sich ein Bewußtseinswandel ein. Schließlich gelangten wir an einen Punkt, an dem ich ihr helfen konnte, die Ursache für ihre Unfruchtbarkeit auf spiritueller Ebene wahrzunehmen.

Ich bat sie, die Augen zu schließen und eine Tafel zu visualisieren. Als sie bestätigte, daß sie die Tafel vor Augen habe, forderte ich sie auf, darauf einen großen weißen Kreis zu zeichnen. Ich wartete erst wieder die Bestätigung ab, daß ihr die Visualisierung gelungen war, und ging auch anschließend nur weiter, wenn sie mir gesagt hatte, daß sie meinen Anweisungen habe folgen können. Nachdem sie also den Kreis gemalt hatte, bat ich sie, ein Tuch zu nehmen und die Kreisfläche auszuwischen. Als sie dies getan hatte, konnte sie durch den Kreis hindurch in die Weite blicken. Vor ihr lagen Felder und Wälder, und es war ein herrlicher Sommertag – ein Bild, von dem sie sich sehr angezogen fühlte.

Inzwischen hatte die Patientin alle Begrenzungen des logischen Denkens hinter sich gelassen, und es meldeten sich erste Anzeichen für einen Bewußtseinswandel. Sie stand an der Schwelle zwischen dem Unterbewußten und echtem spirituellem Bewußtsein. An genau diesem Punkt kommt die wahre spirituelle Heilung zum Tragen. Hier hebt die reine spirituelle Liebe den anderen Menschen aus seinen emotionalen Begrenzungen heraus. Aus spiritueller Sicht könnte man sagen, daß ich sie in einen Bereich jenseits der körperlichen Sinneswahrnehmung geführt hatte. Damit war die Zeit gekommen, ihr den wahren Grund für ihre Kinderlosigkeit zu enthüllen.

Ich fragte sie, ob sie irgend etwas oder irgend jemanden sehen konnte, inmitten all des Schönen, das sie nun umgab. Sie schwieg lange (in Situationen wie dieser erscheinen fünf Minuten wie eine Ewigkeit). Dann meinte sie mit flüsternder Stimme, sie könne in der Ferne ein Baby sehen.

»Strecken Sie Ihre Arme danach aus, so daß es weiß, daß Sie es wollen«, suggerierte ich ihr.

»Das ist auch keine Lösung«, entgegnete sie barsch. Auf einmal war sie völlig verändert. Von der ruhigen, freundlichen Frau war nichts mehr da. Mit einemmal saß mir eine entschlossene, wenn auch ziemlich verängstigte Frau gegenüber.

»Wofür ist es keine Lösung?« wollte ich wissen.

»Das Baby wird nur an meine Stelle treten. Es wird meinen Platz in Alex' Herzen einnehmen. Sie werden mich nicht mehr beachten. Es wird Alex' Baby sein.«

»Fragen Sie das Baby, warum Sie es nicht empfangen haben, um es zur Welt zu bringen«, fuhr ich fort.

Nach einer weiteren langen Pause sagte sie: »Das Baby meint, es wird nicht kommen, solange ich glaube, daß es die Liebe meines Mannes sucht und nicht die meine. Das Baby sagt, es wäre mir in Liebe verbunden und Alex wird es nur durch mich lieben können. Es wird erst dann kommen, wenn ich das ganz und gar akzeptiert habe.«

Wenn sie bereit sei, die Wahrheit dieser Aussage anzuerkennen, so sagte ich ihr, solle sie ihre Arme ausstrecken, um das von ihr auf geistiger Ebene wahrgenommene Baby zu empfangen und ihm ihre Liebe zu geben. Nach einer langen Weile öffnete sie ihre Augen und sagte unter Tränen: »Es war ein wundervolles Erlebnis. Ich habe mein Baby im Arm gehalten.« Weitere Besuche bei mir erübrigten sich, und schon wenige Monate später erhielt ich einen sehr freundlichen Brief von ihr, in dem sie mir mitteilte, daß sie in sechs Monaten ein Kind erwarte.

Jeder Fall von spiritueller Heilung ist einzigartig und nicht mit der Erfahrung eines anderen vergleichbar, doch die Emotionen, die dabei ausgelöst werden, sind stets die gleichen. Es handelt sich hier um spirituelle Emotionen, die jeder erleben kann, ganz gleich, ob er nun ein körperliches, emotionales oder spirituelles Problem hat. Man muß dazu nur die Wahrheit der spirituellen Liebe akzeptieren lernen und sie durch spirituelle Heilung erfahren.

Spirituelle Liebe

Spirituelle Heilung bedeutet für mich, permanent jene Liebe bereitzustellen, das heißt mein Bewußtsein, anderen zu helfen, wann immer sie Hilfe brauchen. Und was mache ich mit dieser Liebe? Nichts. Die Liebe, die ich bin, ist für die anderen da, damit sie sie nutzen. Es ist nicht meine Sache, das zu begrenzen oder zu teilen, was ich bin. Liebe ist einfach. Liebe hat keine Funktion, keinen Zweck in sich selbst, aber diejenigen, die sie ohne Furcht annehmen, werden von Schmerzen und Krankheit befreit, da sie die Flamme ihrer eigenen Liebe entfacht. In dem Maße, wie die Liebe wächst, werden in all jenen, die in ihren Umkreis kommen, Gefühle der Ruhe, Zufriedenheit und Glückseligkeit entstehen. Doch wir können unsere eigene Liebe erst dann erkennen, wenn ein anderer sie annimmt und sie widerspiegelt.

In diesem Zusammenhang fällt mir eine Frau ein, die alles andere als ein leichtes Leben hat. Sie hat keinen Ehemann, ein extrem behindertes Kind und kein Einkommen, abgesehen von der staatlichen Sozialhilfe. Die meisten Menschen empfinden diese Frau als abstoßend, denn sie raucht, wirft mit Schimpfworten um sich, und einmal in der Woche, wenn jemand sich um das bedauernswerte Kind kümmert, geht sie aus und trinkt. Man geht ihr aus dem Weg, denn man hält sie für gesellschaftlich inakzeptabel. Für mich aber ist sie ein Engel. Ich kenne keinen Menschen, der sein armes, mißgebildetes, sabberndes Kind so lieben würde wie sie. Sie strömt über vor Liebe für ihr Kind, sie hat alles hergegeben, was sie besaß, um sicherzustellen, daß ihr Kind geliebt wird und weiß, daß es geliebt wird. Diese Frau ist so voller Liebe, daß auch andere Kinder sich zu ihr hingezogen fühlen. Die Liebe strahlt aus den Augen dieser Frau, die nichts hat und nichts tut, außer zu lieben. Viele mögen ihr aus dem Weg gehen oder sie kritisieren, doch für mich ist sie allen anderen haushoch überlegen – ein Leuchtfeuer der Liebe in einer lieblosen Gesellschaft. Nicht was wir tun, ist wichtig, sondern das, was wir sind.

Dementsprechend ist spirituelle Liebe nichts, was man tut, sondern etwas, was man ist. Das ist wahrscheinlich der wichtigste Satz im ganzen Buch, also nehmen Sie sich einen Moment Zeit, um darüber nachzudenken. Es gibt keine einzige Tat, mit der sich spirituelle Liebe beweisen ließe. Liebe ist unantastbar. Wer Liebe ist, merkt selbst nichts davon. Anderen aber wird es sehr wohl bewußt. Wir können unseren eigenen Geist niemals erkennen, denn Liebe ist wie das Licht einer Kerze. Sie strahlt nach außen, weg von ihrem Zentrum, und derjenige, der der Grund dieses Lichtes ist, wird nie wissen, welche Liebe sie beide ausstrahlen. Und was tut ein Licht? Nichts. Es ist einfach. Doch wie die Liebe können wir es nutzen, wenn wir dies möchten.

Es gibt viele Menschen, die ihr Leben lang wunderbare Akte der selbstlosen Nächstenliebe vollbringen, doch selbst diese hat nichts mit der Liebe zu tun, von der ich hier spreche. Die Liebe, die ich meine, ist keine Güte, sondern die Essenz des Lebens an sich, die in anderen Güte erweckt. Diese Liebe ist die *Seele* oder der *Geist;* Gottes Ausdruck auf Erden. Um diese Liebe zu erkennen und zu erfahren, ist bei den meisten Menschen eine Änderung der Wahrnehmung nötig; es bedarf eines Bewußtseinswandels. Es geht nicht um Sehen, Hören, Berühren, Riechen oder Schmecken. Es geht ums Einswerden. Leben durch den Körper zu erfahren heißt, das Leben durch die Begrenzung von Verstand und Körper zu erleben. Leben durch den göttlichen Geist zu erfahren heißt, eins zu werden mit dem Leben selbst.

Dann höre ich nicht mehr das Geräusch des Windes in den Blättern, sondern werde eins mit dem Geräusch und fühle wie der Wind, wenn er die Blätter aufwirbelt. Auf diese Weise erfahre ich die Musik des Geräusches. Ich sehe nicht staunend zu, wie das Wasser im Bach über die Felsen rauscht, sondern werde eins mit dem Wasser und fließe mit ihm, um seine Bewegung selbst zu erfahren. Ich berühre nicht die Blume im Frühling, sondern werde eins mit der Blume und kenne die Bedeutung ihres Lebens. Liebe ist nichts, was man tut; es ist etwas, zu dem man wird, etwas, das man ist. Liebe kennt keine Grenzen von Zeit oder Raum oder gar Dimension. Sie ist jenseits des Meßbaren. Liebe ist das Gewahrsein der Liebe.

Liebe ist nicht etwas, das man einem anderen geben könnte. Liebe ist nichts, was man besitzen oder pflegen könnte. Liebe ist die Essenz einer spirituellen Existenz. Ich beziehe mein Lebenselixier nicht aus mir selbst; ich kann mich selbst nicht erkennen. Meine Erfüllung finde ich durch andere, durch ihre Freude und ihr Glück. Wenngleich ich anderen meine Liebe nicht geben kann, können diese doch an ihr teilhaben und eins mit ihr werden. Spirituelle Liebe als spirituelles Bewußt-sein ist eine allumfassende Erfahrung.

Eins zu werden mit der Natur bedeutet, sie zu erfahren. Dies ist in sich selbst die größte aller Erfahrungen. Haben Sie jemals eine Hummel beobachtet? Das nächstemal, wenn Sie eine sehen, versuchen Sie, mit ihr eins zu werden, anstatt sie nur zu betrachten. Verschmelzen Sie mit ihren Gedanken, während sie summend mal hierhin und mal dorthin fliegt. Damit dies gelingt, müssen Sie sich zunächst von allen Gedanken des Verletztwerdens oder Verletzens sowie der Überlegenheit befreien. Sie müssen erkennen, daß die Liebe, die Sie sind, um nichts größer ist als die eines anderen Lebens oder einer anderen Vision.

Wenn Sie dann staunend auf das Wunder der Liebe blicken, das diese Hummel zum Leben erweckte, werden Sie spüren, wie es Sie zu ihr hinzieht und Sie mit ihr eins werden wollen. Gemeinsam, als Gleiche unter Gleichen, werden Sie die Blüten und die Luft erkunden, ihren Duft und ihren Klang. In seiner Überlegenheit ist es dem Menschen noch nicht einmal gelungen, einer Hummel ebenbürtig zu werden. Wenn Sie mit den Klängen und Erscheinungen der Natur verschmelzen, statt nur zuzuhören und zu beobachten, brauchen Sie keinen Intellekt. Sie werden Gottes Geheimnisse ergründen, ohne töten zu müssen.

Diese Art der Liebe ist so stark, daß sie Menschen über ihre normalen Haltungen und Einstellungen erhebt, so daß sie das Leben und den Tod als einen kontinuierlichen Prozeß erkennen können. Das Dasein selbst erscheint aus dieser Warte als etwas derart Großartiges und Überwältigendes, daß die persönlichen Emotionen als das gesehen werden, was sie sind: als vorübergehende Reaktionen auf belanglose Ereignisse. Wir gelangen zu der Erkenntnis und dem Wissen, daß wir ein unbedeutendes Teilchen in einem riesigen Ereignis sind, dennoch aber eins sein können mit dem Ganzen. Derjenige, der diesen Bewußtseinswandel erlebt hat, nimmt seine eigene Person, sein persönliches Wachstum, seine Überlegenheiten und Unsicherheiten nicht mehr wichtig; sowohl Rang als auch Name werden bedeutungslos. Er gelangt zu der Einsicht, daß auch das segenbringende Bewußtsein einzig und allein auf der strahlenden Liebe basiert, die wir von einem anderen Leben empfangen. Das – und nicht die Liebe, die wir selbst ausstrahlen – ist es, was wir erfahren. Wir sind hier auf Erden zum Wohl unserer Mitmenschen. Für uns selbst haben wir keinen Wert; wir ziehen nur das an, was wir selbst sind.

Spirituelle Liebe ist ebenso wie spirituelle Heilung etwas, das man nur durch persönliche Erfahrung kennenlernen kann. Für manche Menschen ist sie nicht erreichbar, denn sie sind nicht bereit, sich für einen Bewußtseinswandel zu öffnen, oder sie sind ganz einfach zu überheblich. Menschen wie diese, die unfähig sind, spirituelle Liebe zu erfahren, werden sich weiterhin lustig machen, lästern und Kritik üben, um ihre spirituelle Unzulänglichkeit zu übertünchen.

Um das Leben wirklich erfahren und schätzen zu können, muß man alle Wahrnehmung von Bildern, Geräuschen, Gerüchen, Berührungen und Geschmacksempfindungen zu einem Ganzen zusammenfügen. Am besten läßt sich dies wohl am Beispiel des Lichts erklären. Wird Licht in seine Grundfarben zerlegt, wird es statisch wie ein Regenbogen. Um Licht richtig wahrnehmen zu können, muß man es als eine Mischung aus Licht und Bewegung sehen. Auch Gewahrsein ist in Bewegung und in ständigem Wandel begriffen. Es existiert in diesem Augenblick – jetzt. Vergangenheit und Zukunft sind Bilder, und so können wir daran keinen Anteil haben. Es gibt kein spirituelles Gewahrsein in den Gedanken an Vergangenheit und Zukunft.

Wenn wir einen Bewußtseinswandel vollziehen und damit

zum spirituellen Bewußtsein gelangen, werden wir eins mit allem, was ist und was es zu erfahren gibt. Dabei verlagert sich die Wahrnehmung vom Beobachten hin zum Erleben. Die Vorstellungen von Gott wandeln sich von Theorien und Philosophien zu Gewahrsein. Man wird eins mit Gott und zugleich mit jeder in Liebe erdachten Schöpfung. Dieses absolute, liebende Bewußtsein ist die Grundlage der spirituellen Heilung. Gott zu kennen heißt, das eigene Selbst aufzugeben und Teil des allumfassenden schöpferischen Bewußtseins zu werden.

Menschen ohne spirituelles Bewußtsein versuchen, Gott zu erklären. Doch wie kann man etwas erklären, das man nicht gesehen oder erfahren hat? In dem Versuch, es mit unserem geläufigen Vokabular zu beschreiben, ergehen wir uns in leeren Worten und erschaffen das Bild unserer eigenen Gedanken. Es ist unmöglich, die allumfassende schöpferische Liebe mit Worten darzustellen. Es gibt nur einen Weg, um Gott zu erkennen: man muß eins werden mit der Erfahrung von Gott. In dem Augenblick, in dem man versucht, die mit dieser Erfahrung einhergehenden Gefühle zu beschreiben, verliert man das spirituelle Gewahrsein und ist wieder im Reich der Worte gefangen.

Mit Worten kann niemandem zur emotionalen Erfahrung des spirituellen Bewußtseins verholfen werden; genausowenig, wie ein Hochzeitsfoto einem Außenstehenden die Gefühle der Anwesenden zu vermitteln vermag. Spirituelle Heilung heißt, anderen dabei zu helfen, zum eigenen spirituellen Bewußtsein zu gelangen, so daß sie selbst eins werden mit dem Wind, dem Fluß, dem Licht und der grenzenlosen Liebe Gottes. Am ehesten läßt sich das an sich Unbeschreibbare beschreiben, wenn man sagt: Solange man es noch sehen oder hören kann, ist man kein Teil davon und kann es auch nicht wirklich verstehen. Wie bereits gesagt, ist Liebe nichts, was man tut. Es ist etwas, was man ist. Gott darum zu bitten, einen von diesem oder jenem Leiden zu befreien, geht völlig an der Sache vorbei. Gott tut nichts. Gott ist. Gott heilt Sie ebensowenig, wie er Ihnen Schmerzen oder Leid verursacht. Indem Sie sich für einen Bewußtseinswandel öffnen, heilen Sie sich. Gott heilt Sie nicht. Gott ist nicht dieses oder jenes. Gott ist absolutes Bewußtsein, eine spirituelle Erfahrung. Gott ist, was Sie werden, wenn Sie lernen, das aufzugeben und sich von dem zu lösen, was Sie zu sein glauben. Der Berg kann nicht eins werden mit dem Sandkorn, doch das Sandkorn eins mit dem Berg.

Spirituelle Ausrichtung

Der einzige Wert, den ein jeder von uns hat, bemißt sich an dem, was wir für andere tun können. Spirituelle Heilung ist, Gedanken der Liebe zum Wohle unserer Mitmenschen einzusetzen. Negativ eingestellte Menschen ziehen Ihnen Energie ab. Versuchen Sie einmal, sich dem zu entziehen. Bleiben Sie also ganz bewußt in der Nähe eines solchen Menschen und beobachten Sie, was geschieht. In dem Maße, wie er Ihnen Energie nimmt, werden Sie immer schwächer, und weil Sie absichtlich nichts geben, erzeugen Sie nichts, um die Vorräte wieder aufzufüllen, die Ihnen so genommen werden.

Diese Tatsache wurde mir schon sehr früh in meinem Leben vor Augen geführt. Ich erinnere mich daran, wie mir eines Tages im Wartezimmer eines Arztes eine sehr besorgt wirkende Frau gegenübersaß. Sie hielt ein Baby auf dem Arm. Es war noch sehr klein, vielleicht ein oder zwei Monate alt, und sah einfach erschreckend aus – blaß, krank und leblos. Wie ich es so betrachtete, fühlte ich, wie ich mehr und mehr Liebe für dieses Geschöpf empfand, und auch, wie diese Liebe auf ganz außergewöhnliche Weise aus mir herausgesogen wurde. Es kam mir so vor, als ob etwas Greifbares aus meinem Körper gezogen würde. Ich wußte das Ganze nicht zu deuten und versuchte ihm Einhalt zu gebieten. Ich verschränkte meine Arme, überkreuzte meine Beine und versuchte, mich ganz in mich zurückzuziehen, doch das half so gut wie nichts. Diese Liebe, die ich war, floß immer noch zu dem Baby, das ihrer so sehr bedurfte. Nach einiger Zeit fühlte ich mich völlig ausgelaugt, und da ich offensichtlich den Kampf nicht gewinnen konnte, meine Kraft für mich zu behalten, entschloß ich mich, sie freiwillig und losgelöst von egoistischen Gedanken herzugeben. Ich fühlte, wie ich eins wurde mit dem Baby und sich neues Leben in ihm regte. Seine Wangen nahmen wieder Farbe an, es fing an zu strampeln und das Gesicht zu verziehen. Das glückliche Strahlen der Mutter angesichts dieser Wendung erfüllte mich mit der Freude erwiderter Liebe. Anstatt erschöpft zu sein, strömte ich über vor Glück. Ich hatte viel mehr erhalten, als ich gegeben hatte, denn ich war eins geworden mit einem anderen Geist der Liebe.

Eine weitere Lektion in puncto Liebe durfte ich an einem heißen Sommertag lernen. Ich war zur Post gegangen, um eine Briefmarke zu kaufen. Am Schalter hatte sich eine lange Schlange gebildet, doch mein Brief war eilig, und so blieb mir nichts anderes übrig, als mich anzustellen. Vor mir stand eine Mutter mit einem kleinen Mädchen von etwa sieben oder acht Jahren, das in ihrer Hand einen selbstgepflückten Blumenstrauß hielt. Als die Frau an der Reihe war, stellte sich schon bald heraus, daß sie sich gern reden hörte. Sie wissen schon, was ich meine: Sie gehörte zu jenen Menschen, die gerne plaudern und glauben, daß sich jeder für ihre Überbeine interessiert oder dafür, welche Jagdtrophäen ihre Katze letzte Nacht angeschleppt hat. Nun, sie redete und redete. Offensichtlich war sie im Moment in Urlaub.

»Wir haben unsere Ferien noch nie auf dem Land verbracht«,

sagte sie, und wir alle mußten uns einen Vortrag darüber anhören, wie schön unsere Felder und Wälder und wie hübsch unsere Wege seien. (Dachte sie etwa, wir wüßten das nicht? Herrgott noch mal! Wir lebten schließlich hier! Alles, was ich wollte, war eine Briefmarke.)

Dann meldete sich das Mädchen zu Wort.

O nein, dachte ich. Fang du nicht auch noch an!

»Ich habe diese Blumen an den Hecken gepflückt«, meinte sie voller Stolz.

Du solltest unsere Wildpflanzen besser nicht ausrupfen, dachte ich. Das ist verboten. Geh und bring sie zurück!

Mittlerweile wurden die Menschen in der Schlange unruhig, und nachdem die Postbeamtin entschieden hatte, daß von dieser Frau ohnehin nichts Hörenswertes zu erfahren war, kassierte sie ihr Geld, und ich ging vor. Mutter und Tochter gingen hinaus, ohne sich im geringsten des Aufruhrs bewußt zu sein, den sie verursacht hatten. Ich kaufte meine Briefmarke, ging zur Tür und wurde plötzlich wie vom Blitz getroffen – schreckliche Schuldgefühle stiegen in mir auf. Die beiden waren doch nur auf Urlaub, wahrscheinlich zum erstenmal in ihrem Leben. Warum war ich ihnen nicht wohlgesinnt und wünschte ihnen nicht einmal ein paar wundervolle Tage? Warum hatte ich dem Mädchen nicht gesagt, wie hübsch ihr Blumenstrauß aussah? Ich hätte mir nichts dabei vergeben, und die beiden hätten den Tag noch herrlicher gefunden. Ich hatte Liebe zurückgehalten, die mir für einen anderen anvertraut worden war. Mir war schlecht, mein Magen schien sich umzudrehen. Natürlich hatten sie nichts an Liebe oder Freude eingebüßt, doch ich hätte ihnen so viel mehr geben können.

Noch Wochen später krampfte sich mir jedesmal der Magen zusammen, wenn ich an diese Situation dachte. Mit der Zeit aber verlosch die Erinnerung der unrechtmäßig zurückgehaltenen Liebe, und der Schmerz verging. Wenn aber bereits ein scheinbar völlig belangloser Akt des Egoismus so weh tun kann, was geschieht dann erst, wenn das Licht der Vernunft endlich die Seelen jener erhellt, die schrecklich selbstsüchtig oder zerstörerisch waren? Wenn es eine Hölle gibt, dann ist es dies – sich mit den destruktiven Folgen des eigenen Egoismus konfrontieren zu müssen.

Um die Kräfte des Geistes und der Natur – oder Gottes, wenn Ihnen diese Formulierung mehr zusagt – nutzen zu können, müssen Sie völlig frei sein von Beschränkungen des »Selbst-Bewußtseins«. Sie müssen sich über den normalen menschlichen Ausdruck beziehungsweise die Persönlichkeit erheben und mit jenem größeren Bewußtsein der göttlichen spirituellen Liebe eins werden. In diesem Zustand gibt es keine Beurteilungen, und es gibt keine anderen Gefühle außer der schöpferischen Kraft der Liebe. Wenn Sie sich bewegen, frei von Ihrem Körper, und in die Wonne grenzenloser Liebe hinein, machen Sie Ihr Vehikel, Ihren Körper, auf, um die Gedanken eines anderen zu erreichen. Diese können, wenn sie wollen – und nur dann –, mit der Liebe, die ihnen selbst zu eigen ist, eine Verbindung herstellen und sich mit der Energie aufladen, die Sie zur Verfügung stellen.

Bei der spirituellen Heilung kommt es des öfteren vor, daß Menschen, die Liebe empfangen, schluchzend zusammenbrechen. Dies ist nicht das Freisetzen eines Traumas, wie an anderer Stelle in diesem Buch beschrieben. Die Reaktionen und Antworten sind völlig anderer Art. Wenn spirituelle Heilung stattgefunden hat, ist dies immer offenkundig, aber wenn man sie nicht erfahren hat, kann man ihre Herrlichkeit nicht erfassen. Dabei kommt es stets darauf an, daß der Heiler absolut frei von physischen Gefühlen ist, um sich mit Kräften vereinigen zu können, denen Haß, Neid, Egoismus und so weiter völlig fremd sind.

Ich werde oft gefragt, ob ich mich vor den negativen Gedanken oder Gefühlen anderer irgendwie schütze. Dies scheint nach weitverbreiteter Ansicht notwendig zu sein, doch warum? Wenn unsere Gedanken ganz und gar von Liebe erfüllt sind, werden sich andere Gedanken als die der Liebe kaum einschleichen können. Um Menschen in emotionalem oder spirituellem Leid zu helfen, muß man eins mit ihnen werden.

Das läßt sich ganz leicht nachvollziehen, wenn wir bedenken, daß wir in unserem Wesenskern ohnedies nur Geist sind und kein allzu großer Unterschied besteht, ob dieser nun in den einen oder anderen Körper eingeht. Wie sonst könnte man einem haß- oder zornerfüllten Menschen helfen, als in sein Inneres zu gehen und sich auf diese Weise selbst ein Bild davon zu machen, wo die Ursache für seine Probleme liegt? Glauben Sie mir, wenn Sie erst einmal gelernt haben, auf diese Weise gleichsam in die Gedanken und Handlungen eines anderen hineinzuschlüpfen, werden Sie nie wieder über jemanden urteilen. Von außen her können wir nie wissen, was den anderen dazu veranlaßt hat, so zu sein, wie er ist. Spüren wir aber in ihn hinein und werden wir eins mit seinen tieferen Gefühlen, wie könnten wir da noch allen Ernstes behaupten, daß wir selbst anders gehandelt hätten?

Wenn ein Mensch mich um Hilfe ersucht, der voll von Haß und Zorn, Eifersucht oder Verletztheit steckt, dann muß ich erst einmal wissen, was dies verursacht hat. Normalerweise klaffen die Ursache, die mir der Betreffende selbst angibt, und die, die ich über meine Erfahrung erspüre, weit auseinander. Als Heiler sehe ich mich zunächst mit der Aufgabe konfrontiert, meinem Patienten dabei zu helfen, seinen Zorn oder seine Verletztheit in eine kreativere Energie zu verwandeln. Haß ist Energie (ebenso wie Liebe Energie ist). Doch es ist fehlgeleitete Energie. Und so nehme ich all den Haß und Zorn, die der Betreffende loszulassen bereit ist, auf mich. Wenn es jemandem verwehrt bleibt, seinen Zorn auszudrücken und ihn auf diese Weise loszuwerden, wächst er immer weiter.

Ich war einmal Verkäufer, und wann immer ich eine schwierige Situation zu meistern hatte, beispielsweise wenn ein aufgebrachter Kunde Anlaß zur Beschwerde zu haben glaubte, wartete ich zunächst, bis er all seinem Ärger Luft gemacht hatte. Dann zog ich Notizblock und Bleistift heraus und sagte: »Ja, Sie haben in der Tat Grund zur Unzufriedenheit. Bitte wiederholen Sie doch noch einmal ganz genau, Wort für Wort, einschließlich der Adjektive, was Sie soeben gesagt haben, so daß ich Ihre Beschwerde an meinen Chef weiterleiten kann.« Und dann wartete ich. Haben Sie jemals erlebt, wie das ist, wenn jemand versucht zu wiederholen, was er im Zorn gesagt hat, nachdem man ihn vorher hat ausreden und seine ganzen Emotionen hat zum Ausdruck bringen lassen? Ist die Wut erst einmal verraucht, kann er sie nicht wiederholen, sosehr er sich auch bemühen mag.

Bittet man ihn, seine Worte zu wiederholen, um sie niederzuschreiben, wird er ein oder zwei Anläufe machen, sich an das zuvor Gesagte zu erinnern. Doch wenn er sich im nachhinein fragt, warum er so wütend war, erscheint ihm das Ganze auf einmal selbst lächerlich. Normalerweise verschwindet der angriffslustige Gesichtsausdruck, und gelegentlich tritt an seine Stelle gar ein Grinsen oder Lachen. Was aber wäre passiert, wenn ich ihn nicht hätte ausreden lassen? Hätte ich selbst verärgert reagiert, zu argumentieren begonnen oder ihn einfach stehengelassen, wäre er womöglich in noch größere Rage geraten, und jeder hätte den anderen am Ende noch ungehaltener zurückgelassen, als er anfänglich war.

Manchmal sind Zorn oder Groll natürlich auch so tief verwurzelt, daß es einer ganzen Reihe von Sitzungen bedarf, um alles aufzulösen. Und wer diesen begegnet, hat das Gefühl, förmlich überrollt zu werden. Doch solange er es vermeidet, sich emotional verwickelt und in seiner Einstellung zu der betreffenden Situation Negativität aufkommen zu lassen, können ihm die negativen Emotionen des anderen nichts anhaben. Wenn jemand mir gegenüber beziehungsweise in meiner Gegenwart seine Wut oder Frustration zum Ausdruck bringen muß, so hilft es keinem von uns, wenn ich Anstalten machen würde, dies zu verhindern oder einfach wegzugehen. Das, so glaube ich, ist es, was man unter »die andere Wange hinhalten« versteht.

In manchen Fällen scheinen Wut und Groll noch anzuwachsen, wenn der Heiler einfach nur dasteht und nichts sagt, weil der Rachsüchtige auf eine Reaktion, ein Widerwort wartet, über das er sich zusätzlich aufregen kann. Solange derjenige, der diese Negativität aufnimmt, nichts tut, als das Ganze zu absorbieren, selbst wenn dies Stunden, Tage, Wochen oder gar Jahre in Anspruch nimmt, wird der Leidende irgendwann all seine Frustration los sein. Dann wird Liebe die Leere anfüllen, das ist Geistheilung.

Fernheilung

Ich werde immer wieder gebeten, Menschen zu heilen, die weit von mir entfernt sind. Was hier gewünscht wird, ist eine Fernheilung, und wer einen Bewußtseinswandel erfahren hat, dem wird es nicht schwerfallen, diesen Vorgang zu verstehen und auf diese Weise heilende Energien von einem anderen Menschen zu empfangen. Wem heilende spirituelle Liebe als Heilung zuteil wird, wird von seinem Schmerz oder Leid befreit; beides nimmt in dem Maße ab, wie die Angst sich in nichts auflöst. Auch hier muß ich betonen, daß ich nur von meinen eigenen Erfahrungen als Heiler berichten kann, denn die Arbeitsweise anderer Geistheiler mag sich von der meinigen grundlegend unterscheiden.

Ich für meinen Fall empfinde es so, als wäre ich nicht länger Teil meines eigenen Körpers oder Verstandes, sondern existierte abseits davon. Es ist, als würde mir mein Körper lediglich als Mittel zur Kommunikation dienen. Als Geist bin ich jenseits von Zeit und Raum und allen Dimensionen. Die Ewigkeit der Liebe kennt keine Grenzen. Ich weiß, dies mag sonderbar klingen, und immer wieder werde ich gefragt: »Wie ist es möglich, daß Sie überall zur gleichen Zeit sein können?« Ich antworte darauf mit einer Gegenfrage: »Wie können Sie nur mit dem begrenzten Raum des Körpers auskommen?«

Und weil ich weiß, daß ich überall zur gleichen Zeit bin, ist Fernheilung für mich etwas ganz Normales. Ich will versuchen, das zu erklären. Wenn Sie sprechen, breiten sich Ihre Worte in alle Richtungen aus. Sie sind gleichzeitig über und unter Ihnen, vor und hinter Ihnen zu hören. Doch ganz gleich, wo man Ihre Worte auch vernimmt, sie sind immer noch ein Teil von Ihnen. Ihre Worte hören nicht auf, eins mit Ihnen zu sein, weil sie über Ihre Lippen gekommen sind. Genauso ist es mit Ihren Gedanken, die, einmal zum Ausdruck gebracht, für immer existieren.

Wenn Ihr Körper aufgehört hat, Sie zu beherbergen, und Sie den Tod erfahren, sind Ihre Gedanken alles, was Ihnen bleibt. Sie sind auf einmal die Summe aller Gedanken, die Sie jemals gehabt haben, und diese gehen aus der Mitte des Geistes hervor. Aber etwas Flüssiges kann keine Mitte haben, weil eine ausstrahlende Wahrnehmung überall sein kann. Der Geist hat keine organisatorische Mitte wie das Gehirn (das der Körper zur Organisation seiner sinnlichen Wahrnehmungen benutzt). Bittet Sie jemand auf der anderen Seite des Ozeans in Gedanken um Heilung, so nimmt Ihre Liebe dies sofort zur Kenntnis.

Der Unterschied zwischen spiritueller Heilung und dem, was ich als physische Heilung bezeichne, besteht darin, daß erstere ohne persönliche Begegnung auskommt und auf der anderen Seite des Globus wirken kann, während man bei letzterer auf engen, wenn nicht gar direkten Kontakt angewiesen ist. Jede spirituelle Heilung ist im Grunde genommen Fernheilung. Wie das Wort besagt, muß sich der Behandelte bei der Fernheilung nicht unbedingt in der Nähe des Heilers aufhalten.

Zwischen beiden Heilungsarten besteht ein grundlegender Unterschied. Physische Heilung wirkt direkt auf den Körper oder den diesen steuernden Verstand beziehungsweise auf das denkende Bewußtsein. Es ist physische oder emotionale Energie in Form elektromagnetischer Felder, die sich gegenseitig auf physischer Ebene direkt helfen. Spirituelle Heilung setzt die Stärke der Liebe als nicht-quantifizierbare Energie ein, um einen anderen in die Lage zu versetzen, sich selbst spirituell, physisch und emotional zu heilen. Der Grund dafür, daß Entfernung kein Hindernis für spirituelles Heilen ist, ist, daß Entfernung kein Hindernis für spirituelle Aktivität ist.

Unsere Geist-Gedanken verströmen sich in Zeit und Raum und beeinflussen, wo immer sie auf Akzeptanz stoßen, andere ähnliche Gedankenformen. Alles, was existiert, ist Schwingung und besitzt ein eigenes elektromagnetisches Feld. Diese Schwingungen breiten sich im Raum aus, um dort mit allem zu verschmelzen, was in Harmonie zu ihnen steht. Das ist so, als ob man ein Radiosignal empfängt. Einige meiner tiefgreifendsten Heilungserfolge habe ich über Fernheilung erzielt. Seltsamerweise waren zwei davon sich sehr ähnlich. In beiden Fällen handelte es sich um Gehirntumoren.

Es war ungefähr 1984. Sue, eine sehr gute Bekannte unserer Familie, die in London arbeitete, hatte plötzlich immer wieder unerträgliche Kopfschmerzen. Sie ging zum Arzt, und es wurde festgestellt, daß sie einen Gehirntumor hatte. Selbst ein Zyklus von Bestrahlungen konnte sie nicht von ihren Schmerzen befreien, und auch der Tumor war unverändert. Schließlich sagte man ihr, daß sie nur noch drei Monate zu leben habe. Sue war damals dreiundvierzig. Sie arbeitete als Chefsekretärin in einer Firma und entschloß sich, so lange zu arbeiten wie irgend möglich.

Zu diesem Zeitpunkt wandte sie sich an mich. Ich besuchte sie in London, und als ich mit meiner Hand über ihren Kopf strich, schrie sie vor Schmerzen auf. Sie meinte, es sei gerade so, als würde ihr jemand eine rotglühende Nadel durchs Gehirn stoßen. Ich bat sie, mich jedesmal anzurufen, wenn sie Schmerzen hätte, und erklärte ihr, daß wir abgesehen davon keinen direkten Kontakt halten müßten, denn ich würde ihr Fernheilung schicken. Dies funktioniert nur dann, wenn zwischen Empfänger und Heiler ein harmonisches, enges Vertrauensverhältnis besteht. Fehlt dieses absolute Vertrauen oder ist der Geist des Hilfesuchenden nicht in völligem Einklang mit den Gedanken des Heilers, sind die Erfolgsaussichten geringer.

In der darauffolgenden Woche rief Sue mehrmals an, normalerweise von der Arbeit aus, weil sie Kopfschmerzen hatte. Ich bat sie jedesmal, sich in ihrem Büro einzuschließen, sich still hinzusetzen und sich eine halbe Stunde lang auf mich zu konzentrieren. Anschließend sollte sie mich jedesmal anrufen, um mir zu bestätigen, daß die Schmerzen verschwunden waren. Auch ich selbst setzte mich während dieser Zeit still hin und konzentrierte mich auf sie. So vergingen drei Monate. Sue hatte ihre Besuche im Krankenhaus eingestellt, weil man dort außer der Verordnung von schmerzstillenden Mitteln nichts mehr für sie tun konnte. Nach fünf Monaten brauchte sie keine weiteren Behandlungen mehr von mir. Nachdem ich ihr versichert hatte, daß sich der Tumor vollständig zurückgebildet hatte, ließ sie sich in der Klinik nochmals untersuchen und erhielt dort die Bestätigung für meine Aussage. Seit unserem Treffen in London hatten wir uns nicht ein einziges Mal gesehen.

Bei einem anderen, sehr ähnlichen Fall ging es um eine Frau von den Kanalinseln. Ich lernte sie im Hause eines Freundes kennen, und sie berichtete mir, daß sie seit mehreren Wochen immer wieder unter einseitigen Kopfschmerzen hinter dem Auge litt. Ich gab ihr eine Heilbehandlung, um sie von ihren Schmerzen zu befreien, erklärte ihr aber, daß ihr organisch nichts fehle und ihre Schmerzen durch die Krankheit eines anderen ausgelöst würden.

Kurze Zeit später rief sie mich an und meinte, ihre Schwester, die ich hier Helen nennen will, sei gerade mit dem eindeutigen Befund eines Tumors an der Hirnanhangdrüse ins Krankenhaus eingewiesen worden. Helen hatte keine Kopfschmerzen gehabt, und die Symptome waren erst wenige Tage zuvor in Form einer Trübung des linken Auges erstmals aufgetreten. Am Freitag war sie zum Augenarzt gegangen und am Samstag zum Chirurgen. Bereits am Montag hatte man sie in die Augenklinik eingewiesen. Nachdem man sie dort untersucht hatte, überwies man sie sofort an eine neurologische Fachklinik, in der sie am Mittwoch formal aufgenommen wurde. Die Ärzte hielten eine Operation für angezeigt, doch da Weihnachten unmittelbar vor der Tür stand, entschloß man sich dazu, die Operation auf den Januar zu verschieben.

Während der Weihnachtsfeiertage hatte Helen Gelegenheit, mich zur ersten Behandlung aufzusuchen. Anschließend waren wir ausschließlich auf Fernheilung angewiesen. Ich versicherte ihr, daß sich ihr Tumor durch die Fernheilung zurückbilden würde und sie nicht operiert werden müsse.

Am Montag der folgenden oder darauffolgenden Woche wurde Helen im Krankenhaus aufgenommen, und noch am Nachmittag desselben Tages wurde ein Szintigramm gemacht. Ihre

Operation war für den Mittwoch geplant. Doch sehr zur Überraschung des Chirurgen zeigte das Scan keinerlei Spur von dem Tumor. Auch Narbengewebe war nicht zu sehen. Und dies, obwohl der Tumor bei zwei früheren Untersuchungen im Dezember eindeutig zu erkennen gewesen war. Die Heilung war also erfolgreich gewesen.

Helens Fall wurde zu einem Thema einer Klinikkonferenz; viele Spezialisten nahmen an der Fallbesprechung teil, um Details zu erfahren und den Fall zu diskutieren. Man hatte ihnen nicht gesagt, daß Helen Fernheilung erhalten hatte. Helen saß die ganze Zeit über auf dem Podium, und nach der Diskussion fragte einer der Ärzte sie, wie sie selbst sich diese außergewöhnliche Heilung erklären würde. Für sie, so meinte sie daraufhin, stehe zweifelsfrei fest, daß sie ihre Genesung spiritueller Heilung zu verdanken habe. Nachdem sie dies gesagt hatte, herrschte für einen Augenblick absolute Stille im Saal, und dann wechselte man schnell zum nächsten Thema über.

Interessant ist auch die Tatsache, daß zur gleichen Zeit, als ich Helen in meiner Klinik behandelte, die Kopfschmerzen bei ihrer Schwester völlig verschwanden und seither nicht mehr aufgetreten sind. Helen wurde von den Ärzten wiederholt gefragt, ob sie Kopfschmerzen habe, doch sie verneinte diese Frage stets.

Das einzige Mal, als Helen mich persönlich zur Heilbehandlung aufsuchte, bekam ihr Mann, der sie begleitete und mit im Raum saß, fürchterliche Kopfschmerzen, so daß ich ihn ebenfalls behandeln mußte. Helen selbst aber hatte zu keiner Zeit Kopfschmerzen. Ihre Sehfähigkeit ist mittlerweile fast völlig wiederhergestellt, obgleich sie auf einem Auge bei bestimmten Lichtverhältnissen noch eine blinde Stelle hat. Dies wird darauf zurückgeführt, daß der Tumor den Sehnerv leicht beschädigt hat.

Als ich um die Genehmigung zur Aufnahme dieser Geschichte

in dieses Buch nachsuchte, bat mich Helens Mann, auch darüber zu berichten, wie besorgt er gewesen war, als man seine Frau das erste Mal zu den Untersuchungen ins Krankenhaus eingewiesen hatte. Dann wurde ihm auf einmal bewußt, daß alles in Ordnung sei. Er sagte, dies sei ein erstaunliches Gefühl gewesen. Später fand er heraus, daß sich dieses große Gefühl der inneren Ruhe genau zu jener Zeit bei ihm einstellte, als Helens Schwester bei mir anrief und mich um eine Fernheilung bat.

Fernheilung ist ein sehr kraftvolles Instrument. Ich arbeite damit in den unterschiedlichsten Situationen. Ich bin sowohl bei Menschen – in einem spirituellen Sinn – gewesen, um ihnen bei Beerdigungen Kraft und Unterstützung zu spenden oder um ihnen bei Vorstellungsgesprächen Zuversicht und Selbstvertrauen zu geben, als auch bei den üblichen Fernheilungssituationen. Viele Male wurde mir bestätigt, daß derjenige, dem eine Fernheilung zuteil wird, um meine Gegenwärtigkeit weiß, und schon oft wurde mir am Telefon berichtet, daß auch Freunde, die zu dieser Zeit zugegen waren, es gespürt haben. Das Problem ist nur, daß man es einfach nicht beweisen kann, und so ziehen Skeptiker es vor, zu lachen und sich lustig zu machen. Doch dies immer nur so lange, bis sie selbst einmal jene Art von Hilfe brauchen, wie sie nur von einem Heiler kommen kann.

Ich kann nicht beweisen, daß die sich infolge von Fernheilungen einstellende Genesung wirklich von mir kommt. Kein Heiler kann das. Wir wissen es, und dabei müssen wir es belassen. Es kommt darauf an, daß wir selbst es wissen, und nicht darauf, es zu beweisen. Wie will man einem Blinden den Sonnenauf- oder -untergang beweisen oder ihm die Schönheit von Mohnblumen in einem Kornfeld erklären? Wie will man einem Tauben nahebringen, wie schön sich plätscherndes Wasser oder der Ruf der Lerche anhört? Ich kann weder

Ihnen noch irgend jemand anderem beweisen, was geschieht, wenn ich mich aus der Hülle meines Körpers befreie.

Das Leben loslassen

Meine Aufgabe als Heiler besteht nicht unbedingt darin, Leben zu erhalten. Dies mag höchst merkwürdig klingen, doch ich selbst mußte mich so oft mit dieser Tatsache auseinandersetzen, daß ich sie mittlerweile akzeptiert habe. Daß dem so ist, wurde mir bereits ganz zu Beginn meiner Arbeit als Heiler deutlich vor Augen geführt. In dieser Anfangszeit, wo ich noch nicht so viel zu tun hatte, war ich gern bereit, weite Anreisewege in Kauf zu nehmen, um einen Patienten zu besuchen. Ich hatte einen Telefonanruf von einer Frau erhalten, die etwa einhundertdreißig Kilometer von mir entfernt wohnte. Sie bat mich, zu ihrem Mann zu kommen, der mit Lungenkrebs im Sterben lag. Gemeinsam mit meiner Frau machte ich mich auf den Weg. Als wir nur noch etwa acht Kilometer zu fahren hatten, mußten wir anrufen, um uns den Weg zu dem kleinen, abgelegenen Dorf näher beschreiben zu lassen.

»Es tut mir leid, daß ich Sie hergebeten habe«, meinte die Frau, »aber der Arzt war gerade hier, und er meint, daß John die nächste Stunde nicht überleben wird. Ich fürchte, es ist zu spät.«

»Nachdem wir so weit gefahren sind, wäre es da nicht möglich, dennoch zu kommen und Sie zu sehen?« fragte ich. Und so standen wir wenige Minuten später in einem Zimmer im Erdgeschoß, wo man ein Bett für John aufgestellt hatte. Er sah erschreckend aus, war nicht bei Bewußtsein und so krank, wie es angesichts der Prognose des Arztes zu erwarten war. Während die Frau in die Küche ging, um Tee für uns zu machen, hielt ich meine Hand zunächst über Johns Kopf, dann über sein Herz und nach ungefähr fünfzehn Minuten wieder über seinen Kopf. Als etwa zwanzig Minuten vergangen waren, schlug er die Augen auf, nach weiteren zehn Minuten saß er aufrecht im Bett, und eine halbe Stunde später trank er Tee und sprach. Als der Arzt noch einmal vorbeikam, war er völlig perplex. Die allgemeine Freude war natürlich groß, und wir versprachen, in der nächsten Woche wiederzukommen, bevor wir uns schließlich auf den Heimweg machten.

In der darauffolgenden Woche war die Szene exakt die gleiche. Auch diesmal hing Johns Leben an einem seidenen Faden, er war ohne Bewußtsein, und der Arzt rechnete stündlich mit seinem Tod. Angesichts seiner Verfassung war es John offensichtlich zu Beginn der Woche erstaunlich gutgegangen, doch dann hatte sich sein Zustand nach und nach wieder verschlechtert. Ich führte erneut eine Heilbehandlung durch, und das Ergebnis war genau wie beim letzten Mal. Als wir uns verabschiedeten, war John beim Teetrinken. Auch eine Woche später lief alles nach genau demselben Schema ab: John lag im Sterben, und ich holte ihn für eine weitere Woche voller Schmerzen für ihn und voller Verzweiflung für seine Frau zurück. So konnte es nicht weitergehen. Ich mischte mich in einen natürlichen Vorgang ein – das Recht des Menschen heimzukehren, wenn er gerufen worden war. Es mag schrecklich klingen, aber ich erfand bewußt Entschuldigungen, um in der nächsten Woche nicht mehr hinzufahren, und John starb an dem Tag, an dem ich üblicherweise dagewesen wäre. In den vergangenen Wochen hatte ich nichts anderes getan, als das Unvermeidbare hinauszuzögern und Schmerzen und Leid für John und seine Frau in die Länge zu ziehen. Ich habe nicht das Recht, weder spirituell noch anderswie, über Leben und Tod zu entscheiden.

Ich durfte vielen Menschen helfen, von dieser Welt in die nächste hinüberzugehen. Ein Fall ist mir in besonderer Erinnerung geblieben. Eine Frau – ich möchte sie hier Jean nennen – rief mich an und bat mich vorbeizukommen. Jean litt unter einer besonders aggressiven Art von Lungenkrebs, der sich ihren Worten zufolge ganz langsam in ihrer Lunge ausbreiten und sie mit der Zeit ersticken würde. Rings um ihr Bett waren Sauerstoffflaschen aufgereiht, die sie von Zeit zu Zeit benutzte, wenn es ihr besonders schlechtging. Sie war etwa fünfundfünfzig, und den Aussagen der Ärzte zufolge hatte sie noch etwa sechs Monate zu leben – ein schreckliches Schicksal. Eine Woche lang besuchte ich sie jeden zweiten Tag. Mir war von Anfang an klar, daß ich nichts an ihrer Situation ändern konnte, doch ich schien ihr Zuversicht zu geben und ihre Verzweiflung zu lindern. Nachdem ich ein paarmal dagewesen war, fragt sie mich direkt: »Glauben Sie, daß Sie mich heilen können?«

Darauf antwortete ich: »Ich heile niemanden. Ich gebe nur, was ich habe, was immer es auch ist, um den Menschen dabei zu helfen, sich selbst zu heilen. Gott entscheidet, ob Sie hierbleiben oder in die nächste Welt hinübergehen.« Dann fragte ich sie, ob sie beten würde.

Ja, das tue sie, lautete ihre Antwort.

»Warum wenden Sie sich dann nicht an Ihn?«

Sie schaute mich nur an.

Ich schlug ihr vor, daß sie sich abends, wenn sie ihre Gebete sprach, mit folgenden Worten an Gott richten solle: »Wenn es Dein Wille ist, mich zu Dir heimzuholen, nehme ich dies mit Liebe und Verständnis an. Auch wenn es Dein Wille ist, daß ich hierbleibe, sogar als Invalide, nehme ich auch dies mit Liebe und Verständnis an. Aber bitte laß mich nicht ohne Antwort. Gib mir ein Zeichen, um mich wissen zu lassen, was Du mit mir vorhast und was Du von mir erwartest.«

Ich wollte eigentlich erst zwei Tage später wieder vorbeischauen, doch am nächsten Tag rief mich Jeans Sohn an und bat mich, sofort zu kommen. Als ich eintraf, rang sie nach Luft, und ihre Familie war auf das Schlimmste gefaßt, wenngleich der Arzt erst am Tag zuvor bestätigt hatte, daß Jean noch sechs Monate zu leben habe. Ich setzte mich zu ihr auf die Bettkante.

»Warum weinen sie alle?« fragte sie mich, während sie ihre Angehörigen betrachtete, die im Raum versammelt waren.

»Sie leiden mit Ihnen wegen der schrecklichen Schmerzen, die Sie durchmachen müssen«, erklärte ich.

»Aber ich habe gar keine Schmerzen«, entgegnete sie mit offensichtlicher Verwunderung über den von mir genannten Grund.

Dies waren die Worte einer Frau, die keuchend nach Luft rang, als würde ihre Lunge den Dienst verweigern.

»Liege ich im Sterben?« fragte sie.

»Haben Sie Gott um eine Antwort gebeten, wie wir es besprochen haben?« wollte ich wissen.

Sie lächelte mich liebevoll an und meinte: »Ja, das habe ich.«

»Dann bekommen Sie jetzt Ihre Antwort, nicht wahr?«

Da schloß sie ihre Augen und schlief ein. Etwa fünf Minuten später sah ich, wie sich ihr Geist aus ihrem Körper löste. Sie schenkte mir das allerschönste Lächeln, das ich je gesehen hatte, und entschwebte. Die leere Hülle, die sie zurückließ, sah aus wie zuvor – sie »lebte« und atmete. Aber nur ich wußte, daß das Leben aus ihr gewichen war. Es war jedoch noch genügend Energie vorhanden, um sie eine Weile für sich allein weiterbestehen zu lassen. Ich ging nach unten und wartete. Es dauerte noch eine halbe Stunde, bevor ich dem Weinen und Schluchzen der Trauernden entnehmen konnte, daß es mit ihrem Körper zu Ende war.

Wenn ich heute an das Bett eines Sterbenden gerufen werde, habe ich keine vorgefaßte Idee, was ich bewirken werde. Ich gehe einfach nur hin in der Absicht, zu erlösen, was ich erlösen kann, und zu tun, was getan werden muß. Viele Male hat man mir gesagt: »Sie sind nicht allein gekommen. Jemand hat Sie begleitet. Ich kann seine Anwesenheit fühlen und sehen.« Oftmals ist es dieser »Jemand«, der den Menschen, dessentwegen ich gekommen bin, in die nächste Welt hinüberführt. Sterben ist so einfach, wenn es angstfrei geschieht. Ärztliche Prognosen sind sehr oft falsch, und ich würde mich nicht einfach hinlegen und sterben, nur weil es von mir erwartet wird. Wäre ich aber sicher, daß der physische Körper, aus welchem Grund auch immer, nicht überleben kann, so würde ich dies akzeptieren. Niemand soll je von mir sagen können, daß ich mich nicht leicht gefügt habe. Es gibt für mich einfach keinen Grund zu versuchen, in einem Körper zu bleiben, der mich abstößt. Wenn unsere Zeit gekommen ist, in die andere Dimension zurückzukehren, dann werden wir gehen; wenn nicht heute – freudig und die Erlösung annehmend –, dann morgen nach einem schrecklichen Kampf, der zu nichts führt, als das Leid zu verlängern.

Wenn meine Zeit einmal gekommen ist, dann werde ich gehen. Ich werde nicht darauf warten, daß mein Körper verfällt und ich diesen Zersetzungsprozeß miterleben muß. Ich habe zu viele Menschen kämpfen gesehen, und es ist schrecklich, zu sehen, welches Leid sie sich in dieser letzten Schlacht auferlegen. Ich habe aber auch Menschen erlebt, die ihrem Tod mit Würde gegenübergetreten sind, jene, die um die kommenden schönen Dinge wissen. Sie verhalten sich und fühlen völlig anders, wenn sie in den Tod hinübergleiten und ihre Hülle zurücklassen.

In meinen Augen ist es barbarisch, jemanden unter allen Umständen mit Medikamenten am Leben zu erhalten. Wir haben nur eine einzige wahre Verpflichtung einem Menschen gegenüber, dessen Zeit gekommen ist, nämlich Liebe zu geben; und reicht diese nicht aus, ihn bei uns und schmerzfrei zu halten, wird er in Frieden gehen. Ich will damit nicht sagen, daß ich gegen die Verordnung von Schmerzmitteln oder andere Behandlungsmethoden wäre. Wenn Medikamente aber beispielsweise eingesetzt werden, um alte Menschen am Leben zu erhalten, die sich mit Schmerzen herumquälen, allein gelassen sind und sich womöglich noch nicht einmal ihrer Lage bewußt sind, so halte ich das für unmenschlich. Oftmals ist der Geist aus diesen Menschen schon gewichen, und die Ärzte kämpfen gewissermaßen nur darum, einen Toten am Atmen zu halten. Es steht mir fern, Ärzte kritisieren zu wollen. Sie erfüllen lediglich ihre Pflicht. Es ist vielmehr unser System, unsere Kultur, mit der etwas nicht stimmt.

Einer meiner Freunde beispielsweise hatte eine über neunzigjährige Mutter. Sie war in einem Pflegeheim. Man konnte sie nicht mehr allein lassen, und sie brauchte ständige Pflege. Sie war inkontinent, hatte ein Hüftleiden, das ihr ständig Schmerzen verursachte, litt unter Gedächtnisschwäche, so daß sie sich von einem auf den anderen Tag an nichts mehr erinnern konnte, und fristete ihr Dasein in einem einzigen winzigen Raum. Sie war nicht in der Lage, zu lesen, fernzusehen oder ein vernünftiges Gespräch zu führen. Sie wollte nur noch sterben, »heimkehren«, wie sie zu sagen pflegte.

Schließlich bekam sie eine Erkältung, aus der sich eine Lungenentzündung entwickelte – eine ruhige und friedliche Art, aus dieser Welt zu scheiden. Aber nein: Die Ärzte gaben ihr gegen den Willen ihrer Angehörigen Antibiotika, und sie überstand die Krankheit. Dies geschah mehrere Male, und sie mußte sich noch ganze vier Jahre quälen. Ich kann das Vorgehen der Ärzte verstehen. Anders zu handeln wäre ungesetzlich gewesen. Fälle wie dieser bringen Ärzte in eine schreckliche Lage, aber dennoch erscheint es unnatürlich, das Leben in derartigen Situationen zu verlängern. Mit Heilung läßt sich sehr viel mehr bewirken, als Menschen am Leben zu erhalten oder sie von Schmerzen beziehungsweise körperlichen Verletzungen zu befreien. Sie gibt dem Geist die Freiheit, in Würde zu seiner Quelle zurückzukehren, sobald die Zeit für ihn gekommen ist.

Manch einer mag mich an dieser Stelle fragen, woher ich mein Wissen beziehe. Nun, ich weiß es unter anderem deshalb, weil sich viele Menschen nach dem Verlassen ihrer Hülle bei mir gemeldet haben, um mir zu danken oder mir persönlich zu berichten, was uns im Jenseits erwartet.

Lassen Sie mich an dieser Stelle von einer Frau erzählen, die an Krebs gestorben ist. Wenige Tage nach ihrem Weggang kehrte sie zurück. Ihr müder, erschöpfter Gesichtsausdruck war verflogen, und sie war eingehüllt in eine wundervolle Ausstrahlung von Liebe in schimmerndem Weiß. Wiedererkannt habe ich sie durch die Augen. Sie berichtete mir von der Schönheit und dem Frieden, zu denen sie zurückgekehrt, und der überwältigenden Liebe, von der sie nun ein Teil war. Zu sterben und ihren Körper zu verlassen sei so leicht gewesen, daß sie es gleich noch einmal machen würde, wenn sie dabei das Geborenwerden umgehen könnte. Manchmal haben Sterbende solche Angst vor der Rückkehr ins Jenseits, daß sie in dieser Dimension ausharren, anstatt sich einfach hinüberführen zu lassen. Manche haben schreckliche Angst vor dem, was uns erwartet, und zwar in der Regel deshalb, weil ihnen ihre Religion predigt, daß angesichts der ewigen Verdammnis die befreite Seele nicht zu ihrer Quelle zurückkehren kann.

Mir fällt in diesem Zusammenhang der Fall eines etwa dreizehnjährigen Mädchens ein. Ich wurde einmal in ein altes Herrenhaus gebeten, um dort einen Geist oder ein Gespenst auszutreiben. Offensichtlich gab es ein Wesen in der Küche, das unter den Hausangestellten Angst und Furcht verbreitete. Man spürte seine Gegenwart durch ein Kältegefühl mal hier, mal dort im Raum; gelegentlich zeigte es sich auch, jedoch stets nur in Form einer elektrischen Entladung. Ich betrat die Küche und nahm spirituellen Kontakt mit einem Mädchen auf. Es sagte mir, es habe einmal in dieser Küche gearbeitet und fühle sich hier sicher. Sie war jung gestorben, doch anstatt sich, wie man sie beim Verlassen ihres Körpers angewiesen hatte, zu dem Licht hinzubewegen, das sie sehen konnte, blieb sie, wo sie war, weil sie glaubte, für die ewige Verdammnis bestimmt zu sein. Sie war als kleines Kind manchmal unartig gewesen, und man hatte ihr gesagt, wer nicht brav sei, würde in die Hölle kommen. Sie stellte sich also vor, daß sie allerhand schreckliche Qualen erwarteten, und ihre Angst war so groß, daß sie sich nicht davon frei machen konnte, und so verharrte sie in dieser Dimension. Ich konnte ihr helfen, indem ich ihr das notwendige Vertrauen gab, um in jene Welt der Liebe überzuwechseln. Die Atmosphäre in der Küche normalisierte sich darauf.

Ich wurde viele Male gebeten, Menschen beim Sterben und bei ihrer Reise in die neue Dimension zu helfen. Manchmal begleite ich sie im Geiste. Weil sie mich kennen und mir vertrauen, beginnen sie ihre Reise mit mir. Wie an anderer Stelle in diesem Buch gesagt, bin ich nicht an meinen Körper gebunden. Und weil ich dies auf spirituweller Ebene wahrnehme, erlauben mir Menschen, die zu spirituellem Bewußtsein zurückgefunden haben, ihnen zu helfen, so daß wir gemeinsam in eine Welt hinübergehen, die man nur fühlen und nicht sehen kann. Auf unserer Reise werden wir von einer wahrhaft überwältigenden Schönheit, Friedlichkeit und Liebe eingehüllt, und sobald diese Liebe den in meine Obhut gegebenen Geist ganz erfüllt, kommen andere auf uns zu und übernehmen die Führung an meiner Statt. Wenn jeder dies nur ein einziges Mal in seinem Leben erfahren könnte, so würde es die Welt verändern.

8 Der Sitz wird hinausgeschleudert

Es herrscht oft eine große Verwirrung bezüglich der Begriffe »spirituell«, »Spiritualismus« und »Spiritismus«. Spirituell bedeutet »von Gott«, »gottgegeben« und »mit Gottes Liebe«. Im Zusammenhang mit Heilung ist spirituell im Sinne von »mit Gottes Liebe« zu verstehen. Spiritismus hingegen ist eine Philosophie beziehungsweise der Glaube an die Möglichkeit einer Kommunikation zwischen den Geistern der Toten und den Lebenden. Ich habe gegen diese Auffassung nichts einzuwenden, und viele Spiritisten sind in der Tat ausgezeichnete Heiler. Ich selbst verdanke meine Anfänge als Heiler der Ermutigung und Hilfe, die ich von der spiritistischen Bewegung bekommen habe, wenngleich ich kein praktizierender Spiritist bin. Bei Spiritisten handelt es sich oftmals um Menschen, die einen Bewußtseinswandel erfahren haben oder zeit ihres Lebens über die Gabe der spirituellen Wahrnehmung in demselben Maß verfügen wie über die sinnliche Wahrnehmung.

Spiritismus

Der moderne Spiritismus läßt sich bis in das Jahr 1848 und in eine alte Hütte in Hydesville, New York, zurückverfolgen. Die Hütte war seit geraumer Zeit von verschiedenen Poltergeistgeräuschen und -bewegungen heimgesucht worden, wobei vor allem von nächtlichem Klopfen berichtet wurde. Das Mädchen, das in dieser Hütte wohnte – sie hieß Katie Fox –, konnte dies nicht erschrecken. Sie fing vielmehr an, sich einen Spaß aus dem nächtlichen Geklopfe zu machen, indem sie einfach zurückklopfte. Schon bald stellte sie fest, daß sie eine Art intelligente Antwort bekam. So dachte sie sich einen einfachen Code aus und fing an, sich mit dem mysteriösen Besucher zu unterhalten. Fast könnte man sagen, sie habe das Oui-ja-Board[1] erfunden.

Den Botschaften des unsichtbaren Besuchers zufolge war dieser zu seinen Lebzeiten als Hausierer von Tür zu Tür gezogen, bis er in eben dieser Hütte ermordet worden war. Nun verlangte er eine würdige Beerdigung. Das Verschwinden des Hausierers war seinerzeit wohl niemandem aufgefallen, doch man soll angeblich unter dem Kellerfußboden tatsächlich seine sterblichen Überreste gefunden haben. Die Geschichte sprach sich in Windeseile herum, und schon fanden sich in der Hütte ebenso viele Besucher aus der nächsten Dimension wie aus dieser ein. Später zogen Katie und ihre Schwestern in die nahe gelegene Stadt, wo sie als Medien arbeiteten.

Schon bald tauchten überall in Amerika Medien auf, und es fehlte nie an Verstorbenen, die mit ihnen sprechen wollten. Damit war die Spiritistenbewegung ins Leben gerufen worden, und mit ihr eine völlig neue Philosophie darüber, was mit dem Geist geschieht, nachdem er sich des Körpers entledigt hat. Natürlich war nichts von alledem neu. Die Ägypter verfügten über wesentlich ausgefeiltere Methoden zur Kommunikation mit den Toten, und ihre Hohenpriester sollen über Wissen verfügt haben, das es ihnen ermöglichte, sich unabhängig von ihren Körpern zu bewegen.

Vielleicht sollte ich an dieser Stelle meinen eigenen Standpunkt zu diesem Thema verdeutlichen. Für mich steht fest, nicht als Glaube, sondern als Tatsache, daß wir unseren Körper verlassen können und dies auch tun. Für mich ist der

[1] Gerät zum Empfang von Botschaften abgeschiedener Geistwesen. Es handelt sich um ein Brett, auf dem Buchstaben des Alphabets und die Zahlen von eins bis zehn sowie die Worte »ja« und »nein« kreisförmig angeordnet sind. Das Wort selbst wird gebildet aus dem französischen »oui« und dem deutschen »ja«; Anm. d. Ü.

Körper etwas, das ich benutze, und nicht etwas, das ich bin. Es gibt ein Leben nach dem Tod, und wir können mit einigen der gegangenen Seelen in Kommunikation treten. Ob wir dies tun sollten oder nicht, ist eine andere Frage.

Dreihundert Jahre nach der Entstehung des Christentums entschloß sich die Kirche, jegliche Opposition gegen ihre Autorität zu zerschlagen, selbst um den Preis der Verleugnung eben jener Prinzipien, auf deren Grundlage sie einst errichtet wurde. Zu diesen Prinzipien gehört unter anderem, daß es ein Leben nach dem Tod gibt, daß der Geist der Toten uns in unserem Leben auf Erden führen und unterstützen kann und dies auch tut, daß das Sterben und Hinübergehen ganz einfach sind, daß ein jeder kraft der Liebe seines Geistes heilen kann und daß gegenseitiges Heilen eine notwendige menschliche Tätigkeit ist.

Alle frühchristlichen Führer waren Heiler und Medien (z.B. die Propheten), doch als der römisch-byzantinische Kaiser Konstantin[1] im Jahre 313 mit dem Toleranzedikt von Mailand das Christentum begünstigte und zur Staatsreligion werden ließ, umgab er sich mit Ratgebern, die über keine größeren Gaben verfügten als er selbst. Da er selbst über keine spirituellen Fähigkeiten verfügte, dauerte es nicht lange, bis jeder, der mit solchen Gaben ausgestattet war, als Bedrohung seiner Autorität galt und der Lächerlichkeit oder Schlimmerem preisgegeben wurde. Zeremonien und Dünkel traten an die Stelle von spirituellen Fähigkeiten und Gleichheit. Und wenn man bedenkt, daß Konstantin noch in den letzten Stunden seines Lebens ein Heide und Sonnenanbeter war und sich erst kurz vor seinem Tod taufen ließ, ist das Ganze kaum überraschend. Vor diesem Hintergrund erscheint eine Wiederbelebung des Glaubens an das Übersinnliche als direkter Schlag gegen

---

[1] Die Daten wurden berichtigt und ergänzt. (Die Redaktion)

orthodoxe, dogmatische Religionen. Über die Zeiten hinweg hat die christliche Kirche verzweifelt versucht, jede Form von Spiritismus und Spiritualismus zu unterdrücken, doch vergeblich, denn beide gaben den Menschen Hoffnung auf eine Zukunft und lieferten Antworten auf Fragen, die die Kirche nicht geben konnte. Als die Kirche um fünf vor zwölf erkannte, wieviel Gutes sich mit spiritualistischen Heilmethoden bewirken ließ, änderte sich ihre Einstellung, und sie bot »Heilung durch Glauben« an, als hätte sie sie allein entdeckt und sei auch allein autorisiert, sie anzuwenden. Die eigentlichen Begründer der Lehre aber wurden weiterhin bekämpft.

Angesichts dieses Sachverhalts befinden wir uns nun in der lächerlichen Lage, daß viele orthodoxe Religionen die Meinung vertreten, daß jede Form von Heilung nur unter ihrer Oberaufsicht zulässig sei; werde sie von anderen praktiziert, so behaupten sie, könne Heilung nicht echt und möglicherweise sogar gefährlich sein. Parallel hierzu schießen als Ableger der Spiritualistenbewegung alle möglichen »New-Age«-Religionsgemeinschaften aus dem Boden. Das Wort »new« mag in diesem Zusammenhang etwas irreführend erscheinen, denn neu sind diese Gemeinschaften beileibe nicht (die meisten beziehen sich auf keltisches Wissen). Daneben gibt es eine Reihe von östlichen und orientalischen Philosophien mit einer großen Anhängerschaft sowie viele evangelikale V-ereinigungen und Gruppen, bei denen es sich um Varianten der urchristlichen Kirche handelt. Jede dieser Gemeinschaften, Gruppen oder Richtungen ist überzeugt, daß ihr allein Gottes ganzes Vertrauen und seine Loyalität gehören; daß alle anderen auf die eine oder andere Weise irreführend seien und ihren Anhängern aller Wahrscheinlichkeit nach entsetzlichen spirituellen Schaden zufügten.

Ich persönlich glaube nicht, daß es darauf ankommt, welcher Philosophie man nun anhängt. Jeder Mensch ist einzigartig, und ein jeder muß für sich jene Moralphilosophie wählen, die ihm die besten Möglichkeiten bietet, spirituell zu reifen und anderen zu helfen, wann immer er dazu aufgerufen ist. Meine eigene Anschauung läßt sich in wenigen Worten beschreiben. Ich glaube an einen einzigen Gott als eine schöpferische, liebende Kraft. Ich glaube, daß Er durch die Schönheit Seiner Schöpfung mit uns in Verbindung ist und wir mit Ihm über die Liebe kommunizieren, die wir durch das Leben anderer weitergeben. Nichts ist einfacher als das. In meinen Augen beziehen die Zeremonien und die Überheblichkeit vieler organisierter Religionen ihren Glauben aus dem Vertrauen und dem Wissen.

Außerkörperliche Erfahrungen

Viele Menschen haben schon einmal eine außerkörperliche Erfahrung gemacht. Für manche war sie so erschreckend, daß sie so etwas kein zweites Mal erleben möchten. Andere dagegen fanden es ganz wundervoll. Für mich selbst sind diese Erfahrungen zu etwas Natürlichem geworden, denn dies ist vermutlich der Zustand, aus dem heraus ich heile.
Es ist beinahe so, als würde man mit dem Auto fahren. Wie oft ist man unterwegs und kann sich nachher an ein bestimmtes Wegstück überhaupt nicht mehr erinnern? Das Gehirn – unser Computer – ist so programmiert, an unserer Stelle zu fahren. Und vorausgesetzt, der Computer sieht sich mit keiner unvorhersehbaren Situation konfrontiert, kann er den Wagen ganz allein steuern, ohne daß wir uns des Weges bewußt werden. Wir selbst, unser Geist also, sind anderswo. Dies ist natürlich noch lange keine vollständige außerkörperliche Erfahrung, doch wer selbst noch nie diesen Zustand erlebt hat, bekommt durch dieses Beispiel vielleicht eine Ahnung davon, welcher Mechanismus zugrunde liegt.

Wie an anderer Stelle ausgeführt, sind wir elektronisch in unseren Körper eingebunden, der unsere Erfahrung des Lebens über die Jahre hinweg gewesen ist. Solange die elektromagnetische Energie fließt, gibt es keine einfache Möglichkeit, das Leben losgelöst vom Körper zu erfahren. Gelänge es uns jedoch, den Energiefluß zu reduzieren, würde sich der magnetische Zugriff lockern, den die Körperenergie auf uns hat, und wir könnten uns für ein paar Minuten an einen außerkörperlichen Zustand erinnern.

Als typisches Beispiel hierfür wäre jene Situation zu nennen, in der ein Anästhesist während eines chirurgischen Eingriffs die Gehirnwellenaktivität seines Patienten zu weit reduziert und dieser infolgedessen unter der Decke oder anderswo schwebend bei seiner eigenen Operation zusieht. In dem Maße, wie die Narkose nachläßt und die Gehirntätigkeit wieder zunimmt, wird der Geist schnell wieder in den Ausgangszustand zurückgezogen. Am Lebensende, wenn die Effizienz des Gehirns bei der Erzeugung von Energie abnimmt, haben wir zunehmend das Gefühl, »auf Watte zu gehen« oder »zu schweben«. Stellt das Gehirn schließlich seine Funktion völlig ein und kommt unser Energiefluß somit zum Stillstand, so gleiten wir ganz einfach aus unserem Körper heraus, um wieder dorthin zu gehen, wo wir uns vor unserem Eintreten in die physische Dimension der Erde aufgehalten haben.

Immer dann, wenn die Energie unter den zur Aufrechterhaltung der Körper-Geist-Bindung erforderlichen Pegel absinkt, kann der Betreffende die Anfänge einer außerkörperlichen Erfahrung machen. Erstes Anzeichen für eine solche Erfahrung ist in der Regel ein Gefühl des Schwebens und der Benommenheit. Manche haben mir von ihrem Eindruck berichtet, aus ihrem Körper sozusagen »herauszufallen«; in extremen Fällen beobachtet sich der Betreffende gar von außen, so als gehöre sein Körper zu jemand anderem.

Der ungewöhnlichste Fall, der mir je begegnet ist, war die Geschichte einer Frau, die zu mir kam, weil sie glaubte, wahnsinnig zu werden. Sie sah sich selbst von den verschiedensten Winkeln des Raumes aus. Das Leben dieser Frau war von Schwierigkeiten auf allen Ebenen gekennzeichnet. Ihr Ehemann war Alkoholiker, es gab finanzielle Schwierigkeiten, sie selbst hatte gesundheitliche Probleme, die Kinder waren auf die schiefe Bahn geraten, und die Eltern waren alt und pflegebedürftig. Kein Wunder, daß ihre Energiereserven völlig erschöpft waren. Sorgen und Krankheiten verschlangen Unmengen von Energie, und auch die Familie zog ihr jedes bißchen Energie ab, das sie bekommen konnte. In Situationen wie dieser mußte der Energiepegel zwangsläufig absinken; im Fall dieser Frau war er so niedrig, daß sich der Geist aus dem magnetischen Zugriff des Körpers lösen und entschweben konnte.

Viele Menschen haben unmittelbar vor dem Einschlafen oder nach dem Aufwachen das Gefühl, nicht richtig in ihrem Körper zu sein. Während wir schlafen, ist unser Energiepegel, unsere Gehirnwellenaktivität also, am niedrigsten, und so machen viele Menschen außerkörperliche Erfahrungen während der Nacht. Solange aber das Gehirn unbeirrt weiterarbeitet, bleibt die magnetische Verbindung zwischen Geist und Körper erhalten. In dem Augenblick, wo das Gehirn wieder voll in Aktion tritt, steigt der Energiepegel, und der Geist wird in den Körper zurückgeholt.

Menschen, die außerkörperliche Erfahrungen gemacht haben, berichten von einer Silberschnur, die sie mit ihrem Körper zu verbinden scheint. Diese Silberschnur ist nichts anderes als der elektrische Strom beziehungsweise die magnetische Energie, die den Geist festhält, bis sie aus welchem Grund auch immer gekappt wird. In diesem Augenblick lösen wir uns vollends aus unserem sterbenden Körper. Ich habe keinerlei

Zweifel daran, daß dies ein völlig schmerzfreier Vorgang ist, denn ich habe selbst mit angesehen, wie Menschen starben und ihr Geist aus ihrem Körper emporstieg. Einmal habe ich erlebt, daß der Körper erst mehrere Stunden, nachdem der Geist gegangen war, verschied und er frei wurde, um die Reise in andere Dimensionen anzutreten.

Manche Menschen sind in der Lage, ihren Energiepegel durch Fasten und Hungern so weit zu reduzieren, daß die elektronische Verbindung zwischen Körper und Geist gelockert wird und sie für eine außerkörperliche Erfahrung bereit werden. Manche Gurus, Fakire und andere Mystiker scheinen eine gewisse Befriedigung aus einer solchen unnatürlichen Erfahrung zu beziehen. Ich persönlich bin der Ansicht, daß wir Verantwortung dafür tragen, dieses Leben zu erfahren und Egoismus und Angst überwinden zu lernen, anstatt uns abzusondern und uns über die Wirklichkeit hinwegzusetzen, so als sei dies eine besondere Leistung.

Praktiken wie die oben beschriebenen sind jedoch keineswegs mit Meditation zu verwechseln. Das ist etwas ganz anderes. Bei der Meditation werden unsere mentalen Aktivitäten so weit zur Ruhe gebracht, daß sich das physische Bewußtsein nach innen wenden kann, um dort Eindrücke von dem Geist zu gewinnen, der unseren Körper benutzt. Mit anderen Worten, der Geist nutzt den Verstand, um seine eigenen Gedanken zu lesen. Mit Hilfe der physischen und mentalen Kräfte das Selbstbild auf den Spiegel des physischen Bewußtseins zu projizieren ist fast immer zutiefst entspannend, denn man wird kaum auf Gedanken stoßen, die die Harmonie stören würden. Meditation ist die Kunst, in seinen eigenen Geist zu schauen (»sich nach innen wenden«). Das Eingehen in den außerphysischen Zustand dagegen ist die Kunst des Sich-Lösens aus der physischen Hülle und des Nach-außen-Schauens.

Außerkörperliche Wahrnehmung

Einer der ungewöhnlichen Aspekte des spirituellen Heilens liegt in der Fähigkeit mancher Heiler, mit den Gedanken ihrer Patienten so zu verschmelzen, daß sie in der Tat deren Schmerzen oder Emotionen mit ihrem eigenen Körper empfinden können. Ich setze diese Technik oft und gerne ein, denn sie erlaubt es mir, das jeweilige Problem meines Patienten genau zu lokalisieren. Das Verfahren ist eigentlich ganz einfach. Wie bereits gesagt, arbeite ich nicht *von meinem Körper aus*, sondern *durch ihn hindurch*, und wenn ich heile, verschmelze ich mit den Gedanken meines Gegenübers. Ich fühle, was der Patient fühlt, indem ich den Schmerz aufnehme, den mein Geist mir durch meinen eigenen Körper vermittelt. Wem die Gabe der spirituellen Wahrnehmung fehlt, dem wird dies nicht ohne weiteres plausibel erscheinen, und so möchte ich zur Verdeutlichung ein Beispiel heranziehen:

Eine Frau, deren Hauptproblem nach eigenen Angaben in einem allgemeinen Gefühl der Depression bestand, hatte einen Termin bei mir vereinbart. Es gab keinen speziellen Anlaß für ihren Zustand; sie fühlte sich einfach nur krank. Sie kam also zu mir, setzte sich auf den Stuhl, und ich begann mit der üblichen Heilbehandlung. Nach etwa zehn Minuten bekam ich fürchterliche Schmerzen in der Lebergegend. Ich wußte, daß meine Leber vollkommen in Ordnung war, und so mußte es von der Patientin kommen. Ich vertiefte daraufhin meine spirituelle Konzentration, indem ich mich von meinen eigenen Gefühlen befreite. Nach etwa fünf Minuten hatte ich gefunden, wonach ich suchte.

»Sie sind nicht wirklich wegen Ihrer Depressionen zu mir gekommen, nicht wahr?« fragte ich. »Sie haben Angst, Leberkrebs zu haben, und hoffen darauf, daß ich Ihnen hierzu Genaueres sage und Sie behandle, wenn es wirklich Krebs sein

sollte. Sie haben Schmerzen genau hier, oder etwa nicht?«
Während ich das sagte, tippte ich mit dem Finger auf die
Lebergegend.

»Sie haben recht«, antwortete sie. »Woher haben Sie das
gewußt?«

»Weil ich Ihre Schmerzen mit meinem eigenen Körper fühle.
Ihre Gedanken und Schmerzen sind so intensiv, daß sie sich
auf mich übertragen. Und außerdem haben Sie selbst es mir
gerade auf spiritueller Ebene mitgeteilt.«

»Und ist es Krebs?« Der Augenblick der Wahrheit war gekommen.

»Nein.«

»Gott sei Dank«, seufzte sie.

»Und es sind nicht einmal Ihre eigenen Schmerzen. Ihnen und
Ihrer Leber fehlt überhaupt nichts.«

»Und warum habe ich dann diese schrecklichen Schmerzen?«

»Ging es Ihrem Mann in letzter Zeit schlecht?«

»Ja, aber woher wissen Sie das nun wieder?«

»Nun, Sie haben mir auf spiritueller Ebene mitgeteilt, daß es
nicht Ihre eigenen Schmerzen sind. Es sind die Schmerzen Ihres Mannes, die Sie aufgrund der zwischen Ihnen bestehenden
Nähe für ihn spüren.«

»Und was wird nun mit meinen Schmerzen?« Sie wollte wohl
wissen, ob sie weiterhin mit ihrem Mann mitleiden müsse.

»Jetzt, wo Sie den Grund Ihrer Schmerzen kennen, werden Sie
sie nicht mehr haben«, erklärte ich ihr. »Genauso wie die
Schmerzen, die ich selbst hatte, in dem Augenblick verschwunden sind, wo ich herausgefunden habe, was Ihnen auf
dem Herzen lag.«

Daraufhin bestätigte mir die Frau, daß sie in der Woche zuvor
beim Arzt gewesen war, um sich untersuchen zu lassen, und
nun auf die Ergebnisse wartete. Wie vorhergesehen, waren die
Testergebnisse tatsächlich negativ.

Viele Patienten, die zur Behandlung zu mir kommen, erzählen mir nur von den Schmerzen, die ihnen am meisten zu schaffen machen. Wann immer dies der Fall ist, spüre ich über kurz oder lang am eigenen Körper all jene Schmerzen, von denen man mir nichts gesagt hat. Dies ist sehr hilfreich, wenn es darum geht, bei einem Patienten verlagerte Schmerzen zu lokalisieren, denn die Stelle, an der es mir weh tut und wo das eigentliche Problem zu finden ist, liegt oft ganz anderswo, als wo der Betreffende seine Schmerzen verspürt.

Dennoch kann sich diese Fähigkeit außerhalb der Praxis als ziemlich lästig erweisen, besonders wenn ich mich mit Freunden treffe, von denen sich einer unwohl fühlt, mir aber nichts davon gesagt hat. Oftmals empfange ich Schmerzbotschaften und erfahre von unvermuteten Problemen, bevor der Betreffende selbst etwas davon weiß. Ich versuche dies zu vermeiden, doch es ist nicht immer möglich, besonders wenn ich im meditativen Zustand bin. Aus eben diesem Grund habe ich so eine Abneigung gegen überfüllte Einkaufszentren. Wenn ich mir meinen Weg durch die Menschenmengen gebahnt habe, bin ich oft physisch und mental völlig erschöpft. Ich nehme all die physischen und emotionalen Probleme der Menschen wahr, in deren Nähe ich mich aufhalte, und wenn ich an ihnen vorbeigehe oder neben ihnen stehenbleibe, gebe ich automatisch Energie ab.

In diesem Zusammenhang ist mir besonders eine Situation in Erinnerung geblieben. Es ging dabei um eine Mutter und ihre Tochter. Die Mutter hatte Magenkrebs, und bis dieser erkannt wurde, war ihre Krankheit bereits weit fortgeschritten. Die Tochter, die etwa Mitte Dreißig war, brachte ihre Mutter zu mir und meinte, diese sei nur deshalb zum Arzt gegangen, weil sie in letzter Zeit so viel abgenommen und sich so erschöpft gefühlt habe. Zu keiner Zeit habe sie je Schmerzen gehabt.

Nachdem ich mit der üblichen Heilbehandlung begonnen hatte, bekam ich sofort Magenschmerzen. Diese kamen von der Tochter und nicht von der Mutter. Daraufhin fragte ich die Tochter, ob sie denn Schmerzen habe, was sie bejahte. Sie litt in der Tat seit etwa neun Monaten unter schweren Magenschmerzen, und der Arzt konnte keine Ursache hierfür finden. Wie sollte er auch, da doch der Tochter, die ihrer Mutter spirituell sehr nahe stand, nichts fehlte. Sie hatte lediglich ihrer Mutter die Schmerzen abgenommen, wenn ihr dies auch völlig unbewußt war. Sie hatte niemandem etwas von ihren Schmerzen erzählt, denn sie wollte nicht, daß man sich Sorgen um sie machte, besonders jetzt, wo ihre Mutter so schwer krank war und der Arzt ihr bestätigt hatte, daß sie selbst völlig gesund sei.

Mir sind viele Kinder, vor allem Mädchen, begegnet, die über Schmerzen klagten, für die keine organische Ursache festgestellt werden konnte. So kam einmal ein Mädchen zu mir, das ständig unter Schmerzen oder Beschwerden der einen oder anderen Art litt. Schließlich ignorierte die Familie das Jammern des Kindes in der Überzeugung, es würde übertreiben oder das Ganze nur vortäuschen. Als ich der Sache aber auf den Grund ging, stellte sich heraus, daß die Kleine die Schmerzen von anderen Familienmitgliedern übernahm. Und in der Familie hatte man tatsächlich schon gewitzelt: »Wann immer jemand im Haus Kopfschmerzen oder einen wunden Finger hat, kann man sicher sein, daß Jill es auch bekommt.« Für die arme Jill aber war das Ganze alles andere als lustig, denn ihre Schmerzen waren echt. Nachdem ich ihr erklärt hatte, worin ihr Problem bestand, konnte sie feststellen, von wem sich die Schmerzen auf sie übertrugen, und sich davon distanzieren.

Viele sind auf diese Weise mit den Menschen in ihrer Umgebung spirituell verbunden, ohne sich dieser Tatsache bewußt zu sein oder verstehen zu können, was da mit ihnen geschieht. Dies gilt vor allem für Frauen, die sehr häufig Schmerzen stellvertretend für die Mitglieder ihrer Familie empfinden.

Verantwortlichkeit

Mir wird häufig die Frage gestellt, wie ich mit all dem Unglück und den Schmerzen zurechtkomme, die mir begegnen. In Wahrheit aber tangiert mich das Ganze wenig und läßt mich nicht in Traurigkeit verfallen. Natürlich kommen die Menschen aller Couleur mit den unterschiedlichsten Problemen zu mir, um mich um Hilfe zu bitten. Oftmals besteht für mich die einzig mögliche Hilfe darin, Liebe zu geben, um die Ängste der Betroffenen zu lindern. Traurigkeit aber kommt dabei nie auf. Ich empfinde kein Mitleid und bedauere niemanden. Diese Menschen haben schon genug eigenes Unglück; da sollte ich ihnen nicht noch zusätzliches Leid aufbürden. Sie wenden sich nicht an mich, damit ich ihnen ihr Problem noch deutlicher vor Augen führe. Sie kommen vielmehr, um an meinem Frieden, meiner Liebe und innerem Glück teilzuhaben, was ihnen hilft, Ängste und Schmerzen zu überwinden. Ich leide niemals mit irgend jemandem mit. Das mag schrecklich klingen, aber es ist wahr. Meine Patienten sind von lauter Menschen umgeben, die Mitleid mit ihnen haben, doch was nutzt es ihnen schon? Sie brauchen Liebe und Verständnis, was sie in ein Gefühl des Friedens und der inneren Ausgeglichenheit versetzt. Gefühle des Mitleids und Bedauerns heilen nicht. Sie sind negativ, nicht positiv.

In den Augen des Heilers stellen positive, von Liebe erfüllte Gedanken die Grundlage der Fernheilung dar. Gläubige beten um Hilfe und Heilung für Kranke, und sie wissen, daß ihre Gebete erhört werden. Und genau dasselbe tut der Heiler mit seinen heilenden Gedanken und Gebeten. Wenn aber positive Gedanken einem anderen zu dessen Wohl gereichen, ist es da nicht logisch, daß negative oder sorgenvolle Gedanken das genaue Gegenteil bewirken? Dies ist vor allem deshalb um so wahrscheinlicher, als negative, beunruhigende Gedanken in der Regel permanent vorhanden sind, während positive, heilende Gedanken normalerweise nur für die Dauer des Gebetes in uns weilen.

Es ist überraschend, zu sehen, wie selbst solche Menschen, die für das Wohl ihrer Mitmenschen beten und heilende Gedanken aussenden, sich gleichzeitig mit Sorgen um sich selbst und ihre Familie quälen. Oft wird vergessen, daß intensive Gedanken eine Wirkung auf jene haben, auf die sie gerichtet sind. Sind sie positiv und werden sie in guter Absicht ausgesendet, so ist ihre Wirkung wohltuend. Ist der Gedanke aber negativ, beängstigend oder sorgenvoll, dann kann er in hohem Maße zerstörerisch sein. Wie oft sind Eltern um die Gesundheit ihrer Kinder oder Kinder um die Gesundheit ihrer Eltern besorgt! Dies mag aus Liebe geschehen, doch warum erkennt man nicht, daß diese negativen Gedanken das Problem nur verstärken, anstatt es zu lösen? Warum sieht man nicht, daß man auf diese Weise die Schmerzen der ohnehin Leidenden nur vermehrt?

Ganze Völker trauern und sorgen sich um die Menschen, die in kriegführenden Ländern leben. Dies sind negative Gedanken, die niemandem guttun. Fernsehkommentatoren überfluten uns mit lauter negativen Meldungen, so daß sich Millionen von Menschen über das Wetter, ihre Gesundheit oder den Zustand unserer Umwelt Sorgen machen. Negative Gedanken wie diese tragen nicht das geringste dazu bei, die Not und das Elend dieser Welt zu lindern. Es sind vielmehr die positiven, von Liebe erfüllten Gedanken, die jeder einzelne und auch die Familien, Gemeinschaften und Völker brauchen. Hören Sie auf, sich um Ihre Kinder Sorgen zu machen. Denken Sie vielmehr voller Liebe an sie. Mit Ihrer Sorge ändern Sie nichts, Sie werden die Probleme lediglich vergrößern. Jede Form der Fernheilung, alle Gebete basieren auf der Übertragung positiver Liebe auf den, der ihrer bedarf, sei es nun ein einzelner oder ein ganzes Volk.

Damit wären wir bei der Frage angelangt, in wessen Händen die Verantwortung für die heilende Kraft liegt. Ist es Gott, irgendein ein Engel oder Geistführer oder der Mensch selbst? Im ersten Teil dieses Buches haben wir erfahren, daß unser Körper mit einer großen Batterie zu vergleichen ist, die Elektrizität abgibt. Er nutzt diese Energie, um sich selbst zu erhalten, und verfügt oftmals über zusätzliche Reserven, die andere nutzen können. Es geht hier um das Prinzip der Bioelektrizität, das nichts mit Gott, Geistwesen oder anderen metaphysischen Phänomenen zu tun hat. Ein Großteil aller Heilungen, die wir heutzutage erleben, sind in diese Kategorie einzuordnen.

Spirituelle Heilung ist etwas anderes. Hier handelt es sich um eine Kraft, die in jedem Geist oder jeder Seele latent vorhanden ist und in der Regel eher in den positiven als in den negativen Typen zu finden ist. Wir alle sind dafür verantwortlich, die uns geschenkte Liebe zum Wohle der anderen einzusetzen. Die Liebe, das Licht beziehungsweise die spirituelle Energie, die Heiler bei Fernheilungen einsetzen, ist deren eigene. Sie wurde ihnen von Gott geschenkt. Sie können nicht zur Seite treten und sagen, Gott habe durch sie geheilt, und jede Verantwortung für das Geschehene von sich weisen.

Wollte Gott heilen, ohne dem Menschen die Verantwortung für sein Tun zu übertragen, so würde Er es tun. Es macht keinen Sinn, zu glauben, daß der universale Geist, den wir Gott nennen, auf jemandes Hilfe angewiesen sei, um etwas zu erreichen. Der universale Geist zieht es vor, denen die Gelegenheit zu geben, die die Liebe in ihrem Herzen einsetzen wollen, um anderen zu helfen. Heiler können vom Schöpfergott geführt und gestärkt werden, doch sie müssen selbst entscheiden, ob und wann sie ihre spirituelle Liebe einsetzen wollen. Das heißt nicht, daß Heiler immer erfolgreich sein müssen. Manchmal machen sie sich auch an eine Aufgabe, die ihre begrenzten Kräfte übersteigt. Manchmal vertrauen die Patienten den heilenden Kräften nicht oder öffnen ihre Seelen den Heilkräften nicht, weil zwischen Heiler und Patient kein Einklang besteht. Es kommt nicht auf den Erfolg an, sondern auf den Versuch, erfolgreich zu sein und seine eigene Begrenztheit zu erkennen.

Bei den Geistwesen, von denen sich manche Heiler umgeben fühlen, kann es sich um Geistführer handeln, die uns im Leben hilfreich zur Seite stehen. Wenn wir dies zulassen, sind uns diese Geistführer auf unserem spirituellen Entwicklungsweg und auch bei der Heilung eine große Hilfe. Geistführer sind Wesenheiten einer höheren Dimension, die mit solcher Liebe und Weisheit ausgestattet sind, daß sie uns in schwierigen Zeiten beistehen können. Doch wir haben in früheren Zeiten schon viele Male gelebt, und jedes Leben hat uns eine neue Persönlichkeit und andere Erfahrungen gebracht. Viele der Wesen, die wir um uns herum spüren, sind in der Tat Facetten unserer eigenen umfassenderen Persönlichkeit, die wir während unserer früheren Leben zur Entfaltung gebracht haben. Damit wären wir bei einer weiteren Form der Heilung angekommen, der »Reinkarnationstherapie«.

9 Der Fallschirm öffnet sich

Reinkarnation

Die Reinkarnationslehre besagt, daß der Geist oder die Seele mehr als ein Leben auf dieser Erde erfährt und daß jedes Leben einen Beitrag zur Gesamtpersönlichkeit des sich im Laufe der Äonen langsam weiterentwickelnden Geistes leistet. Der Glaube an die Reinkarnation geht auf vorbiblische Zeiten zurück. Er gehörte zu den religiösen Überzeugungen des jungen Christentums und wurde erst 553 auf dem fünften allgemeinen Konzil[1] in Konstantinopel als Ketzerei verurteilt. Der Gedanke der Reinkarnation war allgemein akzeptierter Bestandteil des Glaubensinhalts. Er wurde von den Gnostikern und Essenern gelehrt, mit denen Jesus am Anfang seines Weges lebte und arbeitete. Ja, Jesus reinkarnierte sogar, um den Beweis für ein Leben nach dem Tod zu liefern. In den meisten früheren Kulturen war die Vorstellung von der Reinkarnation allgemein anerkanntes Glaubensgut, vor allem in jenen, in denen esoterischem Denken ein hoher Stellenwert beigemessen wurde, wie bei den keltischen Druiden, den Indianern Amerikas oder anderen spirituell orientierten Völkern der Welt. Auch Platon hatte den Gedanken der Reinkarnation aufgegriffen.

Um die verschiedenen Reinkarnationslehren und ihre Begründungen darzulegen, müßte man ein eigenes Buch schreiben; davon abgesehen gibt es ohnehin bereits eine Menge. Doch der Gedanke der Reinkarnation tangiert den Bereich der Heilung und wird von Skeptikern oft herangezogen, um die Philosophie der Heilung in ihrer Gesamtheit in Mißkredit zu

---

[1] Die Daten wurden berichtigt. (Die Redaktion)

bringen. Aus diesem Grund ist es sinnvoll, das Thema etwas näher zu betrachten.

Materialistische westliche Denker haben Schwierigkeiten, das Prinzip, die Konzeption der Reinkarnation anzuerkennen. Sie meinen, daß ein Leben auf der Erde für jedermann genügen müsse, oder sie sind mental noch nicht bereit, die enorme Bedeutung eines sich weiterentwickelnden Geistes zu erfassen, der durch Zeit, Raum und verschiedene Dimensionen reist, dabei die schwierigeren Strecken seiner Reise oft wiederholt, um frühere Fehler wiedergutzumachen oder neue Lektionen zu lernen. Ich für meinen Teil kann nur sagen, daß ich nach einer Reihe äußerst inspirierender Erlebnisse keine Schwierigkeiten habe, den Gedanken der Reinkarnation zu akzeptieren. In diesem Zusammenhang sollte ich erwähnen, daß ich keine Drogen nehme und auch nie genommen habe. Ich trinke nur selten Alkohol und war nie betrunken, so daß ich diese Erfahrungen als das gelten lassen muß, was sie waren.

Wenn ich meinen Körper verlasse oder unabhängig von ihm denke, kann ich die Welt sehen, so wie sie in Zukunft sein wird. Dies bedeutet auch, daß ich über eine Wahrnehmung verfüge, die denen, die im Cockpit eines Piloten festsitzen, gewöhnlich nicht zugänglich ist. Glauben Sie mir, Leben vor dem Leben hat es gegeben, und Sie können sich einzig und allein deswegen nicht daran erinnern, weil Sie, solange Sie im Körper sind, mit den Fähigkeiten des Körpers auskommen müssen. Das schließt auch das Gedächtnis und seine Datenbank ein; und dieser physische »Apparat« hat keine Information oder Erinnerung an das, was seiner eigenen Existenz vorausgegangen ist. Und weil Sie im Körper gefangen sind, ist Ihre Wahrnehmung von Zeit und Leben, Dimension und Existenz auf das beschränkt, was Sie vom Zeitpunkt der Empfängnis an oder kurz danach erlebt haben. Jene aber, die den Schlüssel zum Schloß besitzen, können von Zeit zu Zeit dem

Gefängnis entkommen und sehen, wie es sich jenseits der Mauern lebt. Sie erinnern sich auch an Erfahrungen aus früheren Leben. Ich weiß, das Ganze klingt etwas unwahrscheinlich, und solange Sie es nicht selbst erfahren haben, kann ich kaum erwarten, daß Sie es glauben. Wäre es nicht so, daß diese Konzeption in einigen Fällen therapeutisch genutzt werden kann, hätte ich sie ganz bestimmt nicht erwähnt.

Ich habe es mir reiflich überlegt, ob es sinnvoll ist, dieses Kapitel in das vorliegende Buch aufzunehmen. Schließlich ist Glaubwürdigkeit etwas, an dem man sein ganzes Leben lang arbeitet. Eine falsche Entscheidung, und alle bisherige Arbeit war umsonst. Wie auch immer, ich bin es jenen schuldig, denen durch Reinkarnationserfahrungen geholfen wurde, ihre Geschichte zu erzählen, weil so vielleicht anderen geholfen werden kann. Ich bin es auch jenen schuldig, die glaubten, eine Reinkarnationserfahrung gemacht zu haben, um später zu erkennen, daß es etwas ganz anderes war.

Außerhalb des Körpers zu sein bedeutet nicht, im Himmel zu sein. Dazu müßte man in eine andere Dimension eingehen. Dies ist ein sehr viel schwierigeres Unterfangen und gelingt dem Geist nur zu speziellen Anlässen auf Einladung eines wahren Geistführers. Ist man erst einmal in der physischen Dimension, ist man dort eingebunden, bis die Zeit abgelaufen ist. Wenn der Geist sich selbst aus dem Körper befreit, ist er frei vom Einfluß der elektromagnetischen Kräfte, die ihn an diesen Planeten oder dieses Universum binden. Kraft der Gedanken kann der Geist dann überall sein, wohin seine Gedankenwellen bereits gelangt sind. Viele haben dies schon erlebt, doch nur die wenigsten sprechen darüber, denn wer von solchen Erfahrungen berichtet, muß fürchten, zur Zielscheibe des Spotts für jene zu werden, die nichts dergleichen erlebt haben. Sobald unser Geist offen genug für die Weisheit ist, erkennen wir, daß nichts neu ist. Wir haben alles schon einmal gemacht, und wie unsere eigene spirituelle Geschichte in ihrem ganzen Ausmaß verfügbar wird, wird unser Ego in seine Schranken gewiesen. Ja, auch ich habe eine spirituelle Geschichte von Leben hier und andernorts und unterscheide mich darin in nichts von meinen Mitmenschen. Reinkarnationstherapeuten ziehen Erfahrungen aus früheren Leben heran, um Probleme im jetzigen Leben zu erklären. Generell führe ich nur ungern einen Patienten in Zeiten vor seiner Geburt zurück, wenn dies auch bei gewöhnlichen Heilbehandlungen bisweilen geschehen ist.

Pränatale Erfahrungen

Wir wollen uns ganz langsam und vorsichtig durch dieses schwierige Gebiet bewegen und mit der Geschichte einer Frau beginnen, die ich in eine Zeit vor der Geburt, jedoch nach der Empfängnis zurückgeführt habe (mit anderen Worten, als sie noch im Mutterleib war). Die Frau hatte panische Angst vor Katzen (eine Furcht, die unter dem beinahe ebenso furcht-erregenden Wort Ailuro- oder Gatophobie bekannt ist). Sie konnte sich nicht mehr genau daran erinnern, wann diese Angst zum erstenmal aufgetreten war, außer daß sie es als Kind schon nicht ertragen konnte, sich in der Nähe von Katzen aufzuhalten. Auf Spaziergängen nahm sie stets einen Hund mit, damit ihr keine Katze zu nahe kommen konnte. Ich deaktivierte also auf die übliche Weise ihr normales Bewußt-sein und erlangte direkten Zugang zu ihrem Unterbewußtsein. Wir gingen zurück in ihrer Kindheit, weiter und weiter zurück, bis zur Geburt. Dabei stellte sich heraus, daß sie sich bereits zu diesem Zeitpunkt vor Katzen gefürchtet hatte. So blieb uns meiner Ansicht nach nichts anderes übrig, als zu den vorge-burtlichen Erfahrungen zurückzugehen, und in der Tat sollten wir die Ursache des Problems dort finden.

Ihre Mutter hatte schreckliche Angst vor Katzen gehabt, und einmal, als sie etwa im fünften oder sechsten Monat schwanger war, sah sie sich im Haus einer Freundin plötzlich von mehreren Exemplaren umringt. In ihrer Panik schrie sie: »Schaff die Katzen weg, schaff mir die Katzen vom Hals! Sie werden mein Baby umbringen!« Die Intensität der Emotion, die Furcht, prägte sich im Gehirn des ungeborenen Kindes ein. Wir hatten es hier mit einem emotionalen Trauma zu tun, das nicht nur von der Mutter durchlebt, sondern auch in der Datenbank des Unterbewußtseins des Ungeborenen gespeichert wurde. Fortan sollte das Kind mit einer unbegründeten Angst vor Katzen durchs Leben gehen.

Nachdem die Frau diese früheren Gefühle in der Heiltherapie noch einmal durchlebt hatte, legte sie ihre Angst vor Katzen ab. Sie konnte es kaum abwarten, sich eine zu suchen, sie auf den Arm zu nehmen und das nachzuholen, was sie in all den Jahren aufgrund ihrer Furcht versäumt hatte.

Im nächsten Fall geht es ebenfalls um ein vorgeburtliches Trauma. Hier handelt es sich um eine Frau, der es an innerem Frieden mangelte und die sich ihrer selbst schrecklich unsicher war. Darüber hinaus litt sie unter Minderwertigkeitskomplexen. Sie war schon immer der Ansicht gewesen, die Aufmerksamkeit anderer nicht zu verdienen, und fühlte sich unerwünscht und ungeliebt. Gleichzeitig aber brauchte sie Menschen in ihrer Nähe und empfand das Alleinsein als bedrohlich. Sie hatte das Gefühl, abgelehnt zu werden, fürchtete sich aber gleichzeitig davor, etwas dagegen zu unternehmen – die Frau hatte also ein echtes Problem.

Sie nahm Platz, und ich begann mit der üblichen Heilbehandlung. Ohne Schwierigkeiten kehrte sie in eine vorgeburtliche Situation zurück, in der sie eine Auseinandersetzung zwischen ihren Eltern anhören mußte. Es stellte sich heraus, daß sie kein Wunschkind gewesen war und ihr Vater versucht hatte, die Mutter zu einem Schwangerschaftsabbruch zu überreden. Die Mutter, die selbst kein Baby wollte, zog eine Abtreibung in Erwägung, war aber von ihrem Hausarzt überzeugt worden, das Kind auszutragen.

Meine Patientin erinnerte sich noch genau an die Argumente für und gegen ihr Geborenwerden. Wie könnten wir auch nur ansatzweise nachvollziehen, welche Angst und Unsicherheit dies zwangsläufig in dem ungeborenen Kind ausgelöst hat, mußte es sich doch ein Gespräch anhören, in dem über sein Leben oder seinen Tod entschieden wurde. Das arme Baby war so oder so auf der Seite der Verlierer: würde man sich zu einer Abtreibung entschließen, würde man ihm das Leben nehmen, noch bevor es begonnen hatte. Der Geist würde nicht sterben. Einen Geist kann man eben nicht töten. Man enthält ihm ein Leben vor, das er bereits als sein eigenes betrachtet hat. Aber das Gefühl der Ablehnung, das diese Seele erfährt, hinterläßt einen bleibenden Eindruck in ihrem Gedächtnis, den sie in das nächste Leben mitnimmt.

Doch selbst wenn die Entscheidung zugunsten des Lebens des Babys fällt, bleibt immer das Gefühl des Unerwünscht- oder Ungeliebtseins, des Im-Wege-Seins und der Schuld, den Eltern Probleme bereitet zu haben. Diese Gefühle der Unsicherheit, Minderwertigkeit und Schuld werden in die Welt hineingetragen und sorgen ein Leben lang dafür, daß der Betreffende nie richtig glücklich und zufrieden sein kann. Und da das Unterbewußtsein die Erinnerung an das Ganze total verdrängt, ist das Kind, und später dann der Erwachsene, außerstande, seine seelischen Probleme zu erklären oder zu lösen. Mir sind mehrere Fälle wie dieser begegnet. Als Eltern erkennen wir nie, welche Folgen das, was wir vor unseren geborenen oder noch ungeborenen Kindern sagen, für deren Zukunft hat.

Erfahrungen aus früheren Leben

In der folgenden Geschichte geht es um eine Frau, die um ihr Baby trauerte, das aufgrund eines Problems in einem früheren Leben hatte sterben müssen. Wie bereits gesagt, habe ich es mir reiflich überlegt, ob ich diese Fälle überhaupt aufnehmen sollte. Dabei stellte ich mir vor allem die Frage: Wird es irgend jemandem helfen, wenn er diese Geschichte liest? Ich bin mir darüber im klaren, daß die Vorstellung der Reinkarnation für viele unhaltbar ist, während andere jedes Problem in diesem Leben auf diese oder jene Schwierigkeit in einem früheren Leben zurückführen. Es ist in meiner Praxis so oft vorgekommen, daß Patienten unerwartet in Situationen früherer Leben gegangen sind, daß es inzwischen für mich gang und gäbe ist und ich nicht groß darüber nachdenke. Ich erzähle diese Geschichte nur, weil ich glaube, daß sie manchen Eltern helfen könnte, die aus keinem ersichtlichen Grund heraus ein Kind verloren haben oder deren Kind vor seinem Tod monate- oder gar jahrelang hat leiden müssen.

Jean suchte mich auf in der Hoffnung, daß ich sie von ihrer Depression heilen könnte. Sie war Anfang Dreißig und seit etwa neun Jahren verheiratet. Ziemlich am Anfang ihrer Ehe hatte sie ein Mädchen zur Welt gebracht, das in vielerlei Hinsicht gesundheitliche Probleme hatte. Trotz des unermüdlichen Einsatzes der Ärzte hatte das Kind während seines ganzen dreijährigen Lebens unter ständigen Schmerzen gelitten. Jean konnte keine weiteren Kinder bekommen, und der Verlust ihres einzigen Kindes und all das Leid und die Schmerzen, die es vor seinem Tod hatte ertragen müssen, hatten sie verbittert und böse gemacht. Sie war voller Groll, hatte aber versucht, dies hinter einer anspruchsvollen beruflichen Tätigkeit zu verstecken, bis die Erinnerung an diese tragische Zeit schließlich zu übermächtig wurde und sie in eine Depression verfiel. Zu Anfang sagte sie mir nichts weiter, als daß sie unter einer Depression leide. Den Grund dafür kenne sie nicht; sie habe weder finanzielle noch gesundheitliche Probleme, und ihr Mann sei loyal und unterstütze sie, wo er nur könne.

Wie immer in solchen Situationen bat ich sie, ihre Augen zu schließen, während ich meine Hände über ihren Kopf hielt. Dies hat einen doppelten Effekt: zum einen strömt dabei heilende Kraft oder Energie in den Patienten ein, und zum anderen erlaubt es ihm, tiefer in sein Unterbewußtsein einzudringen und so die wahre Ursache des Problems zu finden. Sehr schnell legte die heilende Liebe die Verletzung bloß, und Jean war in Tränen aufgelöst. Nach einer Weile meinte sie, es gäbe keinen Gott. »Wie könnte Gott zulassen, wenn es ihn gäbe, daß ein kleines, hilfloses Baby, das niemandem etwas zuleide getan haben kann, über drei Jahre hinweg solche schrecklichen Schmerzen leidet?« Sie habe gebetet und sei zur Kirche gegangen, doch das habe ihrem Kind weder Hilfe noch Linderung gebracht. Kein lebendiger Gott würde so etwas zulassen. »Ich kann ganz einfach nicht mehr an Ihn glauben«, sagte sie.

In eben diesem Augenblick kam es zu einer jener seltenen, doch wunderbaren spirituellen Erfahrungen. Eine Gegenwärtigkeit erfüllte den Raum. Mir fehlen die Worte, das zu beschreiben, was wir erlebten, und welche Emotionen dies in uns auslöste. Ein Gefühl von großer Liebe, von Frieden und Wohlbefinden erfüllte den ganzen Raum. Nachher sagte Jean, sie würde nie wieder an der Liebe und Weisheit Gottes zweifeln. Es war eine Erfahrung gewesen, die sie ihr Leben lang begleiten sollte.

Ich stand immer noch hinter Jean, und vor meinem geistigen Auge entstand eine Geschichte, die wir beide in aller Deutlichkeit wahrnehmen konnten. Ich weiß, daß in Jean die gleichen Gefühle aufstiegen wie in mir, doch ob sie dasselbe sah, hörte und fühlte wie ich, kann ich nicht sagen, denn spirituelle

Erfahrungen dieser Art sind immer sehr persönliche. Die Geschichte, die Jean gegeben wurde, war folgende: Vor vielen Jahren hatte eine Frau ein ruhiges und zufriedenes Leben geführt. Sie hatte mehreren Kindern das Licht der Welt schenken dürfen, für die sie große Liebe empfand und die sie ihr Leben lang umsorgte. Als sie Mitte Sechzig war, erkrankte sie plötzlich an Krebs.

Sie war am Boden zerstört. Nie zuvor war sie krank gewesen, und immer war sie es gewesen, die sich um andere gekümmert hatte. Sie konnte sich einfach nicht damit abfinden, daß sie nun selbst auf die Pflege anderer angewiesen war. Sie hatte immer geglaubt, daß Unabhängigkeit ein Segen, Abhängigkeit hingegen ein Fluch sei. Sie konnte nicht erkennen, daß wir die Leidenden ebenso brauchen wie jene, die sich um sie kümmern. Wie sonst könnte die Liebe wachsen, wenn nicht durch die Gelegenheit, sie selbstlos jenen zu geben, die sie brauchen?

Die meiste Zeit unseres Lebens verbringen wir damit, lieben zu lernen, indem wir uns um andere kümmern, um in den letzten Jahren, sozusagen als Dankeschön für die Liebe, die wir geben durften, selbst auf die Fürsorge anderer angewiesen zu sein. Diese Frau aber konnte das nicht verstehen, und als ihr Krebs so weit fortgeschritten war, daß es so aussah, als ob sie bald nicht mehr für sich selbst sorgen könnte, nahm sie eine Überdosis Tabletten. Sie glaubte, dies sei besser, als ihrer Familie zur Last zu fallen. Indem sie sich ihr Leben nahm, brachte sie andere um die Gelegenheit, lieben zu lernen, so wie sie es einst getan hatte.

Im Jenseits, wo sie vollen Einblick in die spirituelle Realität erlangte, erkannte sie das ganze Ausmaß ihrer Tat, und sie wußte, daß sie das Unrecht wiedergutmachen mußte. Es wurden ihr zwei Alternativen geboten: entweder durch eine ganze Lebensspanne hindurchzugehen, um dann die letzten Jahre erneut zu durchleiden, oder diese Zeit gleich nach ihrer Geburt zu absolvieren. Sie entschloß sich dazu, die Leiden als Kind auf sich zu nehmen. Jean, die mit ihr in der Welt des Geistes weilte, übernahm aus nur ihr selbst bekannten Gründen die Aufgabe, ins Leben zu treten und dieser Frau die Gelegenheit zu geben, als leidendes Kind geboren zu werden. Jean wurde also als erste geboren. Als die Zeit gekommen war, heiratete sie und bekam ein Baby – ein Baby, das dazu bestimmt war, zu leiden und nur drei Jahre alt zu werden. Mit seinem Tod machte das Kind ein zuvor begangenes Unrecht wieder gut und erfüllte die Aufgabe, um derentwillen es zur Welt gekommen war.

Nur wem eine solche echte spirituelle Heilerfahrung zuteil wurde, kann ihre ganze Schönheit verstehen und absehen, welch tiefgreifende Veränderungen sie in den Betroffenen bewirkt. Jean fand zur ganzen Kraft ihrer Liebe zurück, ihre Depression war wie weggeblasen, und sie führt seither ein Leben voll Freude und Zufriedenheit. Heilen hat viele Facetten, eine jede birgt ihre eigene Schönheit.

Eine andere Geschichte handelt von einer Patientin, die Angst hatte, auf ein Schiff zu gehen. Ihr Mann hatte eine kleine Jacht gekauft und war mitten in den Vorbereitungen für eine mehrtägige Segeltour. Je näher der Tag des Startes rückte, desto unruhiger wurde die Frau. Sie war überzeugt, zu ertrinken, sobald sie draußen auf dem Meer sei, und hielt dies für eine Art dunkler Vorahnung. Sie hatte sich zu einer Behandlung entschlossen, weil ihre Familie sie überzeugt hatte, daß es sich lediglich um eine Phobie handle.

Ich gab ihr die übliche Heilbehandlung. Sofort fing sie an zu zittern, und dies verstärkte sich immer mehr, bis schließlich ihr ganzer Körper von einem heftigen Schütteln ergriffen war. Es handelte sich hier um eine sogenannte Abreaktion. Dabei werden Gefühle und Emotionen wiederbelebt, die in der

Vergangenheit – für gewöhnlich während der Kindheit – aufgetreten sind. In diesem Fall stellte sich jedoch heraus, daß die Frau in ihrem vorangegangenen Leben als Kind ertrunken war. Das dabei verursachte emotionale Trauma war in diesem Leben ans Licht gekommen. Als sie erleichtert erkannte, daß sich ihre Angst auf ein vergangenes und nicht ein zukünftiges Ereignis bezog, überwand sie ihre Phobie und ist seither viele Male auf See gewesen. War dies tatsächlich eine Erfahrung aus einem früheren Leben? Wer weiß das schon? Hauptsache, die Heilung war erfolgreich und die Frau war ihre Angst vor Schiffen los.

Vermeintliche Erfahrungen aus früheren Leben

Eine oder zwei Wochen nach diesem Termin suchte mich ein Mann namens Tony auf. Er kam in Begleitung eines Freundes und berichtete mir, daß er immer in Verteidigungsbereitschaft ginge, sobald ihm jemand Fragen stellte. Halte ihn jemand auf der Straße an, um ihn etwas zu fragen, gerate er in Panik und habe das Gefühl, verhört zu werden. Tony nahm auf dem Behandlungsstuhl Platz, sein Freund saß hinter uns, und ich machte mich an die übliche Heilbehandlung (das heißt, ich stellte mich hinter ihn und hielt meine Hände über seinen Kopf). Beinahe augenblicklich stellte sich eine Reaktion ein. Und was für eine Reaktion! Sie war ganz anders, als ich es je erwartet hätte. Innerhalb weniger Minuten wurde Tony völlig steif. Sein Körper wurde dabei so starr und steif, daß er nur noch mit den Schultern die Rückenlehne berührte und mit dem Gesäß auf der vordersten Stuhlkante saß. Sein Gesicht lief blutrot an, die Zunge hing ihm seitlich aus dem Mund, und seine Augen traten so weit hervor, daß mehr Weißes als Pupille zu sehen war. Auf den ersten Blick sah es so aus, als sei er gestorben.

Ich warf einen Blick auf Tonys Freund, der offensichtlich dachte, dieser sei tatsächlich tot. Ich bedeutete ihm, daß alles unter Kontrolle sei und kein Anlaß zur Panik bestehe. Wenn hier irgend jemand in Panik gerät, so dachte ich, sollte eher ich es sein. In diesem Moment setzte zudem Tonys Atmung aus. Dieser Zustand kann nicht lange gedauert haben, doch glauben Sie mir, diese paar Minuten kamen mir wie Stunden vor. Ich hatte noch nie etwas Vergleichbares erlebt.

Schließlich entspannte er sich, seine normale Farbe kehrte zurück, Augen und Zunge gingen wieder in Normalstellung, und wir alle holten tief Luft. Ich ging ihm ein Glas Wasser holen, hauptsächlich als Vorwand, um selbst eines zu trinken. Nach zehn Minuten hatte er sich völlig erholt. Er meinte, er sei zwar etwas verwirrt. Das schien er völlig zu Recht zu sein, denn ich war es auch. Doch er betonte, daß es ihm nun phantastisch gehe, daß offensichtlich all seine Wut und Angst aus ihm gewichen seien und er das Gefühl habe, während der Erfahrung in Liebe eingehüllt worden zu sein.

In der darauffolgenden Woche kam er wieder, und wir gelangten beide zu dem Schluß, daß er eine Erfahrung aus einem früheren Leben gehabt hatte. Wir waren überzeugt, daß man ihn für irgendein begangenes Verbrechen gehängt hatte und er sich aus diesem Grunde davor scheute, sich mit den Fragen von Menschen zu konfrontieren. Unsere Vermutung, daß er in ein früheres Leben regrediert war, schien dadurch bestätigt zu werden, daß er gelegentlich von einem Galgen träumte und davon, ganz allein in einem dunklen Raum eingeschlossen zu sein. Und was es auch gewesen sein mochte, eines stand fest: sein Wesen war völlig verändert. Er hatte keinerlei Hemmungen mehr; er fühlte sich frei und offen für die Welt. Seine Probleme waren also in meinen Augen erfolgreich gelöst.

Dennoch war dies nicht das Ende der Geschichte. Einige Zeit später suchte Tony mich erneut wegen gewöhnlicher körperlicher Beschwerden auf, und auch diesmal tauchte er schnell und mühelos in den veränderten Bewußtseinszustand ein. Bei dieser Sitzung zeigte sich, daß er als Kind nachts oft wach lag und voller Angst zum Fenster seines Kinderzimmers hinüberblickte. Die Fenstersprossen bildeten ein Kreuz, das ihn an einen Galgen erinnerte, und er lag allein in seinem Zimmer und fürchtete sich. Er hatte Angst, daß ihm sein Vater Fragen über Dinge stellen würde, über die zu sprechen seine Mutter ihm verboten hatte.

Da hatten wir es also: Das Ganze hatte nichts mit einem früheren Leben zu tun. Doch wie war die Abreaktion zu erklären, der starre Körper, das rot angelaufene Gesicht, die hervortretenden Augen, die heraushängende Zunge? Als ich schließlich Tonys Mutter befragte, erzählte sie mir, daß sich bei seiner Geburt die Nabelschnur um seinen Hals gelegt hatte. Durch die Heilbehandlung war also ein Geburtstrauma aufgelöst worden, und es waren die Emotionen eines kleinen Jungen zutage getreten, der sich zu Tode fürchtete, über Dinge befragt zu werden, an die er sich nicht mehr erinnern konnte.

Mir sind seither viele ähnliche Fälle begegnet. Und wann immer jemand mit der Behauptung zu mir kommt, Erinnerungen an ein früheres Leben zu haben, prüfe ich dies mit den Mitteln der Heilung nach. Meistens stellt sich heraus, daß wir es mit Szenen aus diesem Leben oder aus der Zeit unmittelbar vor der Geburt zu tun haben. Mir sind Menschen begegnet, die sich ihr Leben lang mit schrecklichen Gefühlen herumquälten, die – wie sich bei näherer Betrachtung herausstellte – daraus resultierten, daß der Vater im Verlauf einer Auseinandersetzung versucht hatte, die werdende Mutter zu einer Abtreibung zu bewegen.

Bereits nach dreimonatiger Schwangerschaft nimmt ein ungeborenes Kind ganz bewußt die Stimmungen und Gefühle seiner Eltern wahr und hört mit besonderem Interesse bei allen Gesprächen zu, in denen es um sein eigenes Wohl geht. Der Geist, der dieses Kind wird, hat sich schon lange vorher auf sein Leben auf der Erde vorbereitet. Dessenungeachtet bin ich ein Befürworter der Geburtenkontrolle, denn sie ist selbst für jene wichtig, die darauf warten, geboren zu werden. Krankheiten und Hungersnöte, die natürlichen Kontrollmechanismen des Bevölkerungswachstums, sind durch die Errungenschaften der modernen Wissenschaft und Technologie so weit in den Hintergrund gedrängt worden, daß wir die Zahl der Geburten selbst kontrollieren müssen. Tun wir dies nicht, setzen wir lediglich ein Problem an die Stelle eines anderen. Dennoch bin ich ein Gegner von Abtreibungen als Mittel zur Geburtenkontrolle. Und auch Sie wären es, wenn Sie erleben würden, welche Ängste allein Gespräche über dieses Thema in einem ungeborenen Kind auslösen können. Liegt hingegen eine echte Notwendigkeit für eine Abtreibung vor, beispielsweise im Falle von Gesundheitsrisiken oder wenn die Mutter Opfer einer Vergewaltigung ist, so wird der zurückgewiesene Geist in der Lage sein, die Gründe hierfür zu verstehen.

Früheres und jetziges Leben

Wenn wir früher schon einmal gelebt haben, so werde ich oft gefragt, warum können wir uns dann nicht daran erinnern? Dies liegt daran, daß wir einmal eins werden mit dem Körper und seiner Wahrnehmung und uns nichts anderes übrigbleibt, als seine Kommunikations- und Gedächtnissysteme zu verwenden. Das bedeutet aber, daß uns sämtliche Erinnerungen an frühere Erfahrungen verlorengehen, wenn wir auf die Erde zurückkehren.

Daß manche Menschen Erinnerungsfetzen an frühere Leben besitzen und emotional oder physisch von diesen beeinflußt werden, erklärt sich dadurch, daß sie entweder bei der Geburt mit der Physis nicht völlig eins geworden sind oder aber ein frühes Schockerlebnis dazu geführt hat, daß das emotionale Bewußtsein umgangen worden ist und dadurch spirituelle Wahrnehmung zugelassen wird.

Namhafte Wissenschaftler und Psychiater in den Vereinigten Staaten haben hierzu eine Menge Untersuchungen angestellt, und die meisten Erkenntnisse untermauern die Existenz früherer Leben. Offensichtlich muß noch viel Forschungsarbeit geleistet werden. Und viele Menschen werden sich dennoch nie überzeugen lassen, besonders die nur rational denken, die keine spirituelle Wahrnehmung besitzen.

Ob man nun an Reinkarnation glaubt oder nicht, muß jeder für sich selbst entscheiden. Die Gefahr, Ereignisse in diesem Leben mit solchen aus früheren Leben zu verwechseln, ist aber immer gegeben. So kam beispielsweise eine Frau zu mir, die angesichts der Erinnerung, als Kind sexuell mißbraucht worden zu sein, völlig verzweifelt war. Sie hatte alles bis in alle Einzelheiten im Gedächtnis behalten. Sie war damals etwa fünf Jahre alt gewesen und an einem herrlichen Sonnentag mit einem Verwandten über eine Wiese gegangen.

Als sie am Rand der Wiese angelangt waren, meinte der Verwandte, man solle sich ins Gras setzen, und daraufhin kam es zu dem Mißbrauch. Sie konnte sich selbst an die kleinste Kleinigkeit erinnern und war voll davon überzeugt, als Kind sexuell mißbraucht worden zu sein. Nach eingehender Befragung und einer Regressionstherapie stellte sich jedoch heraus, daß sie sich an Szenen aus einem früheren Leben erinnerte.

Als die Erinnerungen an den Vorfall zum erstenmal in ihr aufgestiegen waren, hatte sie sich in einem tiefen hypnotischen Zustand befunden. Die Situation war so ähnlich wie die, die sie in jenem früheren Leben als Fünfjährige erlebt hatte, und so konnte sich die Erinnerung einen Weg in ihr heutiges

Gedächtnis bahnen. Wir konnten die Zusammenhänge schnell klären, doch das Beispiel veranschaulicht, wie emotional sensible Menschen die Schwelle zwischen jetzigen und früheren Erfahrungen überschreiten können und dabei in ihrem jetzigen Leben Chaos und Verwirrung schaffen.

Ich habe viele Patienten auf ihren Reisen zurück durch Zeit und Raum begleitet, damit sie frühere Leben noch einmal durchlebten oder sich an sie erinnerten. Dennoch ermutige ich in der Regel niemanden dazu. Geschieht es aber spontan und ohne künstliches Eingreifen, wie in den oben beschriebenen Fällen, so lasse ich mich darauf ein und begleite den Betreffenden bis zum Ende. Napoleon, ein Präsident oder ein Papst sind mir dabei bisher noch nicht untergekommen. Würde dies geschehen, so müßte ich mich mit den Ungereimtheiten im jetzigen Leben des Betreffenden befassen. Wenn der Verstand mit den Alltagsproblemen nicht zurechtkommt, werden diese nämlich oft dadurch aus der Welt geschafft, daß man sie als Teil eines weit entfernten früheren Lebens betrachtet. Auf diese Weise geht man gewissermaßen Verantwortung oder Angst in diesem Leben aus dem Weg.

Ich weiß, daß es zur Einleitung des für eine Regression erforderlichen hypnotischen Zustandes einer gewissen Zeit und Anstrengung bedarf. Aber ich bin ein Heiler, kein Hypnotiseur. Ich arbeite nicht nach einer besonderen »Methode«. Wenn jedoch ein Patient etwas über die Hintergründe seiner augenblicklichen Schwierigkeiten erfahren will und diese schon einige Zeit zurückzuliegen scheinen, werde ich ihm helfen, diese Details hervorzuholen. Bevor ich mich auf eine Regression einlasse, muß ich mir über die Notwendigkeit absolut sicher sein. Und selbst dann werde ich zunächst mit allen anderen heilerischen Mitteln versuchen, festzustellen, ob die gewünschte Regression ein Vorwand ist, hinter dem derzeitige Unsicherheiten verborgen werden sollen. Wer bereits eine außerkörperliche Erfahrung oder Regression hinter sich hat, ist jenseits aller Zweifel. Allen anderen kann ich keine Beweise liefern. Und eigentlich ist es auch gar nicht wichtig, es sei denn, eine tragische Begebenheit in einem früheren Leben würde zu Problemen im jetzigen führen.

Eines Tages suchte mich eine gebildete, beruflich erfolgreiche Frau wegen einer Phobie auf. Aus unerfindlichen Gründen konnte sie sich einfach nicht überwinden, eine Hochzeitszeremonie über sich ergehen zu lassen. Sie war verlobt gewesen, hatte aber den Termin für die Hochzeit so lange immer wieder verschoben, bis ihr Verlobter die Geduld verloren und sie verlassen hatte.

Es war eine jener Sitzungen, in denen nicht viel zu geschehen schien, bis wir uns – oder besser: sie sich – auf einmal allem Anschein nach in einem früheren Leben wiederfand, in dem sie eine Nonne, noch dazu eine sehr fromme, gewesen war. Als Nonne war sie natürlich eine Braut Jesu, und ihr unbewußtes Gefühl des Verpflichtetseins Ihm gegenüber war so ausgeprägt, daß sie es im jetzigen Leben einfach nicht fertigbrachte, einen anderen Mann kirchlich zu heiraten.

Ausnahmsweise vergaß ich einmal meine Maxime: »Suche, so schnell du kannst, nach der Ursache des Problems, und dringe nicht weiter in die Sache ein, als unbedingt erforderlich.« Meine Aufgabe ist es, Menschen von ihren Phobien oder Krankheiten zu heilen, und nicht, ihre oder meine eigene Neugier zu befriedigen. Aus welchem Grund auch immer, hier drängte es mich, weiter in die Vergangenheit vorzustoßen. Das lag wohl daran, daß sie gesagt hatte, sie sei Nonne geworden, um nicht heiraten zu müssen. Der Gedanke an eine körperliche Beziehung zu einem Mann sei für sie derart entsetzlich gewesen, daß sie in ein Kloster eingetreten war, um nur ja keine solche Beziehung eingehen zu müssen.

Das machte mich wirklich neugierig. Was hatte sie gegen

Männer oder zumindest gegen eine körperliche Beziehung mit ihnen? Ich führte sie also noch ein weiteres Leben zurück. In dem Leben war sie ein Mann gewesen; ein ausgesprochen starker, mächtiger Mann. Das war es also. Als Frau geboren zu werden, hatte in ihr das Gefühl der Männlichkeit aus dem früheren Leben nicht verdrängt, und so lehnte sie sich innerlich dagegen auf, mit einem Mann ins Bett zu gehen. Um dies zu vermeiden, trat sie/er einem Orden bei.

Das wohl deutlichste Beispiel, wie eine Erfahrung aus einem früheren Leben in das jetzige hineinwirken kann, liefert folgender Fall: Ich erhielt eines Morgens einen Telefonanruf von einer Frau, die unter starken Depressionen litt. Ihre Geschichte war ausgesprochen komplex. Sie hatte ein tief verwurzeltes Gefühl des Unerwünschtseins, der Einsamkeit und der Wertlosigkeit. Über die Jahre hinweg war sie immer wieder erkrankt, zum Teil sogar ernstlich. Die Frau war jetzt ausgesprochen depressiv und litt unter einem übermächtigen Gefühl des Alleingelassen- und Ungeliebtseins.

Sie kam abends zu mir in die Praxis. Ich hatte den ganzen Abend für sie eingeplant, denn bei der Bearbeitung der Emotionen von Patienten, die sich in einer Depression befinden, fahre ich am liebsten so lange fort, bis Ursache und Lösung gefunden sind. Wenn ein depressiver Mensch das Behandlungszimmer verläßt und seine tieferen Emotionen nur zum Teil aufgelöst sind, kann dies in den Tagen nach der Sitzung womöglich seine Krise noch verstärken. So ziehe ich es vor, nach Möglichkeit – wenn dies auch nicht immer praktikabel erscheint – diese Art von Problemen in einer einzigen Sitzung zu bearbeiten, selbst wenn hierzu mehr als eine Stunde benötigt wird.

Ich bat die Frau, in einem bequemen Sessel Platz zu nehmen, stellte mich hinter sie und hielt meine Hände in der üblichen Weise über ihren Kopf. Sofort fiel sie in einen Entspannungszustand. Innerhalb weniger Minuten war sie in Tränen aufgelöst, und etwa zehn Minuten lang weinte sie herzzerreißend. Nachdem sie dieses Gefühl aus sich herausgelassen hatte und sie ihre Gedanken wieder etwas besser unter Kontrolle hatte, bat ich sie, sich in Erinnerung zu rufen, was in ihrem vierten Lebensjahr geschehen war. Schon nach kurzem berichtete sie von einer Szene in den Ferien. Sie wußte nicht, wo genau sie sich befand, doch sie war mit ihrer Familie in einen Vergnügungspark gefahren. Alles schien in Ordnung, bis sie plötzlich bemerkte, daß sie ganz allein war. Irgendwie war sie von den anderen getrennt worden. Sie geriet in Panik, denn alles Suchen half nichts – sie konnte sie einfach nicht finden. Angesichts der Gefühle, die sie zeigte, hatte dies offensichtlich einen tiefgreifenden Eindruck in ihr hinterlassen. Nach einiger Zeit nahm sich ein freundlicher Mensch ihrer an und brachte sie zur Polizei, die ihre Eltern schließlich fand. Die Gefühle des Verlassenseins und des Unerwünschtseins war sie jedoch dadurch immer noch nicht losgeworden.

Als nächstes bat ich sie, zum Tag ihrer Geburt zurückzukehren. Sie konnte sich nur daran erinnern, sich unerwünscht und einsam gefühlt zu haben. So forderte ich sie auf, in eine vorgeburtliche Situation zurückzukehren. Ich tat dies in der Absicht, zu einem Zeitpunkt zurückzukehren, in dem sie dieses Gefühl der Einsamkeit und des Ungeliebtseins noch nicht gehabt hatte, um uns von diesem Punkt aus so lange vorzutasten, bis wir auf die Ablehnungssituation stießen. Doch selbst im Mutterleib hatte sie sich allein gelassen und abgelehnt gefühlt. Wir kamen nicht voran, und so entschloß ich mich, noch weiter zurückzugehen und Szenen aus früheren Leben zu betrachten. Ich hatte dies ursprünglich nicht vorgehabt, doch ich sah keine Alternative.

»Ich werde nun bis drei zählen«, sagte ich zu ihr. Sie befand sich mittlerweile in einem hypnotischen Zustand, obschon voll bewußt und all dessen gewahr, was geschah.

»Wenn ich bei drei angelangt bin, möchte ich, daß Sie eine Reise in Ihr vorangegangenes Leben antreten. Sagen Sie mir, was sich damals in Ihrem zwanzigsten Lebensjahr zugetragen hat. Eins, zwei, drei. Sie sind zwanzig Jahre alt. Was tun Sie gerade?«

Ich hatte das Alter von zwanzig Jahren ohne besonderen Grund ausgewählt, außer vielleicht, daß es mir als ein guter Moment zum Anfangen erschien. Denn wenn man mit Zwanzig nicht glücklich ist, wann ist man es dann?

»Ich sitze unter Bäumen«, sagte sie.

»Was ist vor Ihnen?«

»Ich weiß es nicht.«

»Was ist hinter Ihnen?«

»Nichts als Bäume.«

»Wie fühlen Sie sich?«

»Sehr einsam, verlassen, unerwünscht«, antwortete sie.

Das führt uns nicht weiter, dachte ich.

»Ich werde jetzt noch einmal bis drei zählen. Wenn ich bei drei angelangt bin, kehren Sie bitte zu Ihrem fünften Lebensjahr in jenem Leben zurück, das Sie gerade durchleben.«

Es blieb uns nichts anderes übrig, als so weit zurückzugehen, bis wir auf eine Zeit stießen, in der sie glücklich gewesen war, und sollte dies die ganze Nacht in Anspruch nehmen, was mir immer wahrscheinlicher erschien ...

»Eins, zwei, drei. Sie sind jetzt fünf Jahre alt.« Endlich bekam ich die Reaktion, auf die ich gewartet hatte: Sie lächelte und kicherte dann.

»Ist jemand bei Ihnen?«

»Ja.«

Menschen in diesem Zustand sind nur selten gesprächig. Man muß ihnen jedes Wort einzeln abringen.

»Wer ist bei Ihnen?«

»Andere Kinder.«

»Sind Ihre Eltern da?«

»Ich glaube nicht.«

»Können Sie irgendwelche Erwachsene sehen?«

»Nein.«

»Wie viele andere Kinder können Sie erkennen?«

»Ich kann keine sehen.«

»Sind Sie blind?«

»Ja.«

Das war es also. Sie war in jenem Leben blind zur Welt gekommen. Dies lieferte mir einen Ansatzpunkt, um ihre Geschichte zu rekonstruieren.

»Sind Sie in einem Kinderheim?«

»Ja.«

»Wie lange waren Sie dort?«

»Bis ich fünf war, glaube ich.«

»Wohin hat man Sie dann gebracht?«

»Auf eine Farm.«

»Wer hat sich um Sie gekümmert?«

»Zwei Menschen, ein Mann und seine Frau.«

»Was haben sie gemacht?«

»Ich mußte unter den Bäumen sitzen, während sie auf dem Feld arbeiteten.«

Deswegen also hatte sie nichts sehen können, als ich sie eben gefragt hatte.

»Wie alt waren Sie, als die beiden starben?«

»Zweiundzwanzig, glaube ich.«

»Und was haben Sie dann gemacht?«

»Ich blieb die ganze Zeit im Haus.«

»Bis an Ihr Lebensende?«

»Ja.«

»Wie alt waren Sie, als Sie starben?«

»Fünfundachtzig.«

»In all diesen Jahren, in denen Sie allein waren, hatten Sie da Freunde oder einen Geliebten?«

»Nein. Ich war furchtbar einsam.«

Bei diesen Worten fing sie wieder an zu weinen.

»Ich werde jetzt noch einmal bis drei zählen. Wenn ich bei drei angelangt bin, möchte ich, daß Sie nach vorn zum Tag Ihrer Geburt in diesem Leben gehen.«

Jetzt ging es mir darum, herauszufinden, was die Übertragung der Einsamkeits- und Verlassenheitsgefühle aus jenem Leben auf die Gedanken in diesem Leben bewirkt hatte. Ich wußte bereits, daß die Panik, in die sie mit vier Jahren geraten war, dazu beigetragen haben könnte, doch es mußte noch andere Ursachen geben, um sie später in ihrem Leben in eine derart tiefe Depression fallen zu lassen.

»Eins, zwei, drei. Sie sind jetzt ein Baby und erst wenige Monate alt. Wie fühlen Sie sich?«

»Sehr einsam.«

»Wann fühlen Sie sich am allereinsamsten?«

»Nachts. Es ist dunkel, und ich bin ganz allein.« (Sie fängt wieder an zu weinen.) »Ich möchte, daß mich jemand auf den Arm nimmt. Niemand kommt. Ich schreie und werde wütend. Ich bin so einsam. Es ist dunkel. Ich will, daß jemand kommt.«

»Warum kommen Ihre Eltern nicht?«

»Sie wollen mich nicht, sie lieben mich nicht.«

»Schmust denn nie jemand mit Ihnen?«

»Doch, Oma.«

»Sind Sie glücklich, wenn Ihre Oma bei Ihnen ist?«

»Ja, sie nimmt mich auf den Arm.«

»Wie alt sind Sie, als Ihre Oma stirbt?«

»Ich bin zweiundzwanzig.«

Ich hatte nicht gewußt, daß ihre Oma gestorben war, doch nun paßte alles zusammen. Ich hatte die Ursache für ihre Depression gefunden. Nun ging es darum, den Weg der Heilung zu finden.

»Wie lange ist das her?«

»Zwölf Jahre.«

»Und wie fühlen Sie sich jetzt?«

»Jetzt, wo meine Oma weg ist, fühle ich mich wieder einsam, verloren und hilflos. Es ist niemand da, der sich um mich kümmert.«

Das Wort »wieder« verriet alles.

»Doch diesmal haben Sie Augen, um zu sehen. Sie brauchen niemanden, der sich um Sie kümmert. Diesmal können Sie glücklich sein und ein freies Leben führen. Sie können sich auch um andere kümmern, wenn Sie es möchten. Ich werde jetzt bis fünf zählen, und wenn ich bei fünf angelangt bin, öffnen Sie die Augen und sind erlöst von Ihrer Vergangenheit und der damit verbundenen Einsamkeit.«

Nun, wir hatten es geschafft. Wir unterhielten uns noch eine Weile, und eine Stunde später verließ sie meine Praxis mit einer Erklärung dafür, warum sie zwölf Jahre lang an Depressionen gelitten hatte. Zwölf Jahre hatte sie in tiefer Depression verbracht, sich einsam und abgelehnt gefühlt. Jetzt kannte sie die Ursache und konnte etwas dagegen tun. Sie hatte eine Reihe zum Teil schwerer Krankheiten durchgemacht, die ihr Unterbewußtes absichtlich verursacht hatte, um Aufmerksamkeit zu erwecken und um zu erreichen, daß sich jemand um sie kümmerte. Als Baby hatte sie Angst im Dunkeln gehabt. Die Dunkelheit gab ihr das Gefühl der Unsicherheit, des Verlassen- oder Alleingelassenseins. Wenn man bedenkt, daß sie fünfundachtzig Jahre überhaupt nichts hatte sehen können und sechzig oder mehr Jahre davon völlig allein gelebt hatte, überrascht es kaum, daß die Dunkelheit in ihr unergründliche Ängste ausgelöst hatte.

Ihre Großmutter war diejenige gewesen, die am meisten Zeit mit ihr verbracht hatte. Ich frage mich, ob das Ehepaar, das sich damals um sie gekümmert hatte, im jetzigen Leben als ihre Großeltern in Erscheinung getreten war. Ich hätte danach fragen sollen. Die Großmutter starb, als sie zweiundzwanzig war – etwa so alt wie damals, als sie in ihrem früheren Leben die beiden alten Leute verloren hatte. Trauer und Bestürzung über den Verlust ihrer Großmutter waren sicherlich groß genug, um das Gefühl der Verlassenheit aus jenen früheren Zeiten an die Oberfläche dringen zu lassen. Sie durchlebte noch einmal die ganzen damaligen Gefühle, ohne den Grund dafür zu kennen.

Die Heilbehandlung half ihr, ihre Trauer hinter sich zu lassen. Sie lieferte ihr darüber hinaus eine Erklärung dafür, warum sie über all die Jahre hinweg an Depressionen gelitten hatte, und nachdem die ihrem Zustand zugrunde liegenden Gefühle erst einmal erkannt worden waren, löste sich ihre Depression auf. Damit war einem weiteren Menschen das Wunder der Heilung zuteil geworden.

In vielen Fällen haben Schmerzen oder andere physische Leiden, die kein Mittel hat beseitigen können, ihren Ursprung in einem früheren Leben.

Ich erinnere mich besonders deutlich an einen Fall, weil er sich während eines meiner Vorträge ereignete. Eine Frau bat mich um Hilfe wegen der permanenten Schmerzen, die sie seit etwa dem neunten Lebensjahr in ihrem linken Knie hatte. Mittlerweile war sie schätzungsweise vierzig. Für die Schmerzen gab es keinen offensichtlichen Grund. Sie hatte alle üblichen Behandlungen hinter sich und es auch schon mit einer ganzen Reihe alternativer Therapien probiert. Ich bat sie, nach vorne zu kommen, sich dem Publikum zuzuwenden und die Augen zu schließen. Als ich meine Hände über ihren Kopf hielt, erlangte sie sofort Zugang zu ihrem Unterbewußten. Sie fing an zu schwanken und meinte, sie würde sich selbst auf einem Pferd reiten sehen. Sie trage eine Art roter Uniform. In diesem Augenblick erkannte sie, daß sie in einem früheren Leben ein Soldat war, der in eine Schlacht zog. Weiterhin mit geschlossenen Augen und ziemlich unkontrolliert hin und her schwankend, berichtete sie, wie man ihr Pferd unter ihr weggeschossen habe. In diesem Augenblick brach sie zusammen und fiel auf ihre linke Seite. Sie war offensichtlich in großen Schmerzen und schrie, daß das Pferd auf ihr linkes Bein gestürzt sei und sie sich nicht davon befreien könne. Sie erzählte, wie das Pferd beim Versuch, wieder auf die Beine zu kommen, auf ihrer Brust gelandet sei. Dann wurde sie auf einmal ganz still. Nach einer kleinen Weile meinte sie, sie habe sich jetzt aus ihrem Körper befreit und sei an einem wunderschönen, friedlichen Ort. Sie wurde zu einem gleißenden weißen Licht geleitet und wußte, daß dies der »Heimweg« sei.

In diesem Augenblick nahm ich ihr die heilende Energie, und sie kehrte ins Bewußtsein zurück. Sie stand auf und berichtete, daß sie nicht in ihren Körper habe zurückkehren wollen, wegen des Friedens und der Schönheit, die sie gefunden hätte. Diese Aussage ist oft zu hören, wenn jemand eine Todeserfahrung aus einem früheren Leben erneut durchlebt. Doch was das Wichtigste war: die Schmerzen in ihrem Knie waren verschwunden und sind nie wieder aufgetreten. Dies ist kein Ausnahmefall. Ich habe oft erlebt, wie sich »mysteriöse Symptome« in Luft aufgelöst haben, nachdem der Patient im Rahmen einer Reinkarnationstherapie die Ursachen hierfür erkannt hatte.

Bevor wir dieses Thema verlassen, möchte ich auf einen äußerst wichtigen Punkt bezüglich des Einsatzes der Reinkarnationstherapie bei der Heilung von gegenwärtigen Ängsten oder Gesundheitsproblemen hinweisen. Und der wäre: Das Unterbewußte *kann* lügen. Nimmt man alles, was ein Mensch aus einem tiefen Entspannungszustand (das heißt hypnotischen Zustand) heraus sagt, für bare Münze, so schafft man damit sich selbst und dem Patienten neue, größere Probleme. Betrachtet man Erinnerungen, die im Zustand der leichten oder tiefen Trance aus dem Unterbewußten ans Licht gelangen, kommt es ganz entscheidend auf die richtige Deutung an. Auch hierzu möchte ich ein Beispiel anführen. Eine Frau kam zu mir, die seit vielen Jahren unter Depressionen litt und auch eine Furcht davor hatte, Fragen gestellt zu bekommen. Wann immer sie etwas gefragt wurde, antwortete sie mit: »Ich weiß nicht«, selbst wenn sie die Antwort kannte. Wir gingen durch die übliche Prozedur in dem Versuch, das Problem in ihrer Kindheit zu finden, doch vergeblich. So führte ich sie in ein früheres Leben. Schon nach kurzem erinnerte sie sich daran, wie man sie einem Verhör unterzog. Die Szene spielte sich in einem sehr kleinen Raum ab, aller Wahrscheinlichkeit nach in einer Zelle. Die Befragung beziehungsweise das Verhör wurde auf brutalste Weise geführt, und man drohte ihr mit allerhand schrecklichen Dingen, die geschehen würden, wenn sie keine Antwort gäbe.

Sie meinte, sie sei in jenem Leben etwa achtzehn Jahre alt gewesen. Sie erinnerte sich ebenfalls daran, daß sie von Richtern eines Inquisitionsgerichts verhört worden war und daß einer der Priester besonders brutal zu ihr gewesen war. Nach mehreren Sitzungen stellte sich heraus, daß sie Novizin gewesen war und eine Affäre mit einem jungen Priester gehabt hatte. Und daß der Orden, dem sie angehörte, das Ganze herausgefunden hatte. Was diese nicht wußten, war, welcher Priester sich an ihr vergangen hatte. Um den Priester zu schützen, antwortete sie auf alle Fragen mit: »Ich weiß nicht.« Sie hegte keinerlei Zweifel daran, daß sie unter Hypnose ein früheres Leben nochmals durchlebt hatte.

Ich verlasse mich jedoch nie ganz auf das, was das Unterbewußte mir erzählt, und irgend etwas schien nicht zu stimmen, vor allem, da ihre Ängste nicht nachließen. Nach drei oder vier solcher Regressionssitzungen kehrte ich also ohne Vorankündigung zur normalen Heilbehandlung zurück. Damit schuf ich große Verwirrung. Das Unterbewußte war darauf vorbereitet, erneut zu einem früheren Leben zurückzukehren, doch ich durchkreuzte seine Pläne und blieb in diesem. Nun kam etwas ganz anderes heraus.

Als junges Mädchen hatte sich die Frau mit einem älteren Jungen eingelassen. Ihr Vater hatte das Ganze herausgefunden und sie zur Rechenschaft gezogen. Natürlich fühlte sie sich schuldig und schämte sich, und es war diese Schuld, die sie auch anfangs gehindert hatte, die Geschichte preiszugeben. Indem sie das Geschehene in ein früheres Leben verlagerte, entledigte sie sich der Verantwortung für das, was sie getan hatte, so daß sie darüber sprechen konnte.

»Wie ist sie auf den Priester und die Inquisition gekommen?« höre ich Sie fragen. Ein anderes Wort für Priester ist »Vater«. Bis zu der Begegnung mit dem jungen Mann war sie Jungfrau gewesen. Auch eine Nonne ist Jungfrau. Damit wären alle notwendigen Faktoren für ein überzeugendes Ablenkungsmanöver geschaffen. Die Frau hatte mich keineswegs bewußt in die Irre führen wollen. Sie wollte von mir nichts anderes, als etwas über die Hintergründe ihrer Ängste zu erfahren. Sie war völlig von dem überzeugt, war ihr Unterbewußtsein sie hatte glauben machen wollen. Das Unterbewußtsein war dabei gewesen, seine Aufgabe zu erfüllen, sie vor dem zu schützen, was es für ein weiteres Trauma hielt.

Zum Freisetzen von Traumen sollte man nur zu einem qualifizierten, anerkannten Therapeuten gehen, denn nur dieser hat die notwendige Erfahrung, um die Worte, Emotionen und Handlungen unseres Unterbewußtseins richtig zu deuten. Es kann ein Akt der Selbsttäuschung sein, wenn man das, was man denkt zu erinnern, wörtlich nimmt.

Epilog

Heilen ist eine Kunst, die einmal von Ärzten praktiziert wurde, die dank ihres akademischen Wissens, der Kenntnis von ihrem Patienten und dessen Lebensumständen sowie einer in hohem Maße entwickelten Intuition oft verhindern konnten, daß aus Beschwerden ernstliche Krankheiten wurden, die einer spezifischeren Behandlung bedurft hätten. Die Ärzte früherer Generationen waren in der Tat mehr als das, was wir heute unter einem Allgemeinarzt verstehen. Sie waren auch Heiler. Doch das war in jenen Zeiten, wo jede Familie noch ihren eigenen »Familiendoktor« hatte, der noch Zeit zum Zuhören mitbrachte.

Diese Zeit haben die meisten Ärzte heutzutage nicht mehr. Und aufgrund der Fortschritte der Pharmazie sowie der medizinischen Technologie, die jenseits der Mittel und Möglichkeiten der Allgemeinärzte liegen, werden die Patienten immer häufiger an Fachärzte überwiesen. Vor diesem Hintergrund ist zu befürchten, daß der Allgemeinarzt bald nicht viel mehr sein wird als ein örtlicher Apotheker und eine Einweisungsstelle für die Krankenhäuser. Seine Aufgabe wird sich darauf beschränken zu entscheiden, an welchen Facharzt der Patient zu überweisen ist; dies natürlich erst, nachdem die von ihm verschriebenen Medikamente keine Besserung bewirken konnten. Den Arzt selbst kann man für diese Situation nicht verantwortlich machen. Ist der Patient aber erst einmal in den Händen eines Facharztes, ist jede Chance auf eine ganzheitliche Heilung verloren.

In den letzten fünfzig Jahren hat die Behandlung und Pflege kranker Menschen eine zunehmende Spezialisierung erfahren. Die einzelnen Fachrichtungen schotten sich gegenseitig ab und weigern sich, in Bereiche einzugreifen, für die sie sich nicht zuständig halten. Gesundheitsfürsorge aber darf sich nicht auf die Frage beschränken, ob nun dieser oder jener Körperteil betroffen ist, sondern muß sich vielmehr mit der Wechselbeziehung zwischen Körper, Geist und Seele befassen – zwischen Maschine, Computer und Pilot also. Gesundheit ist stets mehr als die Summe ihrer Einzelaspekte. Es geht um das Leben, und das ist mehr als Chemie und Apparatemedizin.

Angesichts der Unzufriedenheit mit der medikamentösen Therapie, die die Symptome behandelt, aber oft nicht die Ursache, wenden sich immer mehr Menschen alternativen Therapien zu: Therapien, die das Zusammenwirken von Körper und Geist[1] (das denkende Bewußtsein) in den Vordergrund stellen und versuchen, den einen zu benutzen, um dem anderen zu helfen. Die im Bereich der alternativen und ergänzenden Medizin tätigen Therapeuten sind dabei, die Arbeit zu machen, die früher als ausschließliche Domäne der Allgemeinärzte galt. Sie erkennen die Bedeutung der Beziehung zwischen Arzt und Patient und wissen, daß es ohne Vertrauen in den Therapeuten keine Genesung, keine Heilung geben kann. Doch Ver- und Zutrauen kommen nicht von allein; sie müssen zu einer Beziehung aufgebaut werden. Reputation allein genügt nicht. Jeder Patient muß individuell betrachtet werden. Unglücklicherweise geht es mit der Glaubwürdigkeit unserer Ärzte rapide abwärts. Man hält sie längst nicht mehr für unfehlbar, und oft mangelt es denjenigen, die versuchen, ihre Patienten zu versorgen, an der notwendigen Zeit, ihnen zuzuhören. Ein Patient muß das Gefühl haben, daß derjenige, in dessen Hände er seine Gesundheit legt, sich auch wirklich um ihn kümmert und seine Sache ernst nimmt. Er möchte sicher sein, daß der Arzt über genügend Zeit, Autorität, Wissen und

[1] Im engl. Text: »Body and mind.«

Kompetenz verfügt, so daß er sich nicht fragen muß, ob die verordnete Behandlung überhaupt sinnvoll ist, und er sich über den gesamten Genesungsprozeß hinweg in guten Händen weiß. Doch dies ist immer seltener der Fall. Und so sucht man andernorts nach der dringend benötigten Beratung mit dem Ergebnis, daß jeder, der die Notwendigkeit sieht, einem anderen zu helfen, in das ständig wachsende Heer von alternativen Praktikern eintreten kann, die nach ein paar Einführungskursen für die Gesundheit und die Emotionen anderer Menschen verantwortlich werden.

Man kann geteilter Meinung darüber sein, ob diese Entwicklung nun so wünschenswert ist, aber sie zeigt, daß die Menschen sich mehr nach Zeit und Aufmerksamkeit sehnen als nach Medikamenten und Apparaten. Die Zahl der alternativen Therapiemethoden wächst von Jahr zu Jahr. Daß sie in einem Land, dessen staatliches Gesundheitssystem weltweit zu den fortschrittlichsten gehört, einen derartigen Boom erleben, ist eine direkte Anklage gegen die Verantwortlichen, die die Richtlinien für künftige Entwicklungen im Gesundheitswesen festsetzen.

Das Wunder der Heilung liegt jenseits ärztlichen Wissens. Ärzte heilen nicht. Sie schneiden, entnehmen, entfernen, vergiften oder verbrennen das, was dem Körper Probleme bereitet. Doch wenn sie die Teile wieder zusammengeflickt haben, verlassen sie sich auf eine Kraft jenseits ihrer Kenntnisse, die Heilung bewirkt. Trotz noch so großen medizinischen Fachwissens und modernster technischer Möglichkeiten muß der Arzt letztendlich sein Vertrauen in eine Kraft jenseits aller Wissenschaft und Technik setzen und glauben, daß diese unbekannte Kraft das Ruder übernimmt und den Patienten heilt, nachdem er seinen Teil der Arbeit geleistet hat.

Der Arzt bringt sein ganzes Können und seine Fähigkeiten in eine quantifizierbare Wissenschaft ein; für den Heiler hingegen stehen die unquantifizierbaren Lebenskräfte im Mittelpunkt seines Tuns. Es gibt keinen Anlaß für Animositäten zwischen beiden. Beide werden benötigt, und ein jeder sollte in groben Zügen über die Arbeit des anderen Bescheid wissen. Der Arzt im Krankenhaus betrachtet seinen Patienten in erster Linie vom biologischen Standpunkt aus. Er betrachtet ihn als einen »Fall« und beschränkt den persönlichen Kontakt auf ein Minimum. Leider gilt dies zunehmend auch für Haus- und Allgemeinärzte.

Dem Heiler hingegen liegt daran, seinen Patienten als Einzelwesen zu verstehen. Er möchte ihm mit Hilfe seiner Gabe Kraft und Vitalität schenken, damit dessen eigene Lebenskraft, seine Seele oder sein Geist, größtmöglichen Nutzen aus der modernen Apparatemedizin ziehen kann – obwohl letztere manchmal gar nicht notwendig wäre, wenn der Patient die ihm innewohnende Kraft nur sehen und bejahen würde.

Solange ein Heiler aber glaubt, heilen zu können sei eine Gabe und bedürfe als solche keiner Weiterentwicklung oder Pflege, bleibt er zwangsläufig in der Rolle des am Rande unseres Gesundheitssystems agierenden Amateurs. Natürlich ist die Fähigkeit zu heilen eine Gabe; doch dies ist noch lange kein Grund, anzunehmen, auf den Nachweis von Minimumstandards an Professionalität verzichten zu können, bevor man sich selbst für kompetent auf dem Gebiet der Heilkunst erklärt.

Künstler verfügen über eine bestimmte Gabe. Chirurgen verfügen über eine bestimmte Gabe. Viehzüchter verfügen über eine bestimmte Gabe. Ich habe gelernt, zum Viehzüchter werde man geboren und nicht gemacht. Dasselbe gilt für Heiler. Dennoch haben alle großen Talente eine Ausbildung absolviert und wurden in ihrem Fachgebiet geschult; das gilt gottlob auch für Chirurgen. Und wer würde seine Pferde einem Trainer anvertrauen, der sein Handwerk nicht von der Pike auf gelernt hat, ganz gleich, wie begabt er auch sein mag?

Auch Heiler sind auf Ausbildung und Schulung angewiesen, um ihre Gabe voll entfalten, nutzen und verstehen zu können. Grundkenntnisse in Beratungsmethodik, Psychotherapie, Physiologie, Biologie, Religion, Metaphysik und anderen direkt oder indirekt mit ihrer Arbeit in Zusammenhang stehenden Themen sind unverzichtbar, wenn die Heiler ihren beruflichen Status vorantreiben wollen. Natürlich braucht eine Mutter kein Zertifikat oder Diplom, um ihre Kinder lieben und umsorgen zu können, doch sie braucht es, um als Lehrerin, Beraterin und so weiter die Verantwortung für anderer Leute Kinder übernehmen zu können.

Wenn die Heiler erst einmal damit beginnen, sich selbst ernst zu nehmen, werden auch die Ärzte dies tun. Heiltherapie wird dringend benötigt, um die zahlreichen Gesundheitsprobleme in unserer Gesellschaft an der Wurzel zu lösen, denn medikamentöse Behandlung allein genügt nicht. Ich bin davon überzeugt, daß die Ärzteschaft sich im Dschungel der Technologie verirrt hat. Sie hat sich darauf beschränkt, Symptome zu behandeln, die das Unterbewußtsein ungeachtet jedes medizinischen Eingriffs stets aufs neue hervorbringt, bis schließlich jemand jenseits der Symptome sucht und die Ursache identifiziert. Das ist wahre Heilung.

Informationen zu Vorträgen, Workshops und Seminaren sowie zu Terminvereinbarungen erhalten Sie über folgende Adresse:

The Southwood Institute
Pf 20 24 04
D-20217 Hamburg

www.southwoodinstitute.org
eMail: info@southwoodinstitute.org